IMMACULÉE ILIBAGIZA
mit Steve Erwin

DIE ERSCHEINUNGEN VON KIBEHO

IMMACULÉE ILIBAGIZA

mit Steve Erwin

DIE ERSCHEINUNGEN VON KIBEHO

Maria spricht zur Welt
aus dem Herzen Afrikas

media
maria

Bibliografische Information: Deutsche Nationalbibliothek.
Die Deutsche Nationalbibliothek verzeichnet diese Publikation in der
Deutschen Nationalbibliografie; detaillierte bibliografische Daten sind im
Internet über http://dnb.ddb.de abrufbar.

Titelbild auf dem Umschlag:
Die Statue Unserer Lieben Frau von Kibeho wurde 2001 von einem Team ruandischer
Künstler geschaffen, die versuchten, die Beschreibungen der Seherin Anathalie detail-
getreu umzusetzen. Als man ihr den ersten Entwurf zeigte, schüttelte Anathalie den
Kopf und sagte: »Das kommt nicht einmal annähernd an Marias Schönheit heran!«
Vierzehnmal schickte die Seherin die Künstler zurück an den Zeichentisch, bis sie sich
frustriert eingestehen musste, dass kein Sterblicher die Schönheit der seligen Jungfrau
Maria darzustellen vermag. Am Ende bat Anathalie die Künstler, ihr Bestes zu geben.
In sämtlichen Aufzeichnungen von Interviews mit Sehern aller Zeiten bestätigten die
Betreffenden immer wieder, dass kein Bild und keine Statue auch nur im Entferntesten
die wahre Schönheit der seligen Jungfrau Maria widerspiegeln würde.

Die Originalausgabe erschien unter dem Titel:

OUR LADY OF KIBEHO
Mary Speaks to the World from the Heart of Africa
© 2008 by Immaculée Ilibagiza
Herausgegeben von Hay House Inc., Carlsbad, California, New York City, London,
Sydney, Johannesburg, Vancouver, Hong Kong, New Delhi

Titel der deutschen Ausgabe:

Immaculée Ilibagiza mit Steve Erwin
DIE ERSCHEINUNGEN VON KIBEHO
Maria spricht zur Welt aus dem Herzen Afrikas

© Media Maria Verlag, Illertissen, 3. Auflage 2019
Übersetzung: Dr. Gabriele Stein
ISBN 978-3-9454013-3-0
Alle Rechte vorbehalten

www.media-maria.de

Unserer liebsten, geduldigsten, hingebungsvollsten und gütigsten Mutter gewidmet – dem hellsten und schönsten Stern am Firmament –, Unserer Lieben Frau von Kibeho.

Danke, dass Du in meinem Leben immer an meiner Seite gewesen bist; danke für die endlosen Tränen der Liebe; danke, dass Du so beharrlich darauf bestehst, uns vor der Dunkelheit zu retten; danke für Deine Freundlichkeit und für Deinen Liebreiz, mit dem Du Deine Kinder immer und immer wieder einlädst, Dir in die Wahrheit, den Frieden und das Licht der Herrlichkeit Gottes nachzufolgen.

Ich danke Dir aus tiefster Seele, dass Du meine Mutter bist, dass Du unser aller Mutter bist, dass Du die wahre Mutter des Wortes bist. Ich werde Dich ewig lieben.

Inhalt

Vorwort 11

Einleitung
Zeig uns ein Wunder 13

Kapitel 1
Mein Glaube wurde in Fatima geboren 21

Kapitel 2
Maria kommt nach Ruanda 35

Kapitel 3
Maria wird akzeptiert 45

Kapitel 4
Die erste Seherin: Alphonsine 53

Kapitel 5
Die zweite Seherin: Anathalie 71

Kapitel 6
Und dann waren es drei: Marie-Claire 79

Kapitel 7
Die Wallfahrt meines Vaters 95

Kapitel 8
Vater sieht die Seherinnen 105

Kapitel 9
Freude im Land und die Sieben Schmerzen Mariens .. 123

Kapitel 10
Jesu seltsame Wahl der Seher 133

Kapitel 11
Drei weitere Seher 147

Kapitel 12
Wunder am Himmel 159

Kapitel 13
Die mystischen Reisen 165

Kapitel 14
Marias Tränen und ein Strom aus Blut 181

Kapitel 15
Maria und Kibeho und der Lauf der Geschichte 189

Kapitel 16
Mit Maria in Freude, Leid und Grauen 203

Epilog
Das Neue Jerusalem 221

Der Rosenkranz der Sieben Schmerzen Mariens...... 231

Danksagungen................................. 245
Über die Autoren 255

Das Ave Maria

Gegrüßet seist du, Maria, voll der Gnade,
der Herr ist mit dir.
Du bist gebenedeit unter den Frauen,
und gebenedeit ist die Frucht deines Leibes, Jesus.
Heilige Maria, Mutter Gottes,
bitte für uns Sünder
jetzt und in der Stunde unseres Todes.
Amen.

Vorwort

Wenn Gott von Macht spricht, dann spricht er nie in Worten, die die Welt versteht – doch er spricht unbestreitbar in Worten der Wahrheit. Die selige Jungfrau Maria, die Mutter Jesu, genießt auf der ganzen Welt und bei Millionen Menschen eine große Verehrung, und zu ihren Ehren sind mehr Bauwerke, Statuen und andere Kunstwerke geschaffen worden als zu Ehren irgendeines anderen Menschen gleich welcher Epoche (mit Ausnahme ihres Sohnes natürlich, der ihrem Dasein ja überhaupt erst diese Bedeutung verleiht).

In krassem Gegensatz zum Geld, zur Macht und zum Ruhm der Welt – flüchtigen, rasch wieder vergessenen und gelöschten Augenblicken – verkörpert und erhellt Unsere Liebe Frau wahrhaftig und für alle Zeiten Gottes ewige Macht. Sie lebt als tägliche Erinnerung, als täglicher Hinweis darauf, dass ihr Sohn Jesus stets derselbe bleibt. Er ist das »Licht der Welt« in einer Welt, die ihre klare Sicht verloren hat. An diese ewige Wahrheit wurde ich erinnert, als ich aus Zufall – oder Fügung – am Grab Jesu in Jerusalem meine Freundin Immaculée Ilibagiza traf und wir den Tag damit verbrachten, gemeinsam auf den Spuren Christi zu wandeln.

In *Die Erscheinungen von Kibeho* spricht Immaculée die einzige Sprache, die sie beherrscht: die der vollkommenen

Aufrichtigkeit. In ihrer offenen und ehrlichen Art, die schon so viele Leser kennen- und schätzen gelernt haben, schreibt Immaculée einmal mehr einen wunderbaren, wahrheitsgemäßen und liebevollen Bericht über die Erscheinungen der Jungfrau Maria im Dorf Kibeho, die 1981 begannen.

Wenn man die verschiedenen Aussagen der Seherinnen und Seher liest, wird man – genau wie Immaculée – unweigerlich in die grenzenlose Liebe hineingezogen, die Unsere Liebe Frau für uns alle und für jeden und jede von uns empfindet. Immaculées intensiver und persönlicher Weg mit Maria, der Muttergottes, den sie vor, während und nach dem Völkermord in Ruanda zurückgelegt hat, hat in ihrer Seele einen wahrhaft unauslöschlichen Eindruck der Liebe zur Jungfrau Maria und zum Geschenk des Rosenkranzes hinterlassen. Mögen die Worte, die Sie erwarten, auch Sie durch das überirdische Licht seiner heiligsten Mutter mit Gottes Frieden, Vergebung und bedingungsloser Liebe beschenken!

Jim Caviezel
(Jesus-Christus-Darsteller
im Film *Die Passion Christi*)

Einleitung

Zeig uns ein Wunder

»Zeig uns ein Wunder! Mach, dass wir glauben!«

Tausende flehender Stimmen drangen aus dem knisternden Lautsprecher des Kassettenrekorders, den unser Priester, Pater Apollinaire Rwagema, mitgebracht hatte.

Pater Rwagema hatte alle Kinder aus dem Dorf am Mittwoch nach der wöchentlichen Schulmesse in die kleine Kapelle eingeladen. Er hatte uns erzählt, er hätte eine große Überraschung für uns, und über zweihundert Kinder waren gekommen und erwarteten irgendetwas Aufregendes. Und wir sollten nicht enttäuscht werden.

Wir lauschten jedem Schrei und jedem Jubelruf. Einige von uns waren fasziniert von dem, was die Stimmen auf der Kassette sagten, andere starrten wie gebannt auf den Rekorder, der in der Mitte des kleinen Raumes auf einem Holztisch stand: So etwas hatten wir noch nie zuvor gesehen. Wir standen im Halbkreis um den Tisch herum und sahen zu, wie Pater Rwagema mit der rechten Hand die Pausen- und Abspieltaste bediente, während die Gesten seiner linken Hand das Gehörte unterstrichen. Er sah aus wie ein Orchesterdirigent.

»Hört jetzt genau hin, Kinder«, sagte er und wies auf das Gerät.

13

»Wir wollen ein Wunder sehen!«, riefen die Stimmen wieder und wieder. Wir alle waren begierig zu erfahren, was es mit dieser seltsamen Forderung der Menge auf sich haben mochte, doch niemand hätte gespannter sein können als ich.

Pater Rwagema schaltete den Rekorder aus; jetzt hatte er unsere ungeteilte Aufmerksamkeit und somit die besten Voraussetzungen für seinen nachfolgenden Bericht.

»Was ihr hier hört, sind die Stimmen von fünfzehntausend Menschen, manche davon aus unserem Dorf hier, die sich vor einer Holzbühne drängen und den Auftritt eines jungen Mannes verlangen. Schon seit einer Stunde warten sie darauf, ihn sprechen zu hören, doch in Wirklichkeit sind sie nicht daran interessiert, was *er* sagen wird – sie sind gekommen, um Jesus zu hören!« Pater Rwagema sprach mit dem Feuer eines leidenschaftlichen Predigers, denn genau das war er.

Er schaltete den Kassettenrekorder wieder ein, und die jubelnde Menge rief noch einmal nach einem Wunder, ehe sie plötzlich vollkommen still wurde. Das Einzige, was wir jetzt noch hörten, war das Surren der Kassette, die sich in dem Apparat drehte.

Dann begann ein junger Mann mit sanfter, ehrfürchtiger Stimme zu sprechen. »Ja, Herr, ich habe es ihnen schon so oft gesagt«, sagte er. »Nein, Herr, sie hören nicht zu … sie sagen mir immer wieder, dass sie ein Wunder wollen. Sie werden nicht glauben, dass Du zu mir sprichst, Jesus … nicht, solange sie nicht ein Wunder oder ein Zeichen sehen.« Er legte eine Pause ein, als wartete er auf Antwort, und sprach dann weiter: »Ja, ich werde ihnen sagen, was Du gesagt hast …«

Ehe der junge Mann seinen Satz vollenden konnte, brach aus dem Kassettenrekorder ein so gewaltiger Donner hervor, dass der kleine Tisch erzitterte. Der ganze Raum war mit derselben knisternden Elektrizität aufgeladen, die ich immer spürte, wenn ich mich von meinen Brüdern dazu überreden ließ, meine Zunge an die Batterie eines Transistorradios zu halten.

Jedes Kind im Raum war von dem Donner, der aus dem Lautsprecher des Rekorders dröhnte, aber auch von Pater Rwagemas Gesichtsausdruck wie gebannt. Seine Augen leuchteten vor Inbrunst; er schaute zur Decke hinauf, als könnte er durch sie hindurch und direkt in den Himmel sehen.

Ein zweiter heftiger Donnerschlag ertönte aus dem Gerät und erschreckte die kleineren Kinder, die zu weinen begannen.

»Das ist Gottes Stimme!«, verkündete Pater Rwagema. »Dieser Donner ist unser Herr Jesus Christus, der direkt zu uns spricht, hier in Ruanda! Fünfzehntausend Menschen – viele eurer Freunde, Nachbarn und Eltern – waren mit mir zusammen dort und haben dieses wunderbare Ereignis mit angesehen. Es war ein klarer, sonniger Tag, doch der Donner grollte vom Himmel wie ein Hammer. Hört gut zu, Kinder, denn ich habe jede Sekunde aufgenommen, um sie mit euch zu teilen … hört diesen Donner!

Diese vielen Tausend Menschen wollten einen Beweis, und als Gott ihnen diesen Beweis gab, gerieten sie in Angst und Schrecken. Viele liefen weg, einige wurden ohnmächtig und andere stürzten zu Boden und hielten sich die Ohren zu oder fielen auf die Knie und bekreuzigten sich. Es war ein Wunder!«

Der Donner endete genauso plötzlich, wie er angefangen hatte. Einen kurzen Moment lang herrschte wieder Stille auf dem Band, ehe die Menge in Angstschreie und Jubelrufe ausbrach: »Lob sei Dir, Jesus!« Doch als der junge Mann das Wort ergriff, wurden sie sofort wieder still.

»Jesus sagt, dass ihr keine Angst haben müsst, denn er würde seinen Kindern niemals ein Leid zufügen«, erklärte er der Menge. »Niemand hier ist verletzt worden, schwangere Frauen müssen sich nicht um ihre Kinder sorgen, und auch die mit einem schwachen Herzen werden keinen Schaden nehmen … Ja, Herr, ich werde es ihnen sagen … Jesus sagt mir, dass er euch den Donner geschickt hat, damit ihr auf seine Botschaften hört und nicht um Wunder bittet, die ohne Bedeutung sind.«

»Hört euch diesen Mann an, Kinder«, drängte uns Pater Rwagema. »Er heißt Segatashya, und ich bin ihm letzte Woche begegnet, nachdem er mit Jesus gesprochen hatte. Er ist der letzte der Seher, die Gott erwählt hat, damit die Jungfrau Maria und ihr Sohn durch sie zu uns sprechen. Mag sein, dass ihr Segatashyas Stimme hört, doch seine Worte kommen direkt von Jesus.«

»Unser Herr sagt, wir sollen nicht um Wunder bitten«, fuhr Segatashya auf der Kassette fort, »weil eure Leben Wunder sind. Ein Kind im Mutterleib ist ein wahres Wunder; die Liebe einer Mutter ist ein Wunder; ein vergebendes Herz ist ein Wunder. Eure Leben sind voller Wunder, aber ihr seht sie nicht, weil ihr euch von materiellen Dingen ablenken lasst. Jesus sagt euch, dass ihr eure Ohren für seine Botschaft und eure Herzen für seine Liebe öffnen sollt. Zu viele Menschen sind vom Weg abgekommen und gehen auf der bequemen Straße, die von Gott wegführt. Jesus sagt, ihr sollt zu seiner Mutter beten, dann wird die selige Jungfrau Maria euch zum allmächtigen Gott hinführen. Der Herr ist mit Botschaften der Liebe und dem Versprechen der ewigen

Glückseligkeit zu euch gekommen, doch ihr bittet stattdessen um Wunder. Hört auf, am Himmel nach Wundern zu suchen. Öffnet euer Herz für Gott; wahre Wunder geschehen im Herzen.«

Pater Rwagema schaltete den Kassettenrekorder aus und schenkte den Jungen und Mädchen, die ihn ehrfürchtig anstarrten, ein breites Lächeln. Noch heute, fünfundzwanzig Jahre später, kann ich dieses Lächeln vor meinem geistigen Auge sehen, weil es mir gezeigt hat, dass Gott *wirklich* existiert.

DIESES LÄCHELN SAH MAN IN JENEN TAGEN AUF VIELEN GESICHTERN IN MATABA, dem Dorf, in dem ich aufgewachsen bin. Es liegt in Ruanda, einem kleinen und unglaublich schönen Land im Herzen Afrikas. Doch leider denken die meisten Leute, wenn sie den Namen Ruanda hören, nicht an die Schönheit des Landes; das, wofür Ruanda auf der ganzen Welt bekannt ist, ist der blutige Völkermord des Jahres 1994, bei dem mehr als eine Million unschuldiger Männer, Frauen und Kinder – unter ihnen auch ein Großteil meiner Familie – grausam niedergemetzelt wurden.

Doch an dem Tag, an dem ich mit den anderen Kindern aus dem Dorf Pater Rwagemas Kassetten anhörte, war der Tag des Genozids noch zwölf Jahre entfernt. Wenn jemand mir damals gesagt hätte, dass fast alle meine Verwandten und Freunde bald bei einem Völkermord ums Leben kommen würden, hätte ich ihn für verrückt gehalten. Für mich war mein Land ein echtes, friedliches Paradies – zumal in den frühen Achtzigerjahren, als die wundersamen Ereignisse ganz Ruanda mit einem nationalen Gefühl der brüderlichen Liebe und des Glaubens an Gott erfüllten.

In dieser Zeit erschienen die Jungfrau Maria und ihr Sohn Jesus – so unglaublich dies auch klingen mag – erstmals einer Gruppe junger Leute in einem Dorf namens Kibeho, das im Süden Ruandas liegt. Die Seher überbrachten himmlische Botschaften, die für die ganze Welt bestimmt waren: Botschaften der Liebe und Anweisungen für ein besseres Leben, ein fürsorglicheres Miteinander und ein effektiveres Beten. Außerdem aber gingen mit diesen Botschaften düstere, apokalyptische Warnungen einher: Hass und Sündhaftigkeit würden Ruanda und den Rest der Welt in einen finsteren Abgrund stürzen. Dass die Jungfrau Maria den Völkermord des Jahres 1994 vorhersagte, ist einer der Hauptgründe dafür, dass die katholische Kirche den Erscheinungen von Kibeho eine solche Aufmerksamkeit schenkte.

Im November 2001 erkannte die Kirche in einem außergewöhnlichen Schritt die Marienerscheinungen der drei Schülerinnen Alphonsine, Anathalie und Marie-Claire offiziell an. Zuvor hatten Ärzte, Wissenschaftler, Psychiater und Theologen die Mädchen aufs Strengste befragt und untersucht. Doch keine Untersuchung konnte die wunderbaren und übernatürlichen Ereignisse erklären, die geschahen, wenn die selige Jungfrau Maria den Mädchen erschien. Es war unumstößlich erwiesen, dass es sich um eine echte Erscheinung handelte, und der Ortsbischof sagte, in Ruanda habe sich zweifellos ein Wunder ereignet. Also bestätigte der Vatikan jene Stätte, die heute als »Heiligtum Unserer Lieben Frau der Schmerzen« bekannt ist. Es ist der einzige anerkannte Erscheinungsort in ganz Afrika.

Bislang hat die Kirche nur die Visionen von Alphonsine, Anathalie und Marie-Claire anerkannt und bestätigt, die zwischen 1981 und 1989 stattgefunden haben. Einige andere

Seher (unter ihnen Segatashya, von dem bereits die Rede war) haben jedoch sowohl die selige Jungfrau Maria als auch Jesus gesehen und sind von demselben Expertenteam untersucht worden. Zehntausende von Augenzeugen – viele von ihnen Priester und Wissenschaftler – haben die Erscheinungen von mindestens fünf dieser anderen Seherinnen und Seher miterlebt. Die kirchliche Anerkennung dieser Erscheinungen steht zwar noch aus, doch dieses Kapitel sei, so der zuständige Bischof, noch nicht abgeschlossen, auch wenn die Ermittlungen zurzeit ausgesetzt seien. Es ist also durchaus denkbar, dass die Kirche in Zukunft noch weitere Seher anerkennen wird. Im vorliegenden Buch werde ich mich auf die acht bekanntesten Seherinnen und Seher konzentrieren, über die wir am meisten wissen.

Tatsächlich darf ich mich selbst als eine der Ersten betrachten, die die Überzeugung hegten, dass Maria und Jesus nach Ruanda gekommen waren. Lange bevor unser Ortspriester Pater Rwagema begann, nach Kibeho zu reisen und die Botschaften der Seher aufzuzeichnen, wusste ich schon tief in meinem Herzen, dass unser Land von einer göttlichen Macht berührt worden war.

Meine Eltern sind oft in Kibeho gewesen und haben mir ihre Besuche in allen Einzelheiten geschildert, und ich habe die Jungfrau Maria schon immer sehr geliebt. Neben meiner Faszination für die Erscheinungen war es diese Liebe, die mich gedrängt hat, so viel wie möglich herauszufinden und das Herausgefundene auf den folgenden Seiten mit Ihnen zu teilen. Ich bin mit den Bischöfen, Priestern und Ärzten zusammengetroffen, die die Erscheinungen untersucht haben; ich habe mehrere der Seher persönlich kennengelernt und mich mit ihnen angefreundet; und ich habe mir mehrfach

Pater Rwagemas stundenlange Aufnahmen auf Kassetten von den Erscheinungen angehört. Aus diesen Quellen speist sich das vorliegende Buch. Mit anderen Worten, es handelt sich nicht um eine Geschichtsstunde, sondern um meinen persönlichen Bericht über ein echtes Wunder und seine tiefe Wirkung auf mein Land, meine Eltern und meinen Glauben.

Das Heiligtum Unserer Lieben Frau in Kibeho ist für Hunderttausende von Pilgern aus ganz Afrika zu einem Ort der Verehrung und des Gebets geworden. Viele von ihnen haben an dieser Stätte wunderbare Heilungen erlebt, und doch kennt man in den meisten Regionen der Welt nicht einmal den Namen dieses gesegneten Ortes. Es ist meine tiefste Hoffnung, dass dieses kleine Buch helfen kann, dies zu ändern, und dass Kibeho genauso bekannt werden wird wie Fatima oder Lourdes. Die Botschaften, die Jesus und Maria in Kibeho überbracht haben, sind Botschaften der Liebe – wie sie die heutige Welt so dringend braucht.

❀ ❀ ❀

Kapitel 1

Mein Glaube wurde in Fatima geboren

Dieses Geständnis fällt mir nicht ganz leicht, aber ohne die Erscheinungen Jesu und seiner heiligsten Mutter in Kibeho hätte ich vielleicht nie so richtig an Gott geglaubt.

Wer meine ersten beiden Bücher, *Left to Tell*[1] und *Led by Faith*[2], gelesen hat, ist jetzt vielleicht überrascht, denn darin beschreibe ich meine Kindheit in einer sehr gläubigen katholischen Familie, die Stunden, die ich im Gebet verbrachte, und meine tiefe Verehrung für die Jungfrau Maria. Jeden Sonntag ging ich in die heilige Messe zusammen mit meinen Eltern Leonard und Rose und meinen drei Brüdern Aimable (dem Ältesten), Damascene (der ein paar Jahre älter war als ich) und Vianney (dem Nesthäkchen). Und als ich mich 1994 während des Genozids drei Monate lang versteckt hielt, beschloss ich, den Rest meines Lebens dem Dienst an Gott zu weihen.

Eigentlich sollte man also meinen, dass er in meinem Leben eine ziemlich bedeutende Rolle spielte.

---

[1] »Aschenblüte«, Ullstein Verlag (Anm. d. Verl.).
[2] Dieser Titel ist nicht auf Deutsch erschienen (Anm. d. Verl.).

Und wirklich übte, solange ich noch ein Kind war, alles, was mit Gott zu tun hatte, eine bemerkenswerte Anziehungskraft auf mich aus. Doch im Alter von etwa elf Jahren funkte mein wissbegieriger Verstand dazwischen, und die Zweifel, ob Gott überhaupt existierte, nagten am Fundament meines Glaubens. Noch ehe ich in die Pubertät kam, fragte ich mich bereits, ob ich vielleicht auf dem besten Weg war, eine eingefleischte Atheistin zu werden.

Diese jugendliche Glaubenskrise befiel mich nicht etwa, weil ich ein besonders frühreifes Kind gewesen wäre, sondern weil ich so viel Zeit damit zubrachte, über Gott nachzudenken. Meine frühesten Erinnerungen wurzeln in der Frömmigkeit. Meine Brüder rissen gerne Witze darüber und sagten, meine ersten Wörter seien nicht »Mama« oder »Papa«, sondern »Gegrüßet seist du, Maria« gewesen. Was gar nicht so abwegig gewesen wäre, denn ich erinnere mich noch ganz deutlich daran, wie meine Mutter den Rosenkranz betete, während sie mich in ihren Armen in den Schlaf wiegte.

Mit vier Jahren war ich vollkommen verliebt in Gott, Jesus und die Jungfrau Maria. Einmal im Monat brachte mein Vater eine katholische Monatsschrift mit nach Hause, die *Hobe* hieß: eine kleine Zeitung, die eigens für Kinder produziert wurde. Sie war voll mit aufregenden Bibelgeschichten, die von der Macht des Glaubens, den Wundern Jesu und den Abenteuern der Heiligen und Apostel erzählten. Wahrscheinlich habe ich auf diese Weise auch lesen gelernt, denn mein Vater und meine älteren Brüder mussten mir die *Hobe*-Geschichten immer und immer wieder erzählen, bis ich alle Wörter und ihre Bedeutung auswendig kannte. Am meisten aber liebte ich die Bilder zu den jeweiligen Geschichten.

Meine Lieblingsillustration zeigte ein typisches ruandisches Dorfmädchen – ein sehr armes, aber sehr glückliches Kind –, das seine Abendgebete sprach. Es kniete neben seinem Bett aus Bananenblättern und hielt einen hölzernen Rosenkranz in seinen gefalteten Händen. Das Licht der Kerze auf dem Nachtkästchen strahlte und umgab den Kopf des Mädchens wie mit einem Heiligenschein und es sah tatsächlich aus wie ein Engel. *Solche kleine Mädchen hat Gott lieb*, dachte ich bei mir und versuchte jahrelang, es ihr gleichzutun.

Als einziges Mädchen in einer Familie mit vier Kindern hatte ich gewisse Privilegien, die meine Brüder nicht hatten. Dazu gehörte auch ein eigenes Schlafzimmer, was in einem Dorf in ländlicher Umgebung ein nahezu unerhörter Luxus war. Ich nutzte diese Privatsphäre und verwandelte mein Zimmer in einen persönlichen Andachtsraum. Auf meinem Nachtkästchen stand eine Kerze, die genauso aussah wie die auf dem *Hobe*-Bild; und gleich daneben lagen oder standen, fein säuberlich angeordnet, immer eine Bibel, ein Rosenkranz und eine kleine Marienstatue. Jeden Abend, wenn meine Brüder zu Bett gegangen waren und meine Eltern das Licht im Haus gelöscht hatten, glitt ich aus dem Bett, zündete meine Kerze an und betete genau wie das Mädchen in der Zeitschrift auf den Knien den Rosenkranz.

Während die meisten Kinder, die ich kannte, sich auf dem Weg in die Sonntagsmesse reichlich Zeit ließen, war ich immer die Erste in der Kirche, weil ich sichergehen wollte, dass ich möglichst nahe beim Priester saß, denn dort, so dachte ich, war ich so nah bei Gott wie es nur ging. Und nach der heiligen Messe zog ich hinaus in die Welt, um gemeinsam mit ihm Abenteuer zu erleben.

Eines Sonntags, als ich fünf Jahre alt war, beschlossen meine Freundin Patricia und ich, an den Rand des uns bekannten Universums – auf die andere Seite des Dorfs – zu gehen, um zu sehen, ob wir nicht vielleicht in der Ferne einen Blick auf Gott erhaschen könnten. Als wir unser Ziel erreicht hatten – das eine gefühlte Tagesreise, tatsächlich aber nur knapp zwei Kilometer von unserem Zuhause entfernt war –, knieten meine Freundin und ich uns in der Mitte der staubigen Straße nieder, falteten unsere Hände zum Gebet und begannen, das Vaterunser zu beten. Wir glaubten, dass unsere Frömmigkeit den allmächtigen Vater dazu bewegen würde, sich mit uns zu unterhalten, doch anstelle seiner majestätischen Stimme schreckte uns ein heiseres Kichern aus unserer Andacht auf.

»Was um alles in der Welt fällt euch Kindern nur ein, hier mitten am Tag auf der Straße zu beten?«, fragte Lionel, ein Hirte aus unserem Dorf, der mit einem halben Dutzend Ziegen vorbeikam. Patricia und ich hatten gerade in der letzten *Hobe*-Zeitschrift gelesen, dass Kinder sich niemals dafür schämen durften, weil sie zu Gott beteten, denn wenn sie sich für ihre Liebe zu ihm schämten, dann würde er sich umgekehrt auch für seine Liebe zu ihnen schämen. Also hielten wir die Augen fest geschlossen, beteten nur umso inbrünstiger weiter und ignorierten Lionel und die Ziegen, deren borstiges Fell unsere Arme streifte. Lionel lachte weiter und wir beteten weiter. Als wir beim »Amen« angelangt waren, hatte der Hirte aufgehört zu lachen. Stattdessen hörten wir ihn grummeln: »Was soll aus dieser Welt werden, wenn Kinder lieber beten statt zu spielen?«

In meiner Welt überschnitten sich Gebet und Spiel. Eines meiner liebsten Kinderspiele hatte ich selbst erfunden, es hieß »Himmelsfotos«. Jedes Mal, wenn ein Meteoritenregen die Nacht über unserem Dorf erhellte, was in den Sommermonaten häufig vorkam, trommelte ich ein Dutzend Kinder zusammen und lief mit ihnen auf eines der Bohnenfelder meines Vaters. Während die Sternschnuppen kreuz und quer über den Himmel schossen, rannte ich von einem zum anderen und sorgte dafür, dass sich alle in Richtung Himmel in Positur stellten.

»Das sind die Blitzlichter von Gottes Fotoapparat«, erklärte ich ihnen dann und wies auf die leuchtenden Meteoriten. »Ihr müsst ein freundliches Gesicht machen, denn Gott macht Fotos von uns und wird sie uns zeigen, wenn wir bei ihm im Himmel sind!«

Als ich sechs Jahre alt wurde, galt ich zu Hause und in meinem Dorf als ein sehr frommes Kind. Das machte mich glücklich, denn ich war mir sicher, dass sowohl Gott als auch meine Eltern deshalb stolz auf mich waren. Dennoch gab meine Mutter mir gelegentlich zu verstehen, dass ich es mit meiner christlichen Nächstenliebe zu weit trieb – wie jenes eine Mal, als ich einer barfüßigen Mitschülerin am ersten Schultag meine nagelneuen Schuhe schenkte.

»Immaculée, wie konntest du nur diese Schuhe weggeben? Weißt du, was sie gekostet haben?«, fragte sie mich verzweifelt. (Allzu böse konnte sie allerdings nicht werden, denn sie und mein Vater, die beide Lehrer waren und mehr Geld verdienten als die meisten Leute im Dorf, waren weit und breit für ihre Wohltätigkeit bekannt.)

»Mama, ich muss dreizehn Kilometer bis zur Schule gehen, aber sie muss fünfzehn Kilometer gehen. Sie brauchte die Schuhe nötiger als ich«, antwortete ich.

»Also gut, wenn du das nächste Mal das Bedürfnis hast, Schuhe zu verschenken, dann nimm lieber deine alten«, sagte sie mit einem Lächeln.

Als Kind war ich die meiste Zeit über mit einem unerschütterlichen Glauben an Gott gesegnet. Doch etwa ein halbes Jahr vor meinem elften Geburtstag begann ich unerklärlicherweise, alles infrage zu stellen, was ich bis zu diesem Augenblick ganz selbstverständlich als die Wahrheit des Evangeliums akzeptiert hatte. Vor allem die Bibelgeschichten, die ich immer so gern gehört hatte, wurden für mich zu einer beunruhigenden Quelle unbeantwortbarer Fragen.

Es kann nicht sein, dass Jona in einem Fischbauch überlebt hat! Das ist völlig unmöglich, murrte ich. Oder meine Gedanken liefen Sturm gegen den Priester, der in der Kirche über die Bibel sprach: *Woher will er wissen, dass Noah wirklich eine Arche gebaut und mit allen Arten von Tieren beladen hat – also wirklich! Als ob Kühe und Ziegen vierzig Tage überstehen würden, wenn außer ihnen auch noch Löwen und Krokodile an Bord sind! Und was die Geschichte mit Saul angeht: Außer ihm und seinem Esel und Gott war niemand dabei … und das Ganze ist vor über zweitausend Jahren geschehen!*

Plötzlich erschien mir alles suspekt, was man mich gelehrt, was ich gehört und blind geglaubt hatte: *Gibt es wirklich etwas Übernatürliches? Gibt es einen Himmel oder sogar einen Gott? Sind diese ganzen Dinge eine Erfindung der Erwachsenen, damit die Kinder sich benehmen? Oder eine Erfindung der Kirche, damit sie Macht ausüben kann? Woher soll ich wissen, wer die Bibel geschrieben hat? Ich kann es nicht wissen! Wer kann beweisen, dass es Jesus wirklich gegeben hat? Niemand* kann das! Vielleicht haben diese Priester und Pastoren jahrhundertelang alle zum Narren gehalten!

Wenn es Gott und den Himmel gar nicht gibt, was geschieht dann, wenn wir sterben? Werden wir einfach in ein Loch im Boden geworfen, mit Staub bedeckt und für alle Ewigkeit im Dunkeln gelassen? Heißt das, dass ich nicht mit meiner Familie zusammen im Himmel sein werde, wenn wir alle gestorben sind? Und wenn das so ist, was für einen Sinn hat es dann zu leben, wo es doch so viel Traurigkeit, Krankheit und Leid in der Welt gibt?

Das war alles zu viel für meinen kindlichen Verstand, und so vergrub ich die düsteren Gedanken, so tief ich nur konnte, und versuchte die aufsteigende Niedergeschlagenheit zu ignorieren, die, das wusste ich, mein Herz überfluten würde, wenn ich mich damit abfand, dass es Gott nicht gäbe. Ich bekam Albträume, in denen ich von Teufeln und Dämonen verfolgt wurde, und wachte davon auf, wie ich zu Gott um Hilfe schrie.

Meine Eltern, die sich so über meinen Glauben gefreut hatten, wären am Boden zerstört gewesen, wenn sie gewusst hätten, welche Zweifel ich hegte. Also verbarg ich den Aufruhr in meinem Inneren vor ihnen. Ich ging nach wie vor mit meiner Familie in die Kirche und sprach meine Nachtgebete, doch die heilige Messe erschien mir wie eine leere Hülse, und die Gebete, die ich ohne Überzeugung sprach, konnten mich weder trösten noch beruhigen. Viele mögen die Glaubenszweifel einer Elfjährigen für bedeutungslos und wenig folgenschwer halten, doch Gott und das Gebet waren ein so wesentlicher Teil meines Daseins gewesen, dass ich mich ohne sie nun ganz verloren und verletzlich fühlte. Wenn ich mir eine Welt vorstellte, in der es keinen Gott gäbe, dann, so schien es, erwartete mich ein schweres, sinnloses Leben. Bestenfalls.

Gott muss meine Not gespürt haben, denn er fand einen Weg, meine Zweifel zu zerstreuen, ehe sie zu tiefe Wurzeln schlugen.

Einige Wochen nachdem meine Glaubenskrise begonnen hatte, rief uns eine meiner Lieblingslehrerinnen nach vorn an ihren Tisch, um uns eine Geschichte vorzulesen: Sie handelte von den Erscheinungen von Fatima, und sie hat mein Leben für immer verändert. Ich hatte das Wort »Erscheinung« vorher noch nie gehört und hatte keine Ahnung, wie immens wichtig das, was ich jetzt hören würde, für mich werden sollte.

»Das ist eine Geschichte darüber, wie die Jungfrau Maria in Fatima erschienen ist und mit drei Kindern gesprochen hat, zwei Mädchen und einem kleinen Jungen, die in den Bergen die Schafe hüteten«, erklärte Miss Odette.

Trotz meines heftigen Anfalls von religiöser Skepsis hing ich noch immer an der Vorstellung, dass wir im Himmel eine Mutter haben, die über uns wacht, und bei der Erwähnung der seligen Jungfrau Maria horchte ich auf. Das, was meine Lehrerin nun vorzulesen begann, kam mir wie ein schönes Märchen vor:

Die Kinder waren die zehnjährige Lucia dos Santos, ihr kleiner Cousin, der neunjährige Francisco Marto, und seine Schwester Jacinta, die erst sieben Jahre alt war. Es war ein schöner Frühlingstag und die Kinder passten auf ihre Schafe auf. Sie beschlossen, den Rosenkranz zu beten, wie ihre Eltern es sie gelehrt hatten, doch als sie sich hinknieten, um zu beten, erschreckte sie ein plötzlicher Lichtblitz am Himmel. Weil sie Angst hatten, vom Blitz erschlagen zu werden, liefen sie los und suchten Schutz unter einem großen Baum.

Als sie nach oben schauten, um zu sehen, ob ein Sturm aufzog, erblickten sie gleich vor sich eine schöne Dame, die in einem strahlenden Lichtkranz schwebte. Die Dame trug ein fließendes weißes Gewand und hielt einen Rosenkranz in ihren zum Gebet gefalteten Händen.

Lucia, Francisco und Jacinta fürchteten sich sehr, doch dann sprach die Dame, und ihre Stimme war sanft und klang wie Musik: »Habt keine Angst vor mir, liebe Kinder, ich will euch nichts Böses tun«, sagte sie.

»Woher kommen Sie?«, fragte Lucia, die spürte, dass sie es hier mit etwas Großem zu tun hatte. Sie hatte überhaupt keine Angst mehr, sondern wurde von einem Gefühl tiefer Liebe überwältigt.

»Ich bin vom Himmel und bin vom allmächtigen Gott hierher gesandt worden«, antwortete die Dame freundlich.

Gierig sog ich jedes Wort auf und dachte: *Großartig, was für eine schöne Geschichte. Ich frage mich, wer sie wohl erfunden hat. Wie schön wäre es, wenn mir so etwas passieren würde; dann wüsste ich sicher, dass es Gott gibt, und ich würde mich beim Beten wieder wohlfühlen.*

Miss Odette las weiter:

»Was wünschen Sie von uns?«, fragte Lucia, die nicht wusste, dass sie mit der Jungfrau Maria sprach. Die Dame sagte, sie wünsche, dass die Kinder sechs Monate lang jeden Monat am selben Tag an diesen Ort kommen sollten. Lucia versprach, dass sie das tun würden, und sie fragte die Dame, ob sie eines Tages bei ihr im Himmel sein werde.

»Oh ja«, antwortete die Dame.

»Und meine Cousine Jacinta – wird sie in den Himmel kommen?«, fragte Lucia.

»Oh ja«, antwortete die Dame.

»Und mein Cousin Francisco – wird er auch in den Himmel kommen?«

»Ja, er wird, aber vorher wird er noch viele Rosenkränze beten müssen«, antwortete die Dame sanft. Dann sagte sie den Kindern, dass sie Jacinta und Francisco bald in den Himmel holen werde, dass Lucia aber noch eine Aufgabe auf der Erde habe und sich deshalb gedulden müsse, bis sie in den Himmel komme.

Die Dame kam wie versprochen Monat für Monat wieder. Bei ihren vielen Besuchen fragte sie, ob die drei Kinder bereit wären, sich Gott darzubieten zur Sühne für die vielen Sünden der Welt und Leiden zu ertragen, wie Jesus es getan habe.

»Wollt ihr zur Sühne und für die Bekehrung der Sünder Leid auf euch nehmen?«, erkundigte sie sich, und die Kinder versprachen ihr alle, dass sie dazu bereit wären.

Die Kunde von den Erscheinungen verbreitete sich rasch im ganzen Land und auch in fernen Ländern. Zuerst wurden die Kinder verspottet und sogar von ihren eigenen Familien Lügner genannt, doch bald schon kamen alle, die zunächst gezweifelt hatten, zum Glauben – siebzigtausend Menschen pilgerten sogar eigens nach Fatima, um beim letzten Besuch der schönen Dame dabei zu sein. Obwohl die Muttergottes nur Lucia, Francisco und Jacinta erschien, wurden Tausende von Menschen, die die jungen Seher beobachteten, Augenzeugen vieler Wunder, die während der Erscheinungen geschahen: Sie sahen die Sonne am Himmel tanzen, sie sahen Bilder von Heiligen in den Wolken und wunderbare Heilungen.

Maria sagte den Kindern immer wieder, dass sie sie sehr liebe, und bat sie, den Rosenkranz zu beten, weil dies der beste Schutz vor dem Bösen und der sicherste Weg sei, einen Platz im Himmel zu bekommen.

»Ist das nicht eine schöne Geschichte?«, fragte Miss Odette die Klasse.

Das ist die schönste Geschichte, die ich je gehört habe, dachte ich. »Was ist aus den drei Kindern geworden, denen Maria erschienen ist?«, fragte meine Mitschülerin Miriam.

»Nun«, antwortete unsere Lehrerin, »genau wie die Dame es versprochen hatte, hat sie Jacinta und Francisco noch als Kinder zu sich in den Himmel geholt. Aber Lucia lebt noch und hat jahrelang Großartiges für die selige Jungfrau Maria geleistet.«

»Was?!«, rief ich laut und sprang auf. »Was sagen Sie da? Lucia ist noch am Leben? Das war doch nur eine Geschichte, was Sie uns da erzählt haben, oder nicht, Miss Odette? Das war doch bloß erfunden, oder nicht?«

»Oh nein, Immaculée. Das alles ist wirklich genau so geschehen, wie ich es euch vorgelesen habe«, sagte Miss Odette und lachte über meinen verblüfften Gesichtsausdruck.

»Nein!«

»Doch«, beharrte sie.

»Wie ist das möglich, Miss Odette? Wie kann das sein, dass die selige Jungfrau Maria auf die Erde gekommen ist? Wie ist das möglich, dass jemand sie gesehen hat?«

»Nun, es war ein Wunder.«

»Aber ich dachte, Wunder wären nur in alten Zeiten geschehen, in biblischer Zeit und nur im Heiligen Land.«

»Aber nein, Immaculée, Wunder geschehen jeden Tag …
Gott wirkt sie, wann und wo es nötig ist. Das Wunder von
Fatima geschah 1917, vor 64 Jahren. Und Fatima liegt in ei-
nem Land, das Portugal heißt und das gar nicht so weit von
Ruanda entfernt ist, wie man meinen könnte.«

»Miss Odette« – jetzt wollte ich es genau wissen –, »nehmen Sie uns auf den Arm oder hat die selige Jungfrau Maria
diese Kinder wirklich besucht?«

»Ja, sie hat Lucia, Jacinta und Francisco wirklich besucht«,
versicherte sie mir geduldig.

»Und weiß die Kirche davon?«

Wieder lachte meine Lehrerin. »Natürlich weiß die Kirche
davon! Die Kirche hat alle möglichen Priester und Ärzte geschickt, um die Kinder zu untersuchen und um sicherzuge-
hen, ob die Wunder wirklich vom Himmel stammten – sie
haben viele, viele Jahre geforscht, weil sie ganz sicher sein
wollten, dass das alles wahr ist.«

»Aber warum haben wir nichts davon gehört? Warum
spricht in der heiligen Messe niemand darüber?«

»Nicht jeder kennt sich mit Erscheinungen aus, Immacu-
lée, und nicht jeder glaubt daran. Aber Fatima ist nicht der
einzige Ort, wo Maria Kindern erschienen ist. An einem anderen Ort, der Lourdes heißt, ist sie einem Mädchen namens
Bernadette erschienen, und sie wird auch in Zukunft jungen
Menschen erscheinen, die glauben. Wo Maria einmal war,
dort wird sie nie vergessen. Noch heute reisen Tausende von
Menschen nach Fatima, um den Ort zu sehen, wo sie zu den
Kindern gesprochen hat. Dort nennen sie sie ›Unsere Liebe
Frau vom Rosenkranz‹ oder ›Unsere Liebe Frau von Fatima‹
und sie wird sehr geliebt.«

Mit einem Mal war meine Welt wieder viel, viel heller, und mein Herz erholte sich von den Zweifeln, die mich so viele Wochen lang geplagt hatten.

Wenn die selige Jungfrau Maria real ist, dann ist Jesus auch real, überlegte ich. *Und wenn Jesus real ist, dann ist auch Gott real … und jedes Wort, das in der Bibel steht!* Meine Welt war wieder in Ordnung.

Als ich an diesem Nachmittag aus der Schule kam, schloss ich mich in mein Zimmer ein, umklammerte meinen Rosenkranz und betete inbrünstiger als je zuvor in meinem jungen Leben: Ich dankte Gott dafür, dass er mich hatte wissen lassen, dass er wirklich existiert und meine Gebete hört.

Die Geschichte von Fatima hatte mich derart elektrisiert, dass ich die ganze Nacht wach lag, über die drei jungen Seher nachdachte und mir vorstellte, wie es wohl war, wenn man der heiligsten Mutter persönlich begegnete.

In meinem zweiten Buch *Led by Faith* habe ich beschrieben, wie ich, nachdem ich von den Erscheinungen in Fatima erfahren hatte, einen detaillierten Plan ausarbeitete, um die selige Jungfrau Maria zu bewegen, in unser Dorf Mataba zu kommen. Meine Freundin Jeanette und ich gingen zusammen mit ihrem kleinen Bruder Fabrice auf einen kleinen Berg, wo mein Vater seine Ziegen hielt. Wir drei waren fast exakt in demselben Alter wie die Kinder von Fatima, und mitten unter Vaters Ziegen war es nicht schwierig, so zu tun, als ob wir Hirtenkinder wären, wie Lucia, Jacinta und Francisco es gewesen sind. Inbrünstig beteten wir auf dem Berg und baten die selige Jungfrau Maria, dass sie uns erschiene. Und um Mataba noch einladender zu machen, pflückten wir Dutzende schöner Blumen und legten sie im Kreis rund um den Berghang herum. Dann knieten wir uns in der Mitte des Kreises nieder und beteten den Rosenkranz. Als die Muttergottes nicht sofort erschien, beschlossen wir, den Berghang mit einem ganzen Meer von exotischen Blumen zu bepflanzen, damit sie nicht mehr widerstehen konnte, hierherzukommen und dies alles zu bewundern.

Jeanette und ich waren zuversichtlich, dass die selige Jungfrau Maria kommen und uns viele wichtige Botschaften für die Menschheit anvertrauen würde. Unser Ruf würde sich über ganz Afrika verbreiten, und die Leute würden Hunderte von Kilometern unterwegs sein, um das Wunder von Mataba mitzuerleben. Tausende von Menschen würden sich um unseren Kreis aus Blumen drängen und zusehen, wie die drei jungen Seher Botschaften der Himmelskönigin empfingen. Leider mangelte es uns an Überzeugungskraft. Nach wenigen Wochen wurde es immer schwerer, Jeanettes Bruder dazu zu bringen, mit uns auf den Berg zu steigen. Wenn Fabrice überhaupt mitkam, dann wurde er ängstlich, sobald es dämmerte, und quengelte, wir sollten ihn nach Hause bringen. Meistens reichte die Zeit nur für einen einzigen Rosenkranz, ehe wir uns wieder an den Abstieg machen mussten, und es war gar nicht daran zu denken, auch noch Blumen für die selige Jungfrau Maria zu pflanzen. Als Fabrice dann nach einer Weile gar nicht mehr mitkommen wollte, gaben Jeanette und ich es auch auf, weil wir ja nun keinen dritten Seher mehr hatten wie in Fatima.

Und doch hat Maria unsere Gebete erhört und ist nach Ruanda gekommen. Nur waren wir gerade nicht auf dem Berg.

Kapitel 2

Maria kommt nach Ruanda

Drei Wochen, nachdem Jeanette und ich es aufgegeben hatten, auf den Berg zu steigen und dort dafür zu beten, dass uns die selige Jungfrau Maria erschiene, kam mein Vater von der Arbeit nach Hause und verkündete mit lauter Stimme, dass in Ruanda ein Wunder geschehen sei.

»Ein Wunder?! Was für eins, Papa?! Was ist passiert?!«, rief ich und rannte zu ihm hin. »Erzähl, erzähl!«

»Weißt du nicht, dass Geduld eine große Tugend ist?«, fragte mein Vater mich schmunzelnd. »Was man bekommen möchte, lohnt auch das Warten, Immaculée, das gilt sogar für Wunder. Also werden wir zuerst mit der Familie zu Abend essen und dann werde ich dir, deiner Mutter und deinen Brüdern die Neuigkeiten beim *Igitaramo* erzählen.«

Der *Igitaramo*, seit vielen Jahrhunderten eine altehrwürdige ruandische Tradition, ist ein ganz einfacher Brauch von auserlesener Schlichtheit. Nach dem Abendessen setzen sich die Familien gemeinsam um ein großes gemeinsames Feuer und singen Lieder zum Gedenken an die Ahnen. Tänzer in bunten Gewändern unterhalten die Dorfbewohner, und die besten Redner berichten Neues aus anderen Dörfern oder erzählen alte Geschichten und Stammeslegenden. Außerdem findet sich auch die Gelegenheit, sich Klatsch zu erzählen,

Streitigkeiten beizulegen, Witze zu machen und Ehen zu arrangieren. Der *Igitaramo* hat die europäische Kolonialisierung überlebt und ist nach wie vor ein wichtiger Teil der ruandischen Kultur. (Aktuell überträgt Radio Ruanda jeden Abend nach neun Uhr eine Rundfunkversion des *Igitaramo*: eine Sendung voller Geschichten und Lieder.)

Unsere Familie hatte weder Fernsehen noch Telefon, und so verbrachten wir die freie Zeit meistens gemeinsam. Vater nutzte den *Igitaramo* mit Vorliebe für Diskussionen; wenn er also beim *Igitaramo* mit uns über das Wunder diskutieren wollte, dann handelte es sich wahrscheinlich um etwas, was wir näher betrachten sollten.

Als wir mit dem Essen fast fertig waren, erzählte er uns, dass er Pater Clement in der Nachbargemeinde besucht hatte. Pater Clement war der Priester, der in der Region von den Menschen am meisten verehrt wurde, und zudem war er ein zutiefst frommer, sehr gebildeter und kluger Mann. Und er war ein enger Freund der Familie; mit meinem Vater verstand er sich besonders gut, und meine Brüder und ich mochten ihn so sehr, dass wir ihn Opa nannten.

»Ein Priester in Kibeho hat Clement von einem sechzehnjährigen Mädchen namens Alphonsine Mumureke erzählt, die sagt, dass ihr die Jungfrau Maria in den letzten zwei Wochen wenigstens fünfmal erschienen sei«, berichtete Vater. »Das Mädchen behauptet, die Muttergottes bitte darum, als die ›Mutter des Wortes‹ in Ruanda bekannt zu werden, und der allmächtige Gott habe sie mit Botschaften für die ganze Welt vom Himmel gesandt.«

»Oh, ich wusste es, ich wusste es, *ich wusste es!*«, schrie ich, sprang auf und tanzte um den Tisch herum. »Es gibt sie, und sie ist gekommen, um uns zu besuchen!« Tränen strömten mir über die Wangen und ich war außer mir vor Freude und zugleich tieftraurig. Ich war der Muttergottes dankbar, dass sie nach Ruanda gekommen war, aber ich hätte mich ohrfeigen können, weil ich meine Ausflüge auf den Berg aufgegeben hatte: *Hätten wir doch nur vor drei Wochen die Blumen gepflanzt! Warum habe ich nicht weitergebetet? Maria hätte Jeanette und mir erscheinen sollen … da ist ganz eindeutig etwas fürchterlich schiefgegangen!*

Meine Enttäuschung war jedoch nicht von langer Dauer, weil mir bewusst wurde, dass meine Gebete tatsächlich erhört worden waren. Maria liebte mich so sehr, dass sie nach Ruanda kam! Was machte es da schon aus, dass sie Mataba ausgelassen hatte und in einem anderen Dorf erschienen war? Ruanda war ein kleines Land – ich könnte einfach nach Kibeho gehen, wo immer das war, und sie dort sehen!

»Papa, hat Alphonsine beschrieben, wie die Jungfrau Maria ausgesehen hat? Was hatte sie an und was hat sie noch gesagt? Wo ist Kibeho? Wir müssen sofort los … ich wette, sie ist noch da! Wir können im Auto weiteressen!«, schnatterte ich und hopste weiter um den Tisch herum.

»Setz dich, Immaculée«, sagte Vater lachend. »Ich weiß sonst nicht viel, nur noch, dass sie in eine katholische Mädchenschule geht und in eine Art Trance verfällt, wenn die Erscheinungen beginnen, und sie alles um sich herum vergisst. Wenn es dann vorbei ist, fällt sie in eine Art Koma.

Aber wir fahren nicht nach Kibeho, schlag dir das aus dem Kopf. Das ist weit weg von hier im Süden, in der Provinz Gikongoro an einem ganz entlegenen und extrem unzugänglichen Ort. Selbst wenn ich dorthin fahren wollte, was nicht der Fall ist, würde ich es auf keinen Fall riskieren, bei Nacht auf diesen Straßen durch die Berge zu fahren. Und außerdem ist das, soweit wir wissen, bloß eine wilde Geschichte, die sich ein Mädchen mit einer blühenden Fantasie ausgedacht hat.«

»Aber Pater Clement hätte gar nicht darüber gesprochen, wenn er nicht glauben würde, dass etwas Wahres daran sein könnte, oder, Papa?«, fragte ich.

»Da hat Immaculée recht, Leonard«, stimmte meine Mutter mir zu.

Mama respektierte, genau wie mein Vater, Pater Clement sehr und wusste, dass etwas, was er für erwähnenswert hielt, auf keinen Fall unwichtig sein konnte. »Clement tratscht nicht und setzt auch keine Gerüchte in Umlauf; er spricht nur über etwas, wenn er sich seiner Sache sicher ist«, fügte sie hinzu und schaute meinen Vater neugierig und erwartungsvoll an.

»Nun ja, das stimmt. Aber er hat es mir im Vertrauen gesagt, und ich ärgere mich über mich selbst, dass ich überhaupt davon angefangen habe. Ich wollte Immaculée nur eine Freude machen, weil ich weiß, wie sehr sie diese Geschichten liebt. Aber offenbar war die Freude zu groß«, fügte er dann trocken hinzu, weil ich immer noch durch den Raum sprang. Er wies auf meinen Stuhl und gab mir wortlos zu verstehen, dass ich mich hinsetzen sollte.

»Ich will jetzt, dass ihr euch alle beruhigt und hört, was ich zu sagen habe«, fuhr Vater fort. »Wunder können geschehen, aber dazu braucht es Glauben, Gebet und harte Arbeit. Aimable und Damascene sind die Besten in ihrer Klasse, weil sie hart gearbeitet und weil wir jeden Abend gebetet haben, dass sie eine gute Schule besuchen können. So geschehen Wunder. Wir sollten nicht erwarten, dass die Jungfrau Maria plötzlich aus dem Nichts erscheint und uns das Schulgeld gibt, oder dass Jesus kommt und den Jungs ihre Klausuren schreibt.

Pater Clement hat mit mir darüber gesprochen, weil es eine so wichtige Angelegenheit ist, die viel Gutes, aber auch eine Menge Schaden anrichten kann. Ich fahre ja beruflich von einer Schule zur nächsten, und deshalb hat er mich gebeten, die Ohren offen zu halten und zu hören, was die Leute über diese angebliche Marienerscheinung sagen. Anscheinend hat dieses Mädchen, diese Alphonsine, an ihrer Schule schon einen ziemlichen Wirbel verursacht und viele der Nonnen und Lehrerinnen sind verärgert. Wer weiß, womit wir es zu tun haben? Das Mädchen könnte verrückt oder, was Gott verhüten möge, von Dämonen besessen sein … das sähe dem Teufel gar nicht so unähnlich.«

Mein Vater war nicht zuletzt deshalb als Teenager zum Katholizismus konvertiert, weil er die Jungfrau Maria, die für die Protestanten in der Regel keine so große Bedeutung hat wie für die Katholiken, so sehr liebte und verehrte. Deshalb hatte ich eigentlich erwartet, dass er sich über die Nachricht von einer Marienerscheinung in Ruanda freuen würde – doch genau wie die Kirche selbst begegnete er allem Übernatürlichen mit tiefem Misstrauen. Dennoch hatte die bloße Möglichkeit, dass die selige Jungfrau Maria an einem Ort erschiene, der gar nicht so sehr weit von unserem Zuhause entfernt lag, seinen Glauben und seine intellektuelle Neugier angefacht. Er war nun selbst in der Stimmung, darüber zu debattieren.

»Also, was haltet ihr von alledem?«, fragte er und schob als Signal dafür, dass das Abendessen beendet war, seinen Teller in die Tischmitte.

Alle fingen gleichzeitig an zu reden, und schon war die Diskussion in vollem Gange. Meine älteren Brüder glaubten kein einziges und ich glaubte jedes Wort. (Mein jüngerer

Bruder war noch zu klein, um zu verstehen, worüber wir diskutierten.) Ich rief: »Ich habe wochenlang gebetet, dass die Muttergottes in Ruanda erscheint, und jetzt ist sie da! Es muss wahr sein – ich spüre es in meinem Herzen!«

»Lasst uns ins Wohnzimmer gehen«, sagte Vater und nahm Kurs auf seinen Lieblingssessel. »Es ist Zeit für den *Igitaramo*.«

Wir diskutierten bereits eifrig, als meine Brüder und ich den Raum betraten.

»Immaculée, sei nicht so naiv«, spottete Aimable. »Vater hat es doch schon gesagt: Wahrscheinlich handelt es sich nur um eine große Lüge von irgendeinem verrückten Kind, das keine Freunde hat.

Wenn die Jungfrau Maria nach Ruanda käme, meinst du nicht, dass sie dann in Kigali erscheinen würde? Da gibt es wenigstens eine Kathedrale! Ich habe noch nie von Kibeho gehört – niemand kennt dieses Dorf!«, fügte Damascene hinzu. »Nie im Leben würde die Jungfrau in einem Dorf erscheinen, das niemand kennt!«

»Und was ist mit Fatima und Lourdes?!«, konterte ich. Damascene war einen Moment lang sprachlos.

»Steigere dich da bitte nicht so hinein, Immaculée«, sagte Aimable. »Ich weiß, wie sehr du die Muttergottes liebst, aber versuch doch mal realistisch zu sein. Das ist wahrscheinlich bloß wieder so eine katholikenfeindliche Aktion, mit der die Jungfrau Maria in Verruf gebracht werden soll. Weißt du nicht mehr, wie sie letztes Jahr beinahe jede Statue der seligen Jungfrau Maria im ganzen Land zerstört haben? Sogar deine Lieblingsstatue – weg, alle zerstört! Ich wette, das ist wieder so eine Gemeinheit, um die Leute gegen die Katholiken und gegen die Jungfrau Maria aufzubringen.« Aimable war sichtbar erbost, als er sich zu meinem Vater umdrehte und hitzig hinzufügte: »Papa, jemand sollte dem ein Ende setzen, ehe es außer Kontrolle gerät. Ich meine, jemand sollte dem *jetzt sofort* ein Ende setzen!«

Mein ältester Bruder hatte etwas zur Sprache gebracht, das für die Katholiken in Ruanda – vor allem solche wie mich, die Maria so sehr liebten – äußerst schmerzlich gewesen war. Gerade erst war ein hässlicher, jahrelanger Feldzug gegen die selige Jungfrau Maria zu Ende gegangen, bei dem im ganzen Land Hunderte von Marienstatuen in Stücke geschlagen worden waren – darunter auch die wunderschöne Skulptur in unserer Pfarrkirche, vor der ich so viele ruhige und friedvolle Stunden im Gebet verbracht hatte. Niemand wusste mit Bestimmtheit, wer das getan hatte oder warum. Manche vermuteten als Auslöser ein gezielt gestreutes Gerücht, wonach die Priester in diesen Statuen Gold versteckt hätten; andere hielten es für das Werk einer extremistischen protestantischen Gruppierung, die die Statuen als eine Art Götzenkult, der das Bild der Gottesmutter entweihte, betrachtete. Doch ich glaube, die meisten dachten, hier seien Teufelsanbeter am Werk, die zum Schlag gegen die Muttergottes ausholten.

»Aber vielleicht ist Maria nach Ruanda gekommen, *weil* das geschehen ist«, sagte ich zu Aimable. »Sie ist gekommen, um uns zu zeigen, dass sie existiert! Vielleicht wusste der Teufel, dass sie kommen würde, und hat deshalb vorher all ihre Bilder zerstört!«

»Jetzt redest du wie ein kleines Mädchen, Immaculée«, sagte mein Bruder verächtlich. »Das ist ein schlechter und dummer Scherz; mach daraus keinen Krieg zwischen Himmel und Hölle.«

»Ihr Kinder habt gut debattiert«, schaltete sich mein Vater ein. »Aber sei nicht überheblich, Aimable, nur weil deine Schwester erst elf Jahre alt ist. Sie ist ein kluges Mädchen und sie hat ein gutes Argument vorgebracht. In der Bibel steht, dass es in der Tat einen Krieg zwischen Gut und Böse gegeben hat, ehe der Satan aus dem Himmel verstoßen wurde.« Dann drehte er sich zu mir und sagte: »Sprich weiter, Immaculée. Ich will hören, was du denkst.«

Es war das erste Mal, dass Vater mich in einem Gespräch nach meiner Meinung fragte, und ich argumentierte umso leidenschaftlicher: »Ich denke, dass die Jungfrau Maria nach Ruanda gekommen ist, um uns daran zu erinnern, dass ihre Liebe uns näher zu Jesus bringt. Vielleicht ist sie gekommen, weil der Teufel schon vorher hier war.«

Aimable stieß einen gedehnten Seufzer aus und schüttelte den Kopf. »Also gut, ich denke, dass es entweder ein dummer Kinderstreich oder eine Aktion ist, die gegen die Katholiken gerichtet ist. Jedenfalls ist es kein Wunder«, entgegnete er.

»Warum sollte die Jungfrau Maria wollen, dass man sie ›Mutter des Wortes‹ nennt? Das klingt zu dick aufgetragen«, bemerkte Damascene. »Ich habe diesen Namen noch nie gehört und er klingt wirklich ein bisschen dick aufgetragen«, stimmte Vater zu.

»Weißt du irgendetwas über diese Alphonsine, Papa? Wie alt ist sie? Ist sie in Kibeho aufgewachsen?«, fragte Aimable.

»Nein, sie stammt aus einem Dorf in Kibungo.«

»*Kibungo!*«, riefen Damascene und Aimable gleichzeitig.

»Das erklärt alles. Was immer da in Kibeho geschieht, es ist ganz bestimmt ein Teufelswerk«, sagte Damascene.

Kibungo war eine dicht bewaldete Provinz im östlichen Ruanda und galt als ein Zentrum der heidnischen Kulte. Es hieß, dass dort Voodoo und schwarze Magie praktiziert wurden und dass tief im Dschungel Satanisten lebten.

»Zwei Kinder an meiner Schule waren von dort«, fuhr Damascene fort. »Eines Nachts haben sie plötzlich geschrien wie am Spieß und den ganzen Schlafraum aufgeweckt. Einer der Priester versuchte sie zu beruhigen, doch sie gerieten nur noch mehr außer sich. Schließlich hängte er ihnen Rosenkränze um den Hals, besprengte sie mit Weihwasser und sprach einen Segen.

Darauf wurden die beiden Jungen noch wilder und riefen, dass das Weihwasser sie verbrenne. Dann rannten sie nach draußen und wir alle hinterher. Wir sahen sie im Kreis herumrennen und dann haben sie sich die Rosenkränze vom Hals gerissen. Im selben Augenblick gingen ihre Füße in Flammen auf. Wir warfen Decken auf sie, um das Feuer zu ersticken. Nur zwei Dinge kommen aus Kibungo: Teufel und Dämonen. Und dieser Alphonsine muss ein ganzes Rudel davon bis nach Kibeho gefolgt sein.«

Die Geschichte war einfach so lächerlich unglaubwürdig, dass ich meinem Bruder auf den Kopf zusagte, sie erfunden zu haben.

»Ich schwöre, dass jedes Wort wahr ist«, antwortete er feierlich.

Damascene war ein hervorragender Geschichtenerzähler und versierter Witzbold, aber er log nicht. »Ich würde nie über jemanden Witze reißen, der von Dämonen besessen ist«, beteuerte er. »Ich habe bisher nie darüber gesprochen, weil es mir Angst gemacht hat. Wenn ein Mädchen aus Kibungo etwas sieht, dann ist es nicht die selige Jungfrau Maria, sondern ein Dämon, der sie zum Narren hält.«

Im Prinzip hatte Damascene die Debatte damit beendet. Was konnte ich nach einer solchen Geschichte noch sagen?

Mama hatte die Küche aufgeräumt und war gerade in dem Moment in das Wohnzimmer gekommen, als Damascene seine Geschichte beendet hatte. Sie sah den ängstlichen Blick in den Augen meines kleinen Bruders Vianney und schloss ihn in ihre Arme.

»Leonard, warum lässt du die Kinder solche Gruselgeschichten erzählen?«, schalt sie meinen Vater. Dann wandte sie sich zu Damascene: »Und du hörst sofort mit diesem Gerede über Dämonen auf. Siehst du nicht, dass du Vianney Angst machst? Es wäre ein Wunder, wenn wir heute Nacht nicht alle Albträume bekämen. Genug *Igitaramo* für heute. Am besten sprecht ihr jetzt eure Nachtgebete und geht ins Bett.«

»Eure Mutter hat recht«, sagte Vater. »Wir sollten uns nicht allzu sehr in diese Sache hineinsteigern. Wenn Alphonsine weiterhin behauptet, Erscheinungen zu haben, wird die Kirche ohnehin ein Wort mitreden wollen, da bin ich mir sicher. Das ist eine ernste Angelegenheit, also lasst uns beten und Gott um seine Führung bitten.«

Wir knieten uns wie immer vor dem Schlafengehen gemeinsam im Wohnzimmer nieder und beteten. Ich war sicher, dass Maria Alphonsine erschienen war, und deswegen fügte ich im Stillen eine Sonderbitte hinzu: *Danke, Muttergottes, dass Du meine Gebete erhört hast und nach Ruanda gekommen bist. Wenn ich Papa nicht dazu überreden kann, mich nach Kibeho zu bringen, um Dich zu sehen, wirst Du dann einen Weg finden, um nach Mataba zu kommen? Bitte mach, dass alle genauso davon überzeugt sind wie ich, dass Du wirklich hier bist. Ich liebe Dich und hoffe, dass wir uns bald sehen! Amen.*

Kapitel 3

Maria wird akzeptiert

Die Muttergottes sollte meine Gebete schon bald erhören.

Es stellte sich heraus, dass wir nicht die einzige Familie waren, die während des *Igitaramo* über Alphonsines Erscheinungen diskutiert hatte. Nach wenigen Tagen war der Name Alphonsine Mumureke in unserem Dorf in aller Munde. Über Nacht war die Geschichte von ihren Erscheinungen vom winzigen Kibeho in die große ruandische Hauptstadt Kigali gelangt. Auf Radio Ruanda wurde über die Erscheinungen debattiert, und selbst unseren Nachbarländern Burundi, Tansania, Zaire (wie die Demokratische Republik Kongo damals noch hieß) und Uganda war die Nachricht eine Meldung wert. Die Bauern, die rund um Kibeho lebten, verließen ihre Felder und tummelten sich in der Nähe der Schule, die das Mädchen besuchte, um vielleicht einen Blick auf die Muttergottes zu erhaschen.

Die Nachricht von der Ankunft der Jungfrau Maria hatte sich so rasch im ganzen Land verbreitet, dass mir das allein schon wie ein Wunder vorkam. Ich hatte sie gebeten, dafür zu sorgen, dass die Ruander an ihre Erscheinung glaubten, und nun wusste bereits das ganze Land, dass sie gekommen war.

Doch mein Vater blieb skeptisch. »Genau das hat Pater Clement befürchtet«, sagte er, als ich ihn fragte, ob wir jetzt mit der Familie nach Kibeho fahren würden. »Die Menschen hier sind so arm, dass sie gierig jede Art von Wunder ergreifen, weil es ihnen Hoffnung gibt und ihr tägliches Elend lindert. Und doch ist es wahrscheinlich bloß ein Schwindel, wie wir gestern Abend gesagt haben, oder eine Halluzination. Oder Teufelswerk.«

»Aber wenn doch alle glauben, dass es wahr ist, Papa, warum können wir dann nicht einfach nach Kibeho fahren und uns selbst ein Bild machen?«

»Immaculée, nicht alle glauben, dass die Erscheinungen wahr sind. Clement hat mir erzählt, dass die Priester, Nonnen und Schülerinnen an ihrer Schule Alphonsine eine Lügnerin nennen und sie sehr schlecht behandeln. Sie könnte wegen so einer Sache sogar einen Schulverweis bekommen. Pater Clement sagt, dass sich die kirchlichen Behörden damit befassen, also wollen wir davon ausgehen, dass dieses Mädchen einem Trugbild oder einer Täuschung aufsitzt, solange wir nicht gehört haben, was die Kirche dazu sagt.«

Das ist genau dasselbe, was mit den Kindern in der Geschichte geschehen ist, die Miss Odette uns über Fatima und Lourdes vorgelesen hat, dachte ich. Ich wusste, dass es zwecklos war, weiter mit meinem Vater zu diskutieren – er war ein ebenso kluger wie starrköpfiger Mann, und die Überzeugungen einer Elfjährigen würden seine Meinung nicht ändern. Also ging ich in mein Zimmer und nahm meinen Rosenkranz, der in meiner Vorstellung so etwas wie eine Telefonleitung war, die mich mit Maria verband. Ich kniete mich vor ihrer Statue nieder und betete: *Liebe Mutter, nächste Woche ist der Geburtstag Deines Sohnes. Bitte, mach Ruanda ein Weihnachtsgeschenk. Gib, dass alle glauben können, dass die Botschaften, die Du Alphonsine anvertraust, wahr sind. Amen.*

Auch wenn das Geschenk, um das ich gebeten hatte, nicht zu Weihnachten kam, konnte man es doch als ein wirklich großartiges Geburtstagsgeschenk gelten lassen – Vater machte es mir am 12. Januar 1982, zwei Tage, bevor ich zwölf Jahre alt wurde! Er kam nach Hause, nahm mich in seine starken Arme und sagte: »Herzlichen Glückwunsch, mein Schatz. Ich glaube, die Muttergottes ist wirklich nach Ruanda gekommen!«

Ich kreischte in den höchsten Tönen und meine Mutter schüttelte belustigt den Kopf und murmelte: »Jetzt geht das schon wieder los.«

Pater Clement hatte gerade erfahren, dass eine zweite Schülerin an der *Kibeho High School*, die siebzehnjährige Anathalie Mukamazimpaka, behauptete, die Jungfrau Maria sei ihr im Schlafsaal erschienen. Anathalie war ein frommes und gläubiges Mädchen und Vater sagte: »Die Botschaften, die die beiden Mädchen empfangen haben wollen, sind ähnlich – sehr positiv und in Übereinstimmung mit dem, was die Bibel lehrt. Demnach will die Jungfrau Maria, dass wir einander gut behandeln, dass wir die Jungfrau Maria als unsere liebevolle Mutter betrachten und dass wir jeden Tag den Rosenkranz beten, um uns der Liebe ihres Sohnes näherzubringen. Ich gebe zu, dass dies nicht nach dämonischen Botschaften klingt.«

Ich flehte ihn an, mich zu meinem Geburtstag nach Kibeho zu fahren, doch er war noch immer dagegen. »Noch ist nichts sicher«, erklärte er. »Pater Clement hat mir gesagt, dass sich die Kirche an ein amtliches Verfahren hält, wenn sie solche Erscheinungen untersucht, also sollten wir warten, bis der Ortsbischof eine Entscheidung getroffen hat. Kibeho liegt im Erzbistum Butare, der Diözese von Bischof

Jean-Baptiste Gahamanyi. Ich kenne Gahamanyi; er ist ein guter Christ, und er ist klug. Wenn er entscheidet, dass die Erscheinungen echt sind, dann fahren wir vielleicht nach Kibeho, falls die Straßen nicht allzu schlecht sind. Und wenn ich *vielleicht* sage, dann *meine* ich *vielleicht!*

Bete weiter den Rosenkranz und lies in der Bibel, Immaculée. Wenn Maria will, dass du nach Kibeho kommst, dann wird es auch geschehen ...«

Im März erschien die Jungfrau Maria einer dritten Schülerin an der *Kibeho High School*: der einundzwanzigjährigen Marie-Claire Mukangango. Alle im Dorf sprachen darüber, und die Nachricht, dass es nun schon drei Seherinnen gab, wurde den ganzen Tag über im Radio verbreitet.

In der Sonntagsmesse kündigte Pater Rwagema an, dass er nach der Regenzeit im April und Mai eine große Wallfahrt nach Kibeho organisieren werde, damit die Gemeindemitglieder die Gelegenheit hätten zu hören, was die selige Jungfrau Maria durch die drei Seherinnen kundtat. Für die, die nicht an der Wallfahrt teilnehmen könnten, werde er seinen Kassettenrekorder mitnehmen und die Botschaften aufzeichnen. Jetzt glaubten alle in der Kirche, dass die Erscheinungen echt waren, und gerieten bei dem Gedanken an die bevorstehende Wallfahrt in freudige Erregung.

Nach der heiligen Messe drängte sich unsere Familie in Vaters kleinen Wagen, um die üblichen Sonntagsbesuche bei den Verwandten zu absolvieren, die über das ganze Umland verteilt wohnten. Die Fahrt zu unseren vielen Tanten und Cousins und Cousinen dauerte Stunden, und noch ehe mein Vater auf den ausgefahrenen Ziegenpfad eingebogen war, der unserer Region als Hauptstraße diente, traktierten meine

Brüder und ich uns schon gegenseitig mit den Ellenbogen, um uns ein wenig mehr Platz zu verschaffen. Während der Fahrt fragte ich Vater, ob er nach dem, was wir in der Kirche gehört hatten, nun von der Echtheit der Erscheinungen überzeugt war. Er nahm sich viel Zeit mit der Antwort und wir wussten, dass er im Begriff war, sein Urteil über Kibeho zu sprechen.

»Nun, bis zu dem Zeitpunkt, als mir Pater Clement gestern von der dritten Seherin Marie-Claire erzählt hat, war ich alles andere als sicher.

Pater Clement hat mit einem Priester von der Highschool gesprochen, der keinem der Mädchen geglaubt hatte. Er hatte sie einen Haufen Lügnerinnen genannt und wollte sich dafür einsetzen, sie von der Schule zu verweisen. Doch dann kam Marie-Claire zu ihm und sagte, sie hätte eine Botschaft für ihn.

›Entschuldigen Sie, Herr Pfarrer, ich will nicht respektlos sein‹, sagte sie zu ihm, ›aber die Muttergottes ist mir heute erschienen und hat mich gebeten, Ihnen auszurichten, dass Sie die Kinder zu Unrecht quälen und dafür Buße tun müssten. Sie will, dass Sie heute Abend niederknien, sich für Gott öffnen und mit ausgebreiteten Armen drei Rosenkränze beten.‹«

»Echt jetzt, Papa? Sie hat ihm einen Befehl von der Jungfrau Maria überbracht?«, platzte Damascene heraus. Er war schwer beeindruckt. Er und Aimable gingen beide auf katholische Internate und wussten, was es bedeutet, frech zu einem Priester zu sein.

»Was hat der Priester Marie-Claire geantwortet?«, fragte ich und war entzückt, dass wir uns gerade tatsächlich über ein Dreiergespräch zwischen einer Seherin, der Muttergottes und einem Priester unterhielten. *Genau wie in der Bibel, als Gott Mose befahl, er solle dem Pharao sagen, dass er sein Volk ziehen lassen solle!*, dachte ich.

»Der Priester nannte Marie-Claire eine kleine Lügnerin und befahl ihr, in den Schlafraum zu gehen und dort am nächsten Morgen zu warten, bis er sich eine geeignete Strafe für sie ausgedacht haben würde«, antwortete unser Vater.

»Doch am Abend entschied er sich, kein Risiko einzugehen – nur für den Fall, dass die Erscheinungen echt waren, und weil es ja auch nicht schaden konnte, ein bisschen mehr zu beten. Also schloss er sich in seinem Zimmer ein, zog die Vorhänge vor, damit ihn niemand sah, kniete sich auf den Boden und betete mit ausgebreiteten Armen den Rosenkranz, genau wie Marie-Claire es ihm von der Jungfrau Maria ausgerichtet hatte. Als er damit fertig war, legte er den Rosenkranz in seinen Nachttisch und legte einige Bücher und Zeitschriften darüber, ehe er die Schublade schloss.

Am nächsten Morgen ließ der Priester Marie-Claire in sein Büro kommen, um ihr einen weiteren Verweis zu erteilen. Die Schülerin lächelte fröhlich, als sie hereinkam, und ehe der Priester auch nur den Mund aufmachen konnte, sagte sie zu ihm: ›Herr Pfarrer, die Muttergottes ist sehr froh, dass Sie den Rosenkranz genau so gebetet haben, wie sie es Ihnen ausrichten ließ, aber sie hat mir heute Morgen gesagt, Sie hätten nicht all diese Bücher und Zeitschriften auf den Rosenkranz legen sollen, als Sie ihn in Ihre Schublade zurücklegten. Sie sagt, Sie sollten ihn immer bei sich tragen und ihn täglich beten.‹

Pater Clement erzählte mir, dass der Priester sich im selben Augenblick bekehrt habe. Er ist jetzt ein großer Unterstützer der Seherinnen. Also, Immaculée, um deine Frage zu beantworten: Ja, ich glaube, dass die Jungfrau Maria diesen

Mädchen in Kibeho erscheint. Ich bin mir dessen so sicher, dass ich mich entschlossen habe, gemeinsam mit Pater Rwagema und den anderen Gemeindemitgliedern dorthin zu pilgern.«

»Oh! Darf ich mitkommen?«, bettelte ich.

»Nein, diesmal nicht. Sieh dir das Land dort draußen an«, sagte er und wies auf die endlosen Hügel, die sich vor unseren Augen erstreckten. Einige der tiefer gelegenen Täler waren selbst jetzt in der Mittagszeit noch dunkel. »Es wird eine Fußwallfahrt sein. Damit werden wir der Jungfrau Maria unsere Verehrung bezeigen und des leidvollen Weges gedenken, den sie gegangen ist, als sie ihrem Sohn nach Golgatha folgte. Es ist eine Reise von vielen Tagen und an einigen Stellen gibt es nicht einmal eine Straße. Wir werden im Busch schlafen und durch den Wald gehen, und für ein kleines Mädchen ist das alles viel zu gefährlich.«

Ich schmollte noch eine ganze Zeit lang, während der Wagen über die Straße holperte und schlingerte. Als ich gerade zu meinem letzten Appell ansetzte, um meinen Vater vielleicht doch noch umzustimmen, drehte meine Mutter, die bis dahin still auf dem Beifahrersitz gesessen hatte, sich zu mir um. Sie sah die Verzweiflung in meinen Augen und lächelte tröstend, ehe sie das Gespräch beendete. »Wenn du in deinem Zimmer betest, wird die Muttergottes dich genauso gut hören wie in Kibeho«, erinnerte sie mich. »Fang nicht wieder davon an, die Antwort lautet *Nein*.«

»Sei nicht traurig, Immaculée«, sagte Vater sanft. »Ich bleibe dabei: Eines Tages kommst du nach Kibeho. Du musst nur Geduld haben.«

Ich würde mich noch über zehn Jahre gedulden müssen, ehe ich Kibehos heiligen Boden betreten konnte. Doch weil

Pater Rwagema viele Wallfahrten veranstaltete und sie allesamt aufzeichnete, konnte ich Stunde um Stunde und Woche für Woche hören, was die selige Jungfrau Maria durch die Seherinnen sprach. Ihre Stimmen wurden mir so vertraut, dass es sich anfühlte, als wäre ich mit ihnen aufgewachsen, und schließlich kannte ich auch ihre Lebensgeschichten genauso gut wie die meiner eigenen Familienmitglieder. Ich habe diese wie kleine Juwelen in meinem Herzen bewahrt, und wann immer ich kann, teile ich sie mit anderen Menschen – genau wie jetzt.

❁ ❁ ❁

Kapitel 4

Die erste Seherin: Alphonsine

Anfangs glaubte niemand an der *Kibeho High School*, dass Alphonsine Mumureke wirklich die Jungfrau Maria gesehen hatte: Weder die Priester noch die Nonnen noch ihre Mitschülerinnen am Internat nahmen der Sechzehnjährigen ihre Geschichte ab, wonach ihr die Muttergottes mit Botschaften erschienen sei, die angeblich die Welt retten konnten.

Und warum sollten sie auch? Das Mädchen hatte nichts Besonderes an sich, was einen himmlischen Besuch gerechtfertigt hätte. Alphonsine war keine begabte Schülerin (genau genommen waren ihre Noten nicht einmal mittelmäßig), und auch wenn sie ein gutes katholisches Mädchen war, konnte man sie weder als bibelfest noch als auffallend fromm bezeichnen. Sie war ein einfaches, bettelarmes Dorfmädchen, und bis zum 28. November 1981 hatte ihre größte Leistung darin bestanden, dass sie die Grundschule abgeschlossen und dann das unglaubliche Glück gehabt hatte, die weiterführende Schule besuchen zu dürfen.

Alphonsine war am 21. März 1965 zur Welt gekommen und in dem winzigen Dorf Zaza aufgewachsen, einem kleinen Flecken im Osten Ruandas, der nur aus einigen wenigen

Lehmhütten, einer einklassigen Grundschule und einer kleinen Kirche bestand. Und sie war das einzige ruandische Scheidungskind, von dem ich je gehört hatte. Scheidung war in unserem Land extrem selten, doch Alphonsines Eltern, Thaddée und Marie, hatten sich noch vor der Geburt ihrer Tochter getrennt. Marie tat alles, damit es Alphonsine gut ging: Trotz drückender Armut und obwohl alleinerziehende Mütter mit tief in der ruandischen Kultur und Gesellschaft verwurzelten Vorurteilen zu kämpfen hatten, sorgte Marie dafür, dass ihr kleines Mädchen genug zu essen hatte und die Grundschule besuchen konnte. Sieben Tage in der Woche arbeitete sie von Sonnenaufgang bis Sonnenuntergang auf den Feldern der ansässigen Bauern, pflückte Bohnen und las Kartoffeln.

Trotz familiärer Probleme und finanzieller Sorgen hatte Alphonsine eine glückliche Kindheit. Sie sang gern und beherrschte viele der traditionellen ruandischen Volkstänze. Jeden Sonntag besuchte sie mit ihrer Mutter die heilige Messe und sie glaubte an Gott, auch wenn sie nicht aus eigenem Antrieb in der Bibel las oder wie viele der anderen Mädchen in Zaza einer Gebetsgruppe angehörte. Doch Alphonsine liebte die Muttergottes und immer, wenn sie einsam war oder Schwierigkeiten mit den Schularbeiten hatte, betete sie zur Jungfrau Maria, um Trost und Hilfe zu erlangen.

Es war davon auszugehen, dass Alphonsine nach der Grundschule zusammen mit ihrer Mutter auf dem Feld arbeiten würde. Wegen der Armut war die weiterführende Schule für die überwiegende Mehrheit der ruandischen Kinder ein Ding der Unmöglichkeit und Marie und Alphonsine waren ärmer als die meisten. Im ländlichen Ruanda gab es für eine Frau, die nicht wenigstens die Highschool abgeschlossen hatte, nur eine einzige Karriere: Ehefrau und Mutter zu werden. Und da Alphonsine ein Scheidungskind ohne Mitgift war, hatte sie nur geringe Aussichten, dass jemand sie heiraten wollte.

Doch Marie hatte hart dafür gearbeitet, dass ihre Tochter die Voraussetzungen für die Highschool erfüllte, und sie hatte jahrelang zum Herrn gebetet, damit ihrem Kind der Segen einer höheren Schulbildung zuteilwerden könnte. Mit der Hilfe eines örtlichen Priesters, der Marie schon lange für ihren Glauben und für ihre Entschlossenheit bewunderte, ihrer Tochter ein besseres Leben zu ermöglichen, fanden ihre Gebete schließlich Erhörung. Der Priester hatte Freunde in der Schulbehörde, und als er erfuhr, dass an der staatlich geförderten Highschool in Kibeho (etwa 200 Kilometer von Zaza entfernt) überraschenderweise ein Platz frei geworden war, reagierte er rasch und sorgte dafür, dass Alphonsine diesen Platz bekam. Da es sich um ein katholisches Mädcheninternat handelte, das von Nonnen geführt wurde, war Marie zuversichtlich, dass ihre Tochter dort gut aufgehoben und versorgt sein würde. Doch obwohl der Staat Alphonsines Schulgeld übernahm, brauchte Marie beinahe jeden Groschen, den sie in den vergangenen sechzehn Jahren mühsam zusammengespart hatte, um ihrer Tochter die Reise zu bezahlen.

Alphonsines neue Schule gehörte zu den ärmsten Bildungseinrichtungen im ganzen Land. Da es dort weder fließendes Wasser noch Strom gab, mussten die Schülerinnen einen Großteil ihres Tages damit zubringen, an einem weit entfernten Fluss Wasser zu holen, und wenn der altersschwache Generator der Schule wieder einmal ausgefallen war, mussten sie ihre Schularbeiten bei Kerzenlicht erledigen.

Doch allein die Tatsache, dass sie dort aufgenommen worden war, fühlte sich für Alphonsine schon an wie ein Harvard-Stipendium.

Zum ersten Mal überhaupt war sie von zu Hause weg, und verglichen mit Zaza kam ihr Kibeho riesig vor. Sie mitgezählt, lebten an der Schule hundertzwanzig Mädchen, die meisten Katholikinnen, doch es gab auch ein paar protestantische und sogar zwei muslimische Schülerinnen. Die neue Umgebung machte Alphonsine nervös und unsicher, doch dank ihrer offenen und geselligen Art gewann sie rasch neue Freundinnen. Dennoch versuchte sie nicht allzu offen zu sein – in der konservativen ruandischen Kultur erwartete man von Kindern und insbesondere von Mädchen ein ruhiges, wohlerzogenes und sittsames Auftreten.

Alphonsine lernte fleißig, doch es fiel ihr schwer, mit den anderen Schritt zu halten. Wenn sie das Klassenziel nicht erreichte, so ihre Sorge, würde sie nie eine Arbeit finden, um für ihren eigenen oder den Lebensunterhalt ihrer in Armut lebenden Mutter aufzukommen. Wie sie es von Kindheit an gewohnt war, betete das Mädchen zur Jungfrau Maria um Hilfe ... und wurde erhört. Und was dann geschah, sollte nicht nur das Leben der jungen Frau, sondern auch das Leben von Hunderttausenden oder sogar Millionen anderer Menschen verändern.

DER 28. NOVEMBER 1981 WAR EIN SAMSTAG und begann genau wie alle anderen Tage. Dann aber überkam Alphonsine wenige Augenblicke nach der letzten Unterrichtsstunde – Erdkunde –, in der sie einen unangekündigten Test geschrieben hatten, ein mächtiger Ansturm merkwürdig gemischter Gefühle. Sie war außer sich vor Freude und doch gleichzeitig voller Angst. Verwirrt und erschrocken sprach sie auf dem Korridor eine Freundin an, beschrieb ihr den emotionalen Aufruhr, den sie empfand, und vertraute ihr an, dass sie fürchtete, den Verstand zu verlieren. Die Freundin lachte und sagte zu Alphonsine, dass sie sich vermutlich nur Sorgen darüber mache, wie sie in dem Test abgeschnitten habe; in ein paar Minuten, wenn sich ihre Nerven beruhigt hätten, werde es ihr ganz bestimmt wieder besser gehen.

Alphonsine stimmte ihr zu, atmete ein paarmal tief durch und fühlte sich tatsächlich schon bald wieder besser. Sie betrat den Speiseraum: Heute war sie an der Reihe, den anderen Mädchen das Essen aufzutragen.

Doch während sie von Tisch zu Tisch ging und Wasser in die Gläser ihrer Mitschülerinnen goss, überkam sie erneut dieselbe Mischung aus glückseliger Freude und beinahe lähmender Furcht. Sie wurde immer ängstlicher und machte sich Sorgen, ob sie wohl eine Prüfung oder einen wichtigen Termin vergessen hätte. Dann hörte sie jemanden ihren Namen rufen. Sie stellte den Wasserkrug auf einen der Tische und ging langsam in Richtung Hauptkorridor, denn sie glaubte, dass sie genau dorthin gerufen wurde. Ihre Haut kribbelte und ihre Hände zitterten, während sie sich dem Eingangsbereich näherte. Außerdem bewegte sie sich ganz seltsam und wusste plötzlich nicht mehr, wie man einen Fuß vor den anderen setzt. Innerhalb weniger Sekunden hatte sie überhaupt keine Kontrolle mehr über ihren Körper.

Das laute Gewirr der Mädchenstimmen, das im Speiseraum widerhallte, verklang. Eine sanfte Stimme sprach zu Alphonsine: eine Stimme, wie sie sie noch nie gehört hatte.

»Mein Kind«, sagte die einladende Stimme, mild wie die Luft und süßer als Musik.

Alphonsine verlor jedes Gefühl für Raum und Zeit – sie wusste nicht, wo sie war oder wer nach ihr rief. Sie zögerte, antwortete dann aber mit der höflichen Entgegnung, die ruandische Kinder älteren Respektspersonen gegenüber verwenden: »Ich wünsche Ihnen ein langes Leben.«

Im selben Augenblick verengte sich das Gesichtsfeld des Mädchens und sie sah nichts mehr außer einer hell leuchtenden weißen Wolke, die vor ihr, nur wenige Meter entfernt, mitten in der Luft in Erscheinung trat.

»Mein Kind«, hörte sie die Stimme erneut. Dann tauchte zu Alphonsines Entzücken die schönste Frau, die sie je gesehen hatte, aus der Wolke auf und schwebte, umgeben von einem schimmernden Lichtkranz, zwischen Fußboden und Decke. Sie trug ein fließendes, nahtloses weißes Gewand mit einem weißen Schleier, der ihr Haar bedeckte. Ihre Hände hielt sie vor sich zum Gebet gefaltet, ihre schlanken Finger zeigten himmelwärts.

Die Frau war barfuß wie eine gewöhnliche Frau aus dem Dorf, doch ihre Haut war makellos und so vollkommen, dass Alphonsine ihre Farbe nicht bestimmen konnte. Diese wunderschöne Gestalt näherte sich dem Mädchen, ohne dass ihre Füße den Boden berührten. Liebe strömte in Wellen von der majestätischen Dame aus und umfing Alphonsine wie die liebevolle Umarmung einer Mutter. Die Angst, die sie noch kurz zuvor gefühlt hatte, verschwand, und ihr Herz füllte sich mit einer unvorstellbaren Freude. Sie spürte, dass sie in der Gegenwart des Göttlichen war, sank auf die Knie und fragte: »Wer sind Sie?«

»Ich bin die Mutter des Wortes.«

»Sie sind die Mutter des Wortes?«, wiederholte Alphonsine. Sie verstand nicht ganz, was das bedeuten sollte, doch sie war sich jetzt sicher, dass sie vor der Muttergottes kniete. »Ich heiße Alphonsine«, fügte sie glücklich hinzu. Überraschenderweise fühlte sie sich in der Gegenwart der Dame ausgesprochen wohl und überaus glücklich darüber, dass die Jungfrau Maria sie ausgewählt hatte, um mit ihr zu sprechen.

»Was von allen Dingen im Himmel macht dich glücklich?«

»Ich liebe Gott und ich liebe die Muttergottes, die uns ihren Sohn Jesus schenkte, der uns erlöst hat!«, antwortete Alphonsine, ohne zu zögern.

»Wirklich?«, erwiderte die Dame und die einfache Antwort des Kindes schien ihr sehr zu gefallen.

»Oh ja.«

»Wenn es stimmt, dann sollst du wissen, dass ich deine Gebete erhört habe und dass ich hier bin, um dich zu trösten. Ich wünsche, dass deine Freundinnen und Mitschülerinnen einen Glauben haben werden, der so stark ist wie deiner, denn ihrer ist nicht stark genug.«

»Mutter – wenn Du es wirklich bist –, Du musst uns wirklich sehr lieben, wenn Du extra in unsere Schule gekommen bist, um uns zu sagen, dass wir mehr Glauben haben sollen! Es ist eine solche Freude, Dich mit meinen eigenen Augen zu sehen!«

Die Jungfrau Maria bat Alphonsine, sich der *Legion Mariens* anzuschließen. Die Mitglieder dieser katholischen Gruppe machen es sich zur Aufgabe, wie die Jungfrau Maria ein Leben in Einfachheit, Demut und Gebet zu führen und mit ihren Taten den Namen Gottes zu verherrlichen. Alphonsine versprach, dass sie das sofort tun wollte.

Dann erklärte Maria, sie wünsche, dass die Menschen in aller Welt sie lieben und ihr vertrauen, denn dann könne sie verlorene Seelen zu Jesus führen, um von ihm erlöst zu werden. »Sieh nun, wie ich in den Himmel zurückkehre, um bei meinem Sohn zu sein«, sagte sie anschließend mit einem Lächeln, indem sie sich langsam nach oben bewegte und in der Wolke, deren Licht dahinschwand, allmählich unsichtbar wurde.

Alphonsine stürzte auf den Boden und blieb dort mehr als zehn Minuten lang halb bewusstlos liegen. Als sie die Augen aufschlug, sah sie in die Gesichter ihrer Mitschülerinnen, die auf sie herabschauten. Einige hatten sie an den Schultern gepackt und schüttelten sie, um sie aufzuwecken, während andere sie mit Fragen darüber löcherten, was denn passiert sei. Nach dem süßen Ton der Worte der schönen Dame klangen die Stimmen der Schulmädchen in Alphonsines Ohren wie ein misstönendes Kreischen, und als ihr bewusst wurde, dass sie sich nicht mehr im warmen Licht der Himmelskönigin befand, brach sie in Tränen aus. Sie versuchte aufzustehen, hatte aber keine Kraft. Alles, was sie tun konnte, war, hilflos und verwirrt auf dem Boden ausgestreckt liegen zu bleiben.

Während der Erscheinung hatte Alphonsine alles um sich herum vollständig vergessen. Die ganze Zeit über hatten ihre Mitschülerinnen sie ungläubig angestarrt, wie sie auf dem Boden kniete, an die Decke stierte und mit der Luft redete. Zuerst hatte sie Kinyarwanda (die ruandische Landessprache) gesprochen, dann war sie zum Französischen übergegangen, und schließlich hatte sie in Sprachen geredet, die selbst die Gebildetsten unter ihren Lehrerinnen nicht hatten erkennen können, auch wenn einige sagten, sie hätten hebräische und lateinische Brocken aufgeschnappt.

Das Gespräch mit der Jungfrau Maria hatte Alphonsines gesamte physische Energie aufgebraucht, aber zugleich eine bleibende Freude in ihrem Herzen hinterlassen. Diese

Freude sprudelte jetzt, als sie das Bewusstsein allmählich wiedererlangte, aus ihr heraus, und ihre Lippen öffneten sich zu einem Lächeln. »Die Muttergottes hat mit mir gesprochen«, sagte sie schließlich und hob den Blick. »Die Muttergottes hat mit mir gesprochen.«

Sofort fingen die anderen Schülerinnen an, sich alle gleichzeitig über Alphonsine lustig zu machen, die noch immer hilflos am Boden lag.

Wortführerin war Marie-Claire, eines der lebhaftesten und beliebtesten Mädchen an der Schule, die fauchte: »Du kleine Lügnerin, was für ein Spiel spielst du da? Unsere kleine Alphonsine will uns für dumm verkaufen!«

»Was waren das für Geräusche, die du da gemacht hast … Hattest du einen Anfall?«, wollte ein anderes Mädchen wissen.

»Warum sollte die Muttergottes ausgerechnet mit jemandem wie dir sprechen?«, fragte eine Dritte.

Eine vierte Mitschülerin warf Alphonsine vor, dass sie Aufmerksamkeit und Mitleid erregen wolle, weil ihre Eltern geschieden seien. Und dann kam Marie-Claire auf die Idee, dass Alphonsine bestimmt ein Voodoo-Ritual vollzogen habe, das sie in Kibungo gelernt habe! Alle Mädchen wussten, dass gemunkelt wurde, Kibungo sei ein Ort, wo es von Hexern und Satanisten nur so wimmelte.

Endlich drängte sich Schwester Blandine durch den Pulk von Schülerinnen, die um Alphonsine herumstanden, und machte der Hetze ein Ende. Die Nonne half dem benommenen Teenager auf die Füße und stützte Alphonsine, als sie miteinander zum Büro der Schuldirektorin gingen.

»Bin ich verrückt geworden, Schwester?«, fragte das Mädchen.

»Wir wollen abwarten, was die Direktorin und die Kranken-schwester zu sagen haben«, antwortete Schwester Blandine.

Die Nonne hatte Alphonsine zwar vor dem Verhör durch ihre Mitschülerinnen gerettet, doch die Direktorin hatte selbst eine ganze Reihe gezielter Fragen. Sie erklärte Alphon-sine, dass es in einer katholischen Schule eine sehr ernste An-gelegenheit sei, wenn jemand behaupte, eine himmlische Er-scheinung gehabt zu haben; es grenze an Blasphemie und sie verlange eine Erklärung. Das Mädchen brach in Tränen aus und antwortete der Schulleiterin, dass sie ihr nicht erklären könne, was geschehen sei: Sie verstehe es ja selbst nicht.

»Dann wirst du jetzt in den Schlafsaal gehen, dich vor al-le Schülerinnen und das Personal hinstellen und ihnen er-klären, dass du die Jungfrau Maria nicht gesehen hast. Und du bittest sie um Verzeihung«, befahl die Direktorin.

Alphonsine trocknete ihre Tränen und erwiderte, dass sie es nicht über ihr Herz bringe, das zu verleugnen, was sie nun einmal gesehen habe: »Ich kann Ihnen nur die Wahrheit sa-gen. Die Mutter des Wortes ist zu mir gekommen; ich habe mit der Jungfrau Maria gesprochen.«

Die Direktorin schickte Alphonsine zur Krankenschwes-ter. Diese konnte bei der Untersuchung kein körperliches Leiden feststellen. Deshalb schickte sie das Mädchen in den Schlafsaal, um sich dort auszuruhen. Am Abend gab es bei den Schülerinnen kein anderes Thema mehr als Alphonsi-nes »Erscheinung«. Manche erklärten sie kurzerhand für geisteskrank; andere sagten, ihre Noten seien alles andere als gut und sie wolle sich vor den Weihnachtsprüfungen die Sympathie ihrer Lehrerinnen sichern. Das schlimmste Ge-rücht, das von Mund zu Mund ging und dabei mit jedem Mal düsterer wurde, war, dass Alphonsine von Dämonen besessen sei, die sich im Dschungel von Kibungo ihrer bemächtigt hätten, ehe sie nach Kibeho kam.

Traurig musste Alphonsine einsehen, dass die schönste Erfahrung ihres Lebens sie zu einer Zielscheibe der Verachtung und des Argwohns gemacht hatte. Und dennoch dankte sie der Muttergottes in ihrem Nachtgebet an diesem Abend dafür, dass sie ihr erschienen war und sie eine größere Liebe hatte spüren lassen, als sie es sich hätte je erträumen können.

Die Jungfrau Maria erschien Alphonsine gleich am nächsten Tag wieder. Es war der 29. November, der viertletzte Sonntag vor Weihnachten und damit der erste Advent: Dieser Tag, der der offizielle Beginn des römisch-katholischen Kirchenjahres ist, verweist gleichzeitig auf die Ankunft Christi. Der Advent kündigt nicht nur die Geburt Jesu an, sondern soll die Christen auch daran erinnern, dass sie den Glauben treu bewahren sollen, weil der Sohn Gottes am Ende der Welt wiederkommen wird.

Alle Schülerinnen der *Kibeho High School* besuchten die heilige Messe und hörten die biblischen Lesungen, die sie aufforderten, freundlich zueinander zu sein und sich mit reinem Herzen und reiner Seele auf die zweite Ankunft Christi vorzubereiten. Doch die Worte waren kaum verklungen, als Marie-Claire schon wieder eine Gruppe von Mädchen um sich scharte und mit ihnen in den Schlafsaal ging, wo sie Alphonsine als Hexe beschimpften und sie aufforderten, ihnen doch ein paar Zauberkunststücke zu zeigen. Die Meute steigerte sich gerade in weitere Gemeinheiten hinein, als Alphonsine plötzlich zu Boden fiel, als ob jemand auf sie geschossen hätte.

Sie landete hart auf den Knien und starrte genau wie am Vortag wieder zur Decke. Ihr Gesicht verklärte sich in

Ekstase; sie lächelte und strahlte einen tiefen Frieden aus, obwohl ihr dabei die Tränen über die Wangen liefen. Die Verwandlung war so abrupt und dramatisch, dass einige der Schülerinnen, die sie gerade noch verhöhnt hatten, sich bekreuzigten. Die anderen spotteten nur umso lauter – doch Alphonsine lächelte nur und nickte und hielt den Blick nach oben gerichtet, als ob dort eine Person sich aufhielte, deren Fragen sie beantwortete und die sie über alles liebte.

Viele der Mädchen brüllten vor Lachen und fuchtelten mit den Händen vor Alphonsines Gesicht herum, um ihren starren Blick zu durchbrechen. Als sie nicht reagierte, verkündete Marie-Claire, die bereits in einer Laientheatergruppe gespielt hatte, dass Alphonsine die größte Schauspielerin von ganz Ruanda sei. Ihre Kameradinnen kicherten und schrien in Alphonsines Ohren, doch sie reagierte nicht. Sie konnte nicht reagieren, weil sie gar nicht wusste, dass sie da waren – alles, was sie wahrnahm, war die schöne Dame, die wieder in demselben herrlichen Licht über ihr schwebte.

»Mein Kind, ich liebe dich«, sagte die Jungfrau Maria mit ihrer wohltuenden, liebevollen Stimme zu Alphonsine. »Du darfst niemals Angst vor mir haben; im Gegenteil, spiel mit mir! Ich liebe Kinder, die mit mir spielen, weil sie mir damit ihre Liebe und ihr Vertrauen zeigen. Sei wie ein kleines Kind, wenn du bei mir bist, denn ich liebe es, meine Kinder zu umsorgen. Kein Kind sollte vor seiner Mutter Angst haben, und ich bin deine Mutter. Du sollst niemals Angst vor mir haben, sondern mich immer so lieben, wie ich dich liebe.«

Dann stieg die Jungfrau Maria wieder zum Himmel empor, und Alphonsine stürzte hart zu Boden. Diese zweite Erscheinung war viel kürzer, doch es dauerte genauso lange wie beim ersten Mal, bis das Mädchen sich aus der nachfolgenden

Benommenheit befreien konnte. Als sie erwachte, war das Erste, was sie sah, Marie-Claires angewiderter Blick.

Den ganzen Dezember 1981 hindurch – meistens samstags und vor den Augen der Schülerinnen und Nonnen – erschien die Muttergottes Alphonsine im Schlafsaal der Schule. Die Beschimpfungen und die Ablehnung wurden von Mal zu Mal schlimmer, sodass die junge Frau ihre Mitschülerinnen mied, wo es nur ging, und sogar Mahlzeiten ausließ, um sich nicht den Blicken im Speisesaal auszusetzen. Schließlich kamen jedoch einige Schülerinnen heimlich zu ihr und baten sie, ihnen alles zu erzählen, was die Jungfrau Maria gesagt habe.

»Sie liebt uns – das ist das deutlichste Gefühl, das ich habe, wenn sie bei mir ist«, gab Alphonsine bereitwillig Auskunft. »Ihre Liebe ist so stark, dass sie euch hochheben und in den Himmel tragen könnte. Wenn ich sie sehe, kann ich nichts anderes mehr sehen; der Rest der Welt verschwindet und da ist nur die Dame und ihr wunderschönes Licht. Stellt euch vor, wie eure Mutter euch liebt, und dann multipliziert diese Liebe mit einer Million … Und die Liebe der Dame ist noch eine Million Mal größer. Sie liebt alle Mädchen in der Schule und wünscht, dass wir alle sie lieben. Wir sollen nicht denken, dass sie wie eine strenge Lehrerin ist; wir sollen sie uns wie eine Mutter vorstellen, die uns wirklich liebt und wünscht, dass wir mit ihr spielen.

Weil sie uns so sehr liebt, will sie, dass wir fester an Gott glauben. Im Advent sollen wir daran denken, dass Jesus wiederkommt. Sie hat mir gesagt, dass ihr Sohn schon bald auf die Erde zurückkommen wird und dass unsere Seelen auf seine Ankunft vorbereitet sein müssen. Die Welt ist auf einem sehr falschen Weg, mit einer Menge Hass und Sünde, deshalb sollen wir jeden Tag den Rosenkranz beten, um unsere Herzen zu läutern und ihr, Jesus und Gott unsere Liebe zu zeigen. Sie sagt, den Rosenkranz zu beten sei die beste Art, ihr unsere Liebe zu zeigen.«

»Und wie hat sie ausgesehen?«, fragte eines der Mädchen mit angehaltenem Atem.

»Sie ist immer in ein weiches Licht gehüllt und trägt ein Kleid, das von Engeln gemacht sein muss, denn es hat keine einzige Naht. Ihre Haut schimmert wie poliertes Elfenbein, aber sie ist nicht weiß wie auf den Bildern. Sie ist auch nicht schwarz ... sie ist *weder* schwarz *noch* weiß. Alles, was ich über ihre Erscheinung sagen kann, ist, dass sie schöner ist als jeder und alles auf der Welt; mir fehlen die Wörter, um eine solche Schönheit zu beschreiben.«

Die Mädchen waren ergriffen und glaubten Alphonsines Geschichte, doch sie waren eine kleine und stille Minderheit. Sie beteten für ihre Freundin, damit auch andere ihr Glauben schenkten, aber sie traten nicht für sie ein, wenn sie angegriffen wurde – in einer so feindseligen Atmosphäre war das einfach zu gefährlich.

Was sie nicht wussten, war, dass die selige Jungfrau Maria Alphonsine wichtige Botschaften anvertraut hatte, die sie den Regierungsbeamten und sogar dem Präsidenten des Landes, einem Hutu, überbringen sollte und die deren Diskriminierungspolitik gegen die Tutsi betrafen: Sie sollten die Tutsi, die man gezwungen hatte, ins Exil zu gehen, wieder heimkehren lassen. Das junge Mädchen sollte diese Botschaften mit Liebe überbringen und die führenden Politiker ermuntern, jeden Tag den Rosenkranz zu beten, ihre Mitmenschen zu lieben, ihre Herzen für die Liebe Gottes zu öffnen und die Gebote des Herrn zu halten.

Alphonsine wusste nicht, wie sie diese Botschaften überbringen sollte, da sie kein Geld und auch keine Ahnung hatte, wo sie den Präsidenten aufsuchen sollte. Sie dachte, dass
er irgendwo in Kigali, wo sie noch nie gewesen war, zu finden sein würde. Doch sie brauchte sich keine Gedanken zu
machen, denn die Regierung würde rechtzeitig zu ihr kommen. In den nachfolgenden Jahren sollte Alphonsine tatsächlich als die »Hüterin vieler Geheimnisse« berühmt werden.
Doch in den ersten Monaten ihrer Erscheinungen kannte
man sie nur als die Erzählerin vieler Lügen – und dafür be-
zahlte sie einen hohen Preis.

Auf Kinyarwanda bedeutet Alphonsines Nachname
ironischerweise: »Lass sie in Ruhe; sie sagt die Wahrheit.«
Doch niemand ließ sie in Ruhe, und von einigen wenigen Aus-
nahmen abgesehen glaubte auch niemand, dass sie die Wahrheit sagte.

Wenn Alphonsine während einer Erscheinung auf dem
Boden kniete, machten sich einige Mädchen einen Spaß daraus, Rosenkränze auf sie zu werfen – das Ziel war, ihren
Hals mit dem Rosenkranz wie mit einem Lasso zu treffen:
so ähnlich wie bei dem Kinderspiel, bei dem man einen
Ring über einen Flaschenhals wirft. Jede Menge Rosenkränze landeten vor der Seherin, doch einige Gläubige legten ihren Rosenkranz voller Respekt vor ihr nieder und ihre Besitzerinnen beteten, dass die Muttergottes die Perlen segnen
möge. Während der Erscheinungen löste Alphonsine ihren
Blick nie auch nur einen Moment lang von der Muttergottes, sodass sie nicht wusste, wem die Rosenkränze gehörten.
Wenn die selige Jungfrau Maria Alphonsine dann bat, die Rosenkränze aufzuheben, damit sie sie segnen könne, tastete

Alphonsine blind danach, und es gelang ihr nur diejenigen aufzuheben, deren Besitzerinnen an die Erscheinungen glaubten. Die anderen, die von den Spötterinnen geworfen worden waren, klebten am Boden wie Anker aus schwerem Stahl.

Je häufiger Alphonsine mit der Jungfrau Maria sprach, desto vertrauter wurde sie mit ihr und desto wohler fühlte sie sich in ihrer Gegenwart. Sie plauderte so unbefangen mit der Himmelskönigin, als säße sie mit ihrer Lieblingstante am Küchentisch.

»Hört euch doch nur an, wie sie mit ihr redet«, sagten dann Marie-Claire und die anderen. »Wer würde sich denn wohl in einem so lockeren Umgangston mit der Muttergottes unterhalten? Wer würde die Jungfrau Maria ›Schatz‹ oder ›mein Liebes‹ nennen? So spricht man mit einer Freundin, aber doch nicht mit der Muttergottes!«

Wenn man sie fragte, weshalb sie so vertraulich mit der Jungfrau Maria spreche, antwortete Alphonsine: »Weil sie möchte, dass wir mit ihr reden wie mit unserer eigenen Mutter und nicht wie mit unserer Schulleiterin oder unserer Chefin.«

Am Ende jeder Erscheinung kündigte die Muttergottes Alphonsine an, wann sie ihr das nächste Mal erscheinen werde, und bat sie, die Information weiterzugeben. Als die Nachricht über die Erscheinungen zu den Menschen im Dorf durchsickerte, planten die ortsansässigen Bauern die Erscheinungszeiten in ihren Tagesablauf ein und tummelten sich auf dem Schulgelände, weil sie hofften, eine Erscheinung der Muttergottes mitzuerleben. Nachdem die Dorfbewohner gehört hatten, was vor sich ging, dauerte es nicht mehr lange, bis das nächste Dorf davon erfuhr, und binnen weniger

Tage verbreitete sich die Nachricht von den angeblichen Marienerscheinungen in Kibeho im ganzen Land. Bald wurde in jeder Provinz, in jedem Dorf und in jeder Familie (einschließlich meiner eigenen, wie ich schon erwähnt habe) über die Erscheinungen diskutiert.

Diese ganze Aufmerksamkeit versetzte die Leitung der *Kibeho High School* und den örtlichen Klerus in Rage, denn sie waren der Meinung, dass ein geltungssüchtiger Teenager die Schule und die Pfarrgemeinde zum Gespött des Landes gemacht habe. Je länger man der Sache ihren Lauf ließe, so ihre Sorge, desto peinlicher würde es werden, wenn das Mädchen schließlich als Betrügerin entlarvt wäre. In dem Bemühen, Alphonsine zum Schweigen zu bringen, gab einer der Priester Marie-Claire sogar die Erlaubnis, die Seherin weiter zu peinigen. Geradezu schadenfroh machte sich das ältere Mädchen daran, ihre Mitschülerinnen gruppenweise zu organisieren, damit sie Alphonsine während der Erscheinungen misshandelten: Sie zogen sie an den Haaren, verrenkten ihr die Finger, zwickten sie, so fest sie nur konnten, brüllten ihr in die Ohren und hielten ihr eine hell blendende Stablampe vor die weit geöffneten Augen. Doch was immer sie auch taten: Alphonsine blinzelte nicht ein einziges Mal, zuckte nie zusammen und gab auch keinerlei Schmerzenslaute von sich. Wenn sie sich in Ekstase befand, spürte sie keinen Schmerz und nahm ihre reale Umgebung schlichtweg nicht wahr.

Eines Tages hielt Marie-Claire eine brennende Kerze unter Alphonsines rechten Arm, ohne dass Alphonsine darauf reagierte. Die Jungfrau Maria musste sie erst darauf aufmerksam machen: »Mein Kind, weißt du, dass sie dir den Arm verbrennen?« Das war das einzige Mal, dass Alphonsine auf eine der Misshandlungen reagierte: Sie zog den Arm weg. Da die Muttergottes ihr jedoch nicht gesagt hatte, um welchen Arm es sich handelte, zog Alphonsine den linken Arm weg: Wieder war Marie-Claire, die weiterhin erfolglos die Flamme an die Haut der Seherin hielt, keine Genugtuung vergönnt.

Mitte Dezember stach der Priester, der Marie-Claire beauftragt hatte, Alphonsine bloßzustellen, während einer Erscheinung eine Nadel mehrere Zentimeter weit in den Arm der jungen Seherin – doch ohne Ergebnis: Alphonsine ließ sich in ihrer fröhlichen Unterhaltung mit der Muttergottes durch nichts und niemanden stören.

Während einer Erscheinung hörten die Umstehenden, wie Alphonsine sagte: »Mutter, sie werden Deinen Botschaften nicht glauben, weil sie mich für verrückt halten.« Weil sie Angst hatte, zu einer hoffnungslosen Lügnerin abgestempelt zu werden, begann das Mädchen, zur Jungfrau Maria zu beten, dass sie ihr helfen und auch anderen Schülerinnen erscheinen möge. Sie hoffte, dass die Schule glauben würde, dass sie immer die Wahrheit gesagt hatte, wenn die Muttergottes auch anderen Mädchen erscheinen würde. Das knappe halbe Dutzend Mädchen, das an Alphonsines Erscheinungen bislang glaubte, kniete neben sie und betete mit ihr gemeinsam zur Jungfrau Maria, dass sie einer weiteren Mitschülerin erscheinen möge.

Und Gebete zu Unserer Lieben Frau – das weiß ich aus eigener Erfahrung und habe es auch schon oft gesagt – stoßen nie auf taube Ohren.

Kapitel 5

Die zweite Seherin: Anathalie

Eine bessere Wahl hätte die selige Jungfrau Maria nicht treffen können: Die zweite Seherin, Anathalie Mukamazimpaka, passte einfach perfekt. Die siebzehnjährige Schülerin stammte aus einer großen frommen katholischen Familie; sie hatte jahrelang der *Legion Mariens* und anderen katholischen Jugendgruppen angehört, las täglich in der Bibel und betete morgens und abends den Rosenkranz; sie versäumte nie eine heilige Messe und sie galt als eines der frömmsten Mädchen der ganzen Schule. Wenn überhaupt jemand den Argwohn, den man gegen Alphonsine hegte, zerstreuen und beweisen konnte, dass die Jungfrau Maria wirklich nach Ruanda gekommen war, dann war das Anathalie. Selbst ihr Nachname, der übersetzt »Streitschlichter und Friedensbringer« heißt, wies darauf hin, dass sie für diese Aufgabe perfekt geeignet war. Und sie bekam sie.

Am Dienstag, dem 12. Januar 1982, hatte Anathalie gegen sieben Uhr abends, kurz nach dem Abendessen, ihre erste Marienerscheinung. Anathalie hatte gerade beschlossen, zum Beten in die Kapelle zu gehen, doch genau wie vor ihr Alphonsine wurde sie plötzlich von einer Flut widerstreitender

71

Gefühle ergriffen und von einem Moment auf den anderen aus größter Euphorie in tiefstes Entsetzen gestürzt. Ihr wurde schwindelig und ihr Körper begann zu zittern. Weil sie Angst hatte, ohnmächtig zu werden, ging sie in den Schlafsaal zurück und setzte sich auf ihr Bett. In der Hoffnung, dass die vertraute Gewohnheit sie beruhigen würde, fing sie an, den Rosenkranz zu beten. Weil Anathalie den Rosenkranz so genau kannte und so gut beten konnte, schlossen sich ihr einige andere Mädchen an.

Das gemeinsame Gebet mit ihren Freundinnen beruhigte Anathalie für eine kurze Weile. Dann aber begann ihr Herz so laut zu schlagen, dass sie die Worte nicht mehr hören konnte, und sie wurde von einer unerklärlichen Furcht ergriffen. Ihre Hände zitterten so heftig, dass sie nicht mehr in der Lage war, die Perlenschnur durch ihre Finger gleiten zu lassen, und ihre Lippen erstarrten. Fassungslos stellte sie fest, dass ihr die Worte, die sie seit ihrer Kindheit mindestens zweimal täglich gebetet hatte, nicht mehr einfallen wollten. Hilfe suchend wandte sie sich ihren Freundinnen zu, doch die waren nicht mehr da, und es war mit einem Mal sehr dunkel geworden.

Anathalie schloss die Augen und betete, dass das, was gerade mit ihr geschah – was immer es auch sein mochte –, aufhören sollte. Als sie die Augen wieder aufschlug, sah sie an einem fernen Horizont einen Lichtschein. Er war hell genug, um zu erkennen, dass sie nicht mehr mit den anderen Mädchen im Schlafsaal war, sondern auf einer Wiese stand, die von seltsam bunten Blumen und Gras bedeckt war und sich endlos vor ihr erstreckte. Tausende durchsichtige rote Kreise schwebten wie kleine Seifenblasen um sie her durch die Luft und zerbarsten zu feinem rotem Dunst.

Die seltsame Umgebung verwirrte sie derart, dass sie zu weinen begann. Durch den Tränenschleier hindurch sah sie eine weiße Kugel, die sich herabsenkte und ein so intensives Licht verströmte, dass sie ihre Augen bedecken musste.

Aus dem Licht heraus sprach eine unsichtbare Frau zu Anathalie, und ihre Stimme klang so traurig, dass es dem Mädchen das Herz brechen wollte. »Mein Kind«, sagte die Stimme, »ich bin traurig, weil ich eine Botschaft mitgeteilt habe und niemand meinen Worten so zuhört, wie ich es wünschte.« Die Not, die aus dem sprach, was die Frau ausdrückte, war so herzzerreißend, dass Anathalie noch heftiger weinen musste. Obwohl sie nur das Licht sah, war sie fest davon überzeugt, dass die Muttergottes zu ihr sprach, und ihr Kummer schnitt dem Mädchen tief ins Herz.

»Es entspricht meinem Wunsch, dass du jetzt weinst«, erklärte die Stimme. »Deine Tränen sind eine Strafe – nicht, weil du gegen mich gesündigt hast, sondern als Mahnung, dass ich die bestrafen kann, die sich entschließen, meine Botschaften zu ignorieren. Mein Kind, du musst beten, denn die Welt ist auf einem entsetzlichen Weg; die Menschen haben sich von Gott und von der Liebe meines Sohnes Jesus abgewandt.«

Dann machte sich Maria daran, Anathalie zu beschreiben, wie ihr Leben in Zukunft aussehen würde, wenn sie sich entschlösse, freiwillig in den Dienst des Herrn zu treten: »Die Seelen, die in ihr Unglück rennen, sind so zahlreich, dass ich deine Hilfe brauche, um sie zu meinem Sohn zurückzubringen. Solange du auf der Erde bist, musst du zur Rettung der Seelen beitragen. Wenn du mit mir zusammenarbeiten willst, werde ich dir den Auftrag geben, diese verlorenen Seelen aus der Dunkelheit zurückzuführen. Weil die Welt schlecht ist, mein Kind, wirst du leiden – deshalb musst du, wenn du diesen Auftrag annimmst, alle Leiden, die ich dir sende, mit Freude, Liebe und Geduld annehmen.«

Die Muttergottes sagte Anathalie, dass sie neben all dem Leid, das sie zu ertragen haben würde, zudem ein Leben der Buße führen müsste: ein Leben in Disziplin, Demut, Geduld und Verleugnung des Leibes und seiner Gelüste. »Niemand, der nicht gelitten hat, kommt in den Himmel. Und als ein Kind Mariens wirst du das Kreuz, das du trägst, vielleicht nie wieder ablegen«, erklärte sie.

»Ich bin einverstanden. Ich nehme es an, Mutter«, antwortete Anathalie unter Tränen. »Ich nehme meinen Auftrag gern an.«

Dann sagte die selige Jungfrau Maria zu Anathalie dasselbe, was sie schon einmal, viele Jahre zuvor, zu einer anderen Seherin – Bernadette von Lourdes – gesagt hatte: »Ich kann nicht versprechen, dich in dieser Welt glücklich zu machen, aber ich kann dir ewiges Glück in der nächsten Welt versprechen.«

Zum Abschluss ihrer ersten Erscheinung trug die Jungfrau Maria Anathalie auf, sich ein Exemplar des Buchs *Die Nachfolge Christi* zu beschaffen, es an einer zufälligen Stelle aufzuschlagen und sich die ersten Worte, die sie las, tief ins Herz einzuprägen.

»Ich werde dich jetzt verlassen«, sagte die Jungfrau Maria. »Aber nimm deinen Rosenkranz fest in die Hand und knie nieder, damit ich dich segnen kann, mein Kind.« Als Anathalie niedergekniet war, wurde das Licht um sie herum heller, und für den Bruchteil eines Augenblicks sah sie den Schatten einer Frau, die vor ihr stand und das Kreuzzeichen machte. Dann kam die Dunkelheit zurück und das Mädchen war allein.

Als Anathalie die Augen aufschlug, fühlte sie sich schwach und erschöpft. Sie lag auf ihrem Bett, der Rosenkranz hing von ihrer rechten Hand hinunter, und ein Dutzend ihrer Freundinnen und einige Nonnen blickten auf sie herab. Sie erzählten ihr, dass sie in denselben tranceartigen Zustand verfallen sei wie Alphonsine – doch anders als dem anderen Mädchen glaubten die, die Anathalies Vision miterlebt hatten, ihr sofort, als sie sagte, dass sie mit der Muttergottes gesprochen habe. Eine der Nonnen kniete sogar vor Anathalie nieder und bat die junge Frau, sie zu segnen.

Anathalies Erscheinungen wurden so häufig wie die von Alphonsine, und ab der vierten oder fünften hörte Anathalie Unsere Liebe Frau nicht mehr nur, sondern sah sie auch in all ihrer strahlenden Schönheit. Als Anathalie später auf ein Exemplar des Buches *Die Nachfolge Christi* stieß, das der Mönch Thomas von Kempen im Mittelalter verfasst hatte, schlug sie, wie die Jungfrau Maria ihr gesagt hatte, eine zufällige Seite auf. Das Erste, was sie las, war: »Die Dinge dieser Welt sind kurzlebig, doch der Schatz im Himmel ist ewig.«

Anathalie nahm dies als Bestätigung dessen, was die selige Jungfrau Maria ihr gesagt hatte: dass sie mit liebevollem Herzen und beständiger Geduld ein Leben des Leids und der Aufopferung führen müsste. Der Sendungsauftrag, den Anathalie an jenem Abend angenommen hatte, hat sie mehr als fünfundzwanzig Jahre lang begleitet und besteht bis heute, wie Sie auf den folgenden Seiten lesen werden.

NACH ANATHALIES ERSTER VISION erschien die Muttergottes Alphonsine und wies sie an, Anathalie bei der Hand zu nehmen und sich betend neben sie zu knien, um jeden zu überzeugen, dass die Jungfrau Maria den beiden Mädchen tatsächlich erschien. Viele ihrer Mitschülerinnen ließen sich auch wirklich überzeugen, doch viele andere hegten weiter ihre Zweifel. Die Schulleiterin, die Alphonsine zunächst für geisteskrank gehalten hatte, machte sich nun Sorgen darüber, ob ihre Schule ins Visier des Teufels geraten wäre.

Marie-Claire, die von Anfang an Alphonsines ärgste Gegnerin gewesen war, sagte nun auch Anathalie den Kampf an. Sie warf den beiden Mädchen vor, sie hätten einen teuflischen Plan geschmiedet, um landesweite Aufmerksamkeit zu erregen. Sie fing an, Anathalie und Alphonsine auszuspionieren, las ihre Briefe und Tagebücher, wenn sie nicht im Schlafsaal waren, und beobachtete sie Tag und Nacht, damit ihr auch nicht das geringste Anzeichen einer geheimen Absprache entginge. Daraufhin gingen Alphonsine und Anathalie einander aus dem Weg, um keinen Verdacht und keine Schuldzuweisungen hervorzurufen. Beide Mädchen hatten nach wie vor regelmäßig Erscheinungen, die jedoch immer zu unterschiedlichen Zeiten stattfanden.

Marie-Claire war derart erbost über das, was geschah, dass sie sich persönlich beim Oberhaupt des örtlichen Bistums, Bischof Jean-Baptiste Gahamanyi, über die »falschen Seherinnen« beschwerte. Als der Bischof dem impulsiven Mädchen sagte, dass er bereits mit Alphonsine gesprochen habe und die Situation im Auge behalte, wurde sie nur noch wütender. Sie steigerte sich in eine solche Empörung über den boshaften »Schwindel« hinein, den Alphonsine und Anathalie unter den Augen des Bischofs veranstalteten, dass sie schwor, solange keine Ruhe zu geben, bis sie den Betrug entlarvt habe. Und wenn es überhaupt eine Schülerin gab, die in der Position war, die Seherinnen zu überführen und zu demütigen, dann war es Marie-Claire Mukangango.

Marie-Claire kam 1961 in einer der ärmsten Gegenden im Süden Ruandas zur Welt und war von Anfang an eine Kämpferin. Ihr Vater starb wenige Tage nach ihrer Geburt, und ihrer Mutter fiel es oft schwer, sich um sie zu kümmern, sodass Marie-Claire den Großteil ihrer Kindheit bei ihren Großeltern verbrachte. Vielleicht war dieses instabile Familienleben während ihrer Kindheit der Grund dafür, dass Marie-Claire schon früh lernte, für sich selbst zu sorgen und sich nicht herumschubsen oder übervorteilen zu lassen. Dabei hatte sie nie Selbstmitleid, sondern war unabhängig, kess, gescheit, charmant und hatte eine Ausstrahlung. Sie war katholisch erzogen worden, glaubte an Gott, die Heiligen, die Sakramente und alles, was einer katholischen Erziehung entspricht, war jedoch nicht sehr religiös. In der Kirche zu sitzen war nicht gerade ihr Lieblingszeitvertreib … Genau genommen fiel es ihr schwer, überhaupt irgendwo längere Zeit sitzen zu bleiben. Sie strotzte nur so vor Energie und wurde zappelig und unruhig, wenn sie im Haus bleiben musste. Statt in ein Klassenzimmer eingesperrt zu sein oder mit den anderen Mädchen an einem Gebetstreffen teilzunehmen, wäre sie viel lieber über einen Fußballplatz gerannt oder tanzen gegangen – was sie leidenschaftlich gern tat. Manche sagen sogar, sie sei ein wildes Kind gewesen.

Ja, Marie-Claire war vorlaut, stur und häufig rüde; aber sie war auch offen und ehrlich, und deswegen neigten die anderen dazu, ihr zu vertrauen. Wer sie kränkte oder beleidigte, bekam ihre scharfe Zunge zu spüren, aber mit ihrer Schlagfertigkeit brachte sie ihre Freundinnen auch immer wieder zum Lachen und hielt sie bei guter Laune. Sie liebte es, mit Freunden zu reden und zu diskutieren, und die meisten Debatten, auf die sie sich einließ, gewann sie einfach aufgrund ihrer starken Persönlichkeit – wenn Marie-Claire überzeugt war, dass sie recht hatte, dann konnte ihr niemand das Gegenteil beweisen. Wegen ihres Selbstvertrauens und ihrer offenen Art war sie beliebt und wurde sogar bewundert. Jahr für Jahr wählten ihre Mitschülerinnen sie zur Klassensprecherin, weil sie wussten, dass sie sich immer für sie einsetzen und sämtlichen Lehrern, Nonnen und Priestern, die an Ruandas katholischen Schulen das Sagen hatten, die Stirn bieten würde.

Und so scheute sie sich natürlich auch nicht, Alphonsine und Anathalie und allen, die den Visionärinnen Glauben schenkten, die Stirn zu bieten. Obwohl Marie-Claire nicht sehr fromm war, betete sie doch zur Jungfrau Maria und war tief gekränkt, dass irgendjemand die Schamlosigkeit besaß und die Muttergottes benutzte, um sich beliebt zu machen oder sich Vorteile zu verschaffen. Also begann sie den Rosenkranz zu beten, damit die Jungfrau Maria ihr half, die Schule von den falschen Prophetinnen zu säubern.

Anfang Februar war Marie-Claires Spott- und Schikanefeldzug gegen die beiden jungen Seherinnen so gemein geworden, dass selbst der Priester, der ihr einige Monate zuvor noch aufgetragen hatte, Alphonsine zu quälen und unglaubwürdig zu machen, die junge Frau nun ermahnte, es nicht zu übertreiben. Doch Marie-Claire blieb stur, und um sie zu veranlassen, Alphonsine und Anathalie freundlich zu behandeln, brauchte es schon etwas mehr als nur den Rüffel eines Priesters.

Es brauchte ein Wunder.

Kapitel 6

Und dann waren es drei: Marie-Claire

Das Wunder begann am 1. März 1982, als Marie-Claire während eines Spaziergangs im Garten zwischen zwei Unterrichtsstunden ohnmächtig wurde. Einige Minuten später kam sie wieder zu sich. Zumindest dachte sie das.

Doch statt des Sonnenlichts umgab sie Dunkelheit, und sie hatte keine Ahnung, wo sie war. Die Luft stank so widerlich nach menschlichen Ausscheidungen und faulendem Fleisch, dass sie sich beinahe übergeben hätte. Sie rappelte sich auf und rannte blindlings durch die Dunkelheit in die Richtung, wo sie die Schule vermutete. Sie kam zum Haupteingang, und als sie die Tür aufstieß, verschwand der faulige Gestank, und das Tageslicht kehrte zurück. Sie rannte in den Schlafsaal und stand plötzlich vor Alphonsine, die gerade eine Erscheinung hatte und mit der Muttergottes plauderte.

Marie-Claire schaute an sich hinunter und stellte fest, dass ihre Kleider klatschnass waren. Im selben Augenblick bemerkte sie, dass zwei Mitschülerinnen sie an den Armen hielten und zu ihrem Bett führten. »Bin ich in den Fluss gefallen?«, fragte sie und dachte, dass sie sich wohl den Kopf angestoßen und Wahnvorstellungen haben musste.

Die beiden Mädchen sahen ihre Freundin mit einem seltsamen Gesichtsausdruck an und erzählten ihr, dass sie sie in der Schulkapelle halb bewusstlos auf dem Boden gefunden hätten. Sie hätten versucht, sie in den Schlafsaal zurückzubringen, doch sie hätte sich gewehrt und gemurmelt, dass sie nie wieder einen Fuß in diesen Raum setzen werde, wo die Seherinnen ihre Erscheinungen hätten. Die beiden Mädchen rannten los, um Hilfe zu holen, und kamen mit einer Nonne zurück, die eine große Flasche Lourdeswasser mitbrachte. Nachdem die Nonne Marie-Claire mit dem Wasser besprengt und einen Segen gesprochen hatte, trugen die Mädchen ihre Freundin in ihr Zimmer.

Marie-Claire hatte keine Ahnung, was mit ihr geschehen war, außer dass sie einen Großteil des Nachmittags bewusstlos gewesen war. Sie wusste nicht, was sie den vielen Mädchen antworten sollte, die sich zu ihr ans Bett setzten und Genaueres wissen wollten. Sie war so erschüttert, dass sie sich am Abend entschloss, ihrer Mutter zu schreiben, dass sie erkrankt sei und nach Hause kommen wolle, um sich ein wenig zu erholen. Doch sie hatte erst ein paar Wörter geschrieben, als sie erneut das Bewusstsein verlor und wieder im Dunkeln war – diesmal allerdings nicht allein: Zwei bedrohliche Gestalten näherten sich ihr aus den Schatten. Marie-Claire konnte nicht deutlich erkennen, wer da vor ihr stand, doch die Gestalten schwebten in der Dunkelheit wie Gespenster. Dann begannen sie zu sprechen, und ihre keuchenden Stimmen klangen bedrohlich.

»Eigentlich wollten noch mehr von uns heute Abend hier bei dir sein, aber sie sind nicht gekommen«, sagte die eine Gestalt.

»Aber wir kommen wieder. Wir sind nie weit weg«, sagte die andere und dann verschwanden beide. Marie-Claire rieb sich die Augen – und sah, dass sie auf dem Boden der Schulkapelle lag und von Mitschülerinnen umringt war. Eine von ihnen war Alphonsine, die ihr eine kleine Statue Unserer Lieben Frau von Lourdes in die Hand drückte.

»Trag sie bei dir, um dich vor dem Bösen zu schützen«, sagte Alphonsine. »Gestern Abend, als die Muttergottes mir erschienen ist, hat sie mich gewarnt, dass der Teufel Schülerinnen in der Schule angreifen werde. Sie sagt, wir können uns vor dem Feind schützen, wenn wir unsere Rosenkränze bei uns tragen.«

Marie-Claire starrte Alphonsine an, ohne ein Wort zu sagen.

»Ich werde für dich beten«, fügte Alphonsine hinzu, als sie die Kapelle verließ.

»Ich brauche keine Gebete von *der da*«, sagte Marie-Claire zu den anderen Mädchen und fragte dann, wie sie wieder in die Kapelle gelangt sei.

Ihre Freundinnen berichteten ihr, dass sie beim Schreiben ihren Stift fallen gelassen habe, und als sie sich dann bückte, um ihn aufzuheben, sei sie aus dem Bett gefallen und habe einen Anfall oder Krampf gehabt – sie habe wild um sich geschlagen, die Augen verdreht und ihre Zunge weit herausgestreckt. Die Mädchen hätten versucht, ihr zu helfen, was aber nicht möglich war. Dann sei der Anfall vorüber gewesen und sie sei in die Kapelle gelaufen und dort zusammengebrochen.

Marie-Claire schüttelte ungläubig den Kopf und blickte auf die kleine Statue, die Alphonsine ihr gegeben hatte. »Das ist alles die Schuld dieser falschen Seherinnen. Ich habe euch gesagt, dass sie uns Ärger machen würden. Wenn diese Schule von Dämonen heimgesucht wird, dann liegt das nur an Alphonsine und ihrem Voodoo!«, erklärte sie zornig.

Am nächsten Morgen, dem 2. März, hatten die Mädchen Religionsunterricht und sprachen darüber, wie die Jungfrau Maria den Kindern von Fatima erschienen war. Im Laufe der Unterrichtsstunde wies die Nonne – eine der wenigen Lehrerinnen, die Alphonsines und Anathalies Visionen für echt hielten – die Mädchen an, das Fatima-Lied zu singen.

Alle Mädchen in Ruanda singen mit Begeisterung, und mit der ganzen Schulklasse ein Lied zu singen, das auch noch der Muttergottes gewidmet ist, konnte ein großes Vergnügen werden. Die Mädchen sprangen auf die Füße und erweckten den alten Hymnus mit Klatschen und Stampfen zu neuem Leben:

Am dreizehnten Maien – im Tal der Iría,
vom Himmel erscheinet die Jungfrau Maria.
Die Mutter des Heilands in strahlendem Licht,
begnadet drei Hirten mit hehrem Gesicht.
Erst halten für Blitz sie den blendenden Schein;
sie sammeln die Herde und wenden sich heim.
Doch spricht aus der Eiche so freundlich und gut
die Jungfrau. Da fassen die Ängstlichen Mut.
Sie fragen: »Wie heißest Du, Schönste der Frau'n?«
»Ich komme vom Himmel, ihr dürft mir vertrau'n.«
Ein Rosenkranz zieret, wie Perlen von Licht,
die Hände der Frau, die so liebevoll spricht.
Sie mahnet die Kinder: »O betet ihn gern!
So haltet die Sünde und Strafe ihr fern.«
Noch fünfmal erscheinet die Herrin im Baum.
Wie Schnee ist ihr Mantel, mit güldenem Saum.
Doch spricht aus den freundlichen Zügen ein Schmerz:
Die Sünden der Menschen betrüben ihr Herz.

»Tut Buße und sühnet, was Böses gescheh'n!
So wird auch die Drangsal der Kriege vergeh'n.
Und fliehet des Fleisches verbotene Lust –
sie macht euch zur Hölle die eigene Brust!
Sie bringet unzählige Seelen in Not,
und wird so für viele zum ewigen Tod.
Und meidet der Feste Geräusch und Gedräng',
mit Trunk und Gelagen und eitlem Gepräng'!
Bekleidet euch züchtig und lernet von mir:
Vor Gott ist die Demut die köstlichste Zier.
Das sind meine Sorgen!« O nehmet in Acht,
was Botschaft die Mutter den Kindern gebracht!
»Ja, lehre und führ' uns, wir folgen Dir gern,
Du Gütige, Milde, Du Mutter des Herrn!«

Als sie das Lied etwa zur Hälfte gesungen hatten, gab Anathalie der Nonne Bescheid, dass ihre Haut kribbelte – ein Anzeichen für eine bevorstehende Erscheinung. Sie bat, in die Kapelle gehen zu dürfen, was die Lehrerin ihr ohne Zögern erlaubte; dann sagte sie den übrigen Mädchen, sie sollten ihre Mitschülerin begleiten und dabei auf dem ganzen Weg bis zur Kapelle weitersingen.

Marie-Claire, die hinter Anathalie saß, folgte widerstrebend am Ende der kleinen Prozession. Sie fand, dass die Nonne von der offiziellen Linie abwich, und konnte es nicht ausstehen mit anzusehen, wie die Seherinnen auch noch ermutigt wurden. Sobald sie die kleine Kapelle betraten, die nicht weit vom Klassenzimmer entfernt lag, spürte die junge Frau zu ihrem Entsetzen, wie die Panik und Furcht vom Vortag sie wieder überkamen. Sie stürzte zur Tür, verlor jedoch das Bewusstsein, ehe sie es nach draußen schaffte. Zum dritten Mal in vierundzwanzig Stunden öffnete sie ihre Augen und fand sich an einem Ort wieder, den sie nicht kannte – nur, dass es diesmal nicht dunkel war: Sie stand unter einem regenbogenfarbenen Himmel auf einem offenen Feld von perfekt geschnittenem Gras. Jeder Halm bog sich unter dem Gewicht dicker Tautropfen, die die Farben des Himmels wie in einer Million Kristallprismen widerspiegelten.

Marie-Claire hielt den Atem an. Das war das Schönste, was sie je gesehen hatte, doch diese Schönheit beruhigte sie nicht. Sie konnte sich nur zwei Erklärungen für das vorstellen, was mit ihr geschah, und keine davon war gut: Entweder sie wurde verrückt oder der Teufel hatte von ihren Sinnen Besitz ergriffen. Dann rief plötzlich aus dem Nirgendwo eine sanfte Stimme ihren Nachnamen.

»Mukangango.«

Marie-Claire fuhr herum und hielt wie ein Boxer die geballten Fäuste vors Gesicht. Sie glaubte, die Gespenster, die sie am Abend zuvor heimgesucht hatten, seien zurückgekehrt, und diese wollte sie angreifen. Sie blickte sich suchend in alle Richtungen um, sah aber nichts außer dem endlosen Meer von schimmerndem Gras. Sie hob ihre Fäuste höher, bereit zum Kampf, stellte beide Beine fest auf den Grasboden und gab so der Stimme eine wortlose Antwort.

»Mukangango«, rief die Stimme wieder.

Noch nie hatte jemand Marie-Claires Namen mit solcher Zärtlichkeit ausgesprochen. Die Stimme war so sanft wie die einer liebenden Mutter und so beruhigend und wohltuend wie ein Wiegenlied. Doch das Mädchen war misstrauisch und antwortete mit einer Herausforderung: »Okay, ihr habt mich gefunden. Ich bin Mukangango. Ich bin hier und ich bin bereit zu kämpfen!«

Mit einem liebevollen Lachen fragte die Stimme dann: »Warum solltest du gegen mich kämpfen, mein Kind? Was macht dich so ängstlich? Vor deiner Mutter darfst du keine Angst haben, niemals!«

In diesem Augenblick wusste Marie-Claire, dass die Muttergottes mit ihr sprach. »Ich dachte, die Teufel, die mich in der Nacht heimgesucht haben, wären zurückgekommen, um mich zu holen«, gab sie zu.

»Oh nein, mein armes Kind«, sagte Maria beruhigend. »Du musst keine Angst vor ihnen haben. Ich verspreche dir, dass das, was dir in der Nacht Angst gemacht hat, dich nicht wieder erschrecken wird.«

Dann bat die Muttergottes Marie-Claire, ihr ein Lied mit den Worten aus der Bergpredigt vorzusingen: »Selig, die um der Gerechtigkeit willen verfolgt werden; denn ihnen gehört das Himmelreich. Selig seid ihr, wenn ihr um meinetwillen beschimpft und verfolgt und auf alle mögliche Weise verleumdet werdet.«

Da schämte sich Marie-Claire, weil diese Worte genau das beschrieben, was sie Alphonsine und Anathalie angetan hatte: Sie hatte die Seherinnen beschimpft und verfolgt, weil sie getan hatten, was Maria ihnen aufgetragen hatte: Sie hatten Menschen ermutigt, Jesus ihr Herz zu schenken.

»Bitte, Kind, sing das Lied für mich«, bat die Jungfrau noch einmal.

»Nein, das werde ich nicht tun«, entgegnete Marie-Claire. »I-ich kann nicht besonders gut singen.«

»Dann werde ich deine Schwester bitten, dass sie mit dir singt«, sagte die Jungfrau Maria, die die Ausrede der jungen Frau offenbar belustigte.

Und plötzlich sah Marie-Claire Anathalie neben sich stehen und zu Maria aufblicken. Marie-Claire folgte Anathalies Blick, konnte Unsere Liebe Frau aber nicht sehen. Nach wie vor aber konnte sie ihre schöne Stimme hören: »Sing dieses Lied mit deiner Schwester.«

»Ja, Mutter«, stimmte Anathalie lächelnd zu. Sie fasste Marie-Claire bei der Hand und gemeinsam sangen sie der Jungfrau Maria das Lied vor.

Danach verabschiedete sich die Muttergottes und Marie-Claire bemerkte, dass sie wieder auf dem Kapellenboden lag – zu erschöpft, um ihren Mitschülerinnen, die ungläubig auf sie niederstarrten, irgendetwas zu erklären.

Niemand von den Schülerinnen, den Lehrerinnen und dem übrigen Personal der *Kibeho High School*, der am 2. März 1982 dort gewesen war, wird die Atmosphäre, die an jenem Abend an der Schule herrschte, jemals vergessen. Binnen Minuten sprach sich herum, dass Marie-Claire, die eingeschworene Feindin und entschiedenste Kritikerin der beiden Seherinnen der Schule, ebenfalls eine Erscheinung der Muttergottes gehabt hatte.

Dreißig Schülerinnen beschrieben, was sie mit eigenen Augen gesehen hatten: Marie-Claire, die sich in der Schulkapelle in einem Zustand der Ekstase befand, habe die Seherin Anathalie an der Hand gehalten und der seligen Jungfrau Maria ein Lied vorgesungen. Dann war sie so benommen zu Boden gestürzt, dass man sie in ihr Bett tragen musste. Jede der dreißig Augenzeuginnen musste die Geschichte bestimmt hundertmal wiederholen, und was die Einzelheiten und die Perspektive betraf, wird es sicherlich einige Varianten gegeben haben. Im Kern aber sagte jede Version dasselbe: Die

Marie-Claire, die an jenem Morgen in die Kapelle hineingegangen war, war nicht dieselbe Marie-Claire, die man danach wieder aus der Kapelle herausgetragen hatte.

Nach der Erscheinung der seligen Jungfrau Maria war die junge Frau ständig im Gebet versunken; sie verbrachte Stunden auf den Knien, betete den Rosenkranz und bat die Muttergottes um Vergebung. Sie widerrief jeden einzelnen Vorwurf, den sie gegen Alphonsine und Anathalie erhoben hatte, und schwor, dass sie ihr Leben dem Dienst an Gott weihen werde. Ihre grobe, schroffe und aggressive Art war über Nacht verschwunden und sollte, wie die Jahre bewiesen, nicht wiederkehren. Marie-Claire war das perfekte Beispiel für jene spirituelle Bekehrung, zu der die selige Jungfrau Maria aufgerufen hatte, seit sie Alphonsine zum ersten Mal erschienen war. Natürlich war Marie-Claire auch vorher keine unverbesserliche Sünderin gewesen, doch wie so viele Ruander (und so viele Menschen überall in der Welt) war sie viel zu sehr mit Zerstreuungen beschäftigt gewesen, als dass sie auf die spirituellen Bedürfnisse ihrer Seele geachtet hätte. Monatelang waren vor ihren Augen Wunder um Wunder geschehen, doch sie war so darauf versessen gewesen, einen Betrug aufzudecken, dass sie die Wahrheit nicht erkannt hatte.

Später sagte sie, dass ihr Leben sehr viel leichter und spirituell sehr viel bereichernder gewesen wäre, wenn sie, statt ihre Energie und Zeit darauf zu verwenden, Alphonsine und Anathalie in Misskredit zu bringen, einen Moment innegehalten und den Botschaften wirklich *zugehört* hätte. Nach einer ihrer Erscheinungen erklärte Marie-Claire, dass der größte Kummer Unserer Lieben Frau bei ihren zahlreichen Erscheinungen in Kibeho darin bestehe, dass nicht genug Menschen auf die liebevollen Ratschläge und Weisungen, die sie ihnen durch den Mund der Seherinnen erteilt hatte, hörten. Zu viele Menschen kamen einfach deshalb ins Dorf, weil sie ein Wunder erleben wollten, und während ihre Augen und Ohren den Himmel nach einem übernatürlichen Ereignis absuchten, nahmen ihre Herzen die Botschaften nicht an, die Maria immer wieder wiederholte: Liebt Gott, liebt einander und seid gut zueinander, lest die Bibel, haltet Gottes Gebote, lasst euch von Christus lieben, bereut eure Sünden, seid demütig, sucht und schenkt Vergebung und lebt das Geschenk eures Lebens so, wie Gott will, dass ihr es lebt: mit reinem und offenem Herzen und reinem Gewissen!

Nach ihrer ersten Erscheinung, bei der Marie-Claire nur die Stimme der Jungfrau Maria gehört hatte, erschien die Muttergottes der neuen Seherin mehrmals pro Woche. Als Marie-Claire sie zum ersten Mal wirklich sah, sagte sie, Maria sei auf einer weichen, silbernen Wolke vom Himmel zu ihr herabgekommen. Wie Alphonsine beschrieb auch Marie-Claire die Himmelskönigin als eine junge Frau, die warme, mütterliche Liebe ausstrahlte, deren Haut weder weiß noch schwarz war, die ein nahtloses weißes Gewand trug und deren Haar von einem weißen Schleier bedeckt war.

Außerdem sagte Marie-Claire, die Dame habe einen schwarzen Rosenkranz in den Händen gehalten. Einen solchen Rosenkranz habe sie noch nie zuvor gesehen und die Muttergottes habe ihr gesagt, dies sei ein alter Rosenkranz, der »der Rosenkranz der Sieben Schmerzen« genannt werde. Er berge eine tiefe Bedeutung für die Muttergottes und sie kündigte Marie-Claire an, dass sie ihr bald zeigen werde, wie man diesen besonderen Rosenkranz betet; das Mädchen habe den Auftrag, ihn wieder in der Welt bekannt zu machen. Genau wie Anathalie nahm auch Marie-Claire ihren Sendungsauftrag ohne Zögern an. Sie ist später tatsächlich durch Ruanda und die angrenzenden Länder gereist, um die Menschen mit diesem Rosenkranz vertraut zu machen.

Als man sie bat, die Muttergottes zu beschreiben, antwortete Marie-Claire, dass der größte Dichter der Welt, wenn er Marias Schönheit mit Worten beschreiben müsste, seinen Stift wegwerfen und sein Handwerk für immer aufgeben würde. »Ihre Schönheit ist so groß wie ihre Liebe zu ihren Kindern«, erklärte sie. »Sie übersteigt den menschlichen Verstand.«

Die Jungfrau Maria hatte einen Kosenamen für Marie-Claire, der bewies, dass sie ein Faible für die Seherin hatte. Sie liebte die Offenheit des Mädchens, ihre kindliche Naivität und ihre große Leidenschaft für das Leben – eine Leidenschaft, die so groß war, dass Marie-Claire wohl der einzige Mensch in der bisherigen Geschichtsschreibung ist, der die selige Jungfrau Maria zu einem Faustkampf herausgefordert hatte. Jedenfalls nannte die Muttergottes Marie-Claire die »Geschätzte der Muttergottes« und oft begünstigte sie die Visionärin, indem sie ihre Bitten erfüllte.

Einmal fragte Marie-Claire, ob ihre Schwester, die ein Jahr zuvor gestorben war, im Himmel sei. Die Jungfrau antwortete, sie sei an einem Ort des Leidens – im Fegefeuer, wo sie darauf wartete, in den Himmel zu kommen.

»Ich weiß, dass sie nicht perfekt war und eine Weile im Fegefeuer bleiben muss, um für ihre Sünden zu büßen, ehe sie ins Paradies kommt. Aber meine Familie hat so viele Gebete gesprochen, damit sie auf Deine Fürsprache hin in den Himmel kommt, dass sie inzwischen dort sein sollte«, beklagte sich die junge Frau leise.

»Wenn ihr für eure lieben Verstorbenen betet, ist das ein großer Trost für sie und eine große Hilfe für die Seelen im Fegefeuer, aber die Menschen müssen sich entsprechend verhalten, um sich einen Platz im Himmel zu verdienen«, antwortete die Muttergottes geduldig.

Bei einer Erscheinung, die einige Tage später stattfand, überbrachte die Jungfrau Maria eine gute Nachricht: »Kind, freue dich, denn heute ist deine Schwester in den Himmel gekommen; sie ist jetzt bei deinem Vater.«

»Danke!« – das Mädchen weinte vor Freude. Dann bat sie die heiligste Mutter, ihr ihren seit vielen Jahren verstorbenen Vater zu zeigen.

»Nein, Kind. Du wirst ihn sehen, wenn du im Himmel bist.«

Marie-Claire war so traurig, dass die selige Jungfrau Maria es nicht übers Herz brachte, ihr den Wunsch völlig zu verweigern. »Ich werde dir einen Teil deines Vaters zeigen, der darauf wartet, dich im Reich Gottes begrüßen zu können«, sagte die Jungfrau Maria.

»Oh ja, das sind die Füße meines Vaters!«, rief Marie-Claire aus und Freudentränen strömten ihr übers Gesicht. »Er ist es! Er ist im Himmel!« Ihr Schrei war ohrenbetäubend und erschreckte die mehreren Hundert Augenzeugen, die zur Schule gekommen waren, um bei der Erscheinung dabei zu sein. Sie hatten nicht gehört, was Unsere Liebe Frau gesagt hatte; diesen Teil des Gesprächs erfuhren sie erst später von Marie-Claire. Und doch war keiner der Anwesenden sich auch nur einen Moment lang darüber im Unklaren, was Marie-Claire mit ihrem Schrei zum Ausdruck gebracht hatte: reine Freude.

Alle, die bei dieser Begegnung dabei waren, waren von diesem Gnadenakt der Jungfrau Maria zutiefst ergriffen – und von Marie-Claires Jubelschrei, als sie ihren Vater erkannte: dem »Klang der Liebe eines Kindes zu seinem Vater, der zwischen Erde und Ewigkeit widerhallt«, wie man ihn später beschrieben hat.

BALD NACH MARIE-CLAIRES ERSTEN ERSCHEINUNGEN erschien die selige Jungfrau Maria jeder der Seherinnen einzeln und sagte ihnen, dass sie ihnen allen nacheinander am 25. März auf dem Schulhof erscheinen werde. Sie sollten dafür sorgen, dass alle hundertzwanzig Schülerinnen anwesend sind, und als Buße dafür, dass sie die Seherinnen verfolgt hatten, sollten sie während der Erscheinung niederknien und den Rosenkranz beten. Wenn die Schülerinnen dazu bereit wären, sagte Unsere Liebe Frau, werde sie ihnen ein Geschenk gewähren: Sie versprach, dass jede Schülerin, die die *Kibeho High School* in den nächsten sechs Jahren besuchen würde, einen Schulabschluss machen könnte. In anderen Teilen der Welt mag ein solches Versprechen belanglos klingen, doch in Ruanda war die Erzielung eines solchen Erfolges völlig unvorstellbar. Armut, Krankheit und die extreme Knappheit an Schulplätzen sorgten dafür, dass von jeder Schule nur einige wenige Schüler ihre Ausbildung beendeten und ein Diplom erhielten.

Manche der Schülerinnen reagierten spöttisch, als die Seherinnen von dem Versprechen der Muttergottes berichteten. Doch die Aussicht, in einem der ärmsten Länder der Welt eine umfassende Ausbildung zu erhalten, war zu verlockend, als dass sie sie hätten ignorieren können, und deshalb erschienen die meisten von ihnen zum verabredeten Zeitpunkt. Die protestantischen und muslimischen Schülerinnen weigerten sich jedoch, sich an dieser »katholischen

Übung« zu beteiligen: Sie glaubten, die Jungfrau Maria werde nicht für sie sorgen, weil sie nicht katholisch seien. Doch die Muttergottes hatte Anathalie gesagt, dass sie nicht auf die Religion achte; alle Menschen seien ihre Kinder, ganz gleich, was sie glaubten. Sie gab Anathalie die Anweisung, ihren protestantischen und muslimischen Mitschülerinnen zu erklären, dass sie den Rosenkranz nicht als Katholiken, sondern einfach als ihre Kinder beten sollten und dass sie dann genauso belohnt werden würden wie alle anderen.

Also sagte Anathalie zu den nicht katholischen Mädchen: »Wir sind alle ihre Töchter und sie hat uns alle gleich lieb. Einen Akt der Buße zu tun, ist ein Weg, um Gott zu sagen, dass alle Sünden, die ihr begangen habt, euch wirklich leidtun. Maria verlangt nur eine kleine Buße von euch: dass ihr niederkniet, über die Dinge nachdenkt, die ihr getan habt und die schlecht sind, und Gott aufrichtig sagt, dass sie euch leidtun.

Unsere Liebe Frau hat mir nie gesagt, dass die Menschen von einer Religion zur anderen konvertieren sollen, aber sie liebt uns so sehr, dass sie uns bittet, unsere Herzen zu bekehren und unseren Vater zu lieben – das meint sie mit ›Bekehrung‹. Sie sagt, dass man das am besten erreicht, wenn man den Rosenkranz betet, und der ist nicht nur für Katholiken da. Er ist ein Werkzeug, und jeder kann lernen, ihn zu benutzen, um mit Gott zu sprechen. Aber alles, was die Jungfrau Maria jetzt von euch verlangt, ist, dass ihr euch hinkniet und um Vergebung bittet und dabei den Rosenkranz betet: nicht als Katholiken, sondern als Kinder der Muttergottes – und im Gegenzug bekommt ihr ein Diplom.«

Viele rollten mit den Augen, als Anathalie ihre umständliche Erklärung beendet hatte, die für die Mädchen dumm und unglaubwürdig klang. Und dennoch: Als die drei Seherinnen das nächste Mal mit der seligen Jungfrau Maria sprachen, knieten alle Schülerinnen auf dem Schulhof und baten um Vergebung. Als die Erscheinung vorüber war, war Anathalie erschöpft, doch sie sagte ihren Mitschülerinnen, dass die Jungfrau Maria vor Freude geweint habe, weil sie alle so aufrichtig gebetet hätten, und dass sie ihnen im Voraus zu ihren hervorragenden Abschlussnoten gratulieren wolle.

Nicht alle Schülerinnen rechneten damit, dass die Jungfrau Maria ihr Versprechen einhalten würde, und die Mehrheit glaubte vermutlich nicht einmal, dass sie sie überhaupt beachtete. Doch jedes einzelne Mädchen machte seinen Abschluss an der *Kibeho High School*, und auch in den darauffolgenden zwölf Jahren bestanden alle, die diese Schule besuchten, ihre Abschlussprüfungen – bis sie während des Genozids geschlossen wurde.

Doch bis dahin sollten noch Jahre vergehen.

Für den Moment mussten alle an der Schule erst einmal begreifen, was es bedeutete, dass sie nun eine dritte Seherin in ihren Reihen hatten. Für manche war es ein drittes Wunder und bewies, dass die Muttergottes wirklich nach Kibeho kam; für andere war es der furchtbare Beweis, dass sich die dämonische Besessenheit wie ein Virus unter den Schülerinnen ausbreitete.

Für die Schulleiterin war Marie-Claires Bekehrung eine vollkommene Katastrophe. Schon seit die zweite Seherin, Anathalie, aufgetaucht war, waren tagtäglich Scharen von Ruandern aus dem ganzen Land aufs Schulgelände gekommen, die bei einer Erscheinung dabei sein wollten. Es wurden so viele, dass die Direktorin den Mädchen sagte, wenn sie unbedingt darauf bestünden, Erscheinungen zu haben, dann sollten sie das Ganze wenigstens draußen auf dem Schulhof und nicht im Schlafsaal veranstalten. Glücklicherweise konnten Alphonsine und Anathalie vermelden, dass die selige Jungfrau Maria mit dem Umzug einverstanden war, weil ihre Botschaften so von einer größeren Zahl von Menschen gehört werden konnten.

Jetzt, da sich die Nachricht von der dritten Seherin verbreitete, fürchtete die Direktorin, dass Tausende nach Kibeho strömen und ihre Schule völlig überrennen würden. Und ihre Sorge war nicht unberechtigt, denn tatsächlich sollte genau das geschehen.

Kapitel 7

Die Wallfahrt meines Vaters

Den ganzen Frühling und Frühsommer des Jahres 1982 hindurch hatte mein Vater die Erscheinungen der Seherinnen und die Botschaften beinahe genauso gründlich verfolgt wie ich und glaubte nun voll und ganz an deren Echtheit. Als er schließlich zu seiner Wallfahrt nach Kibeho aufbrach, stand der Rest der Familie im Vorgarten, um sich von ihm zu verabschieden. Tränen rannen mir übers Gesicht, als er meine Mutter küsste und Aimable, den Ältesten, für die Zeit seiner Abwesenheit zum Mann im Haus ernannte.

»Guck nicht so traurig«, sagte Vater sanft zu mir, während er sich herunterbeugte und mir sanft eine Träne von der Wange wischte. »Ich werde bei der Jungfrau Maria ganz besonders für dich beten.«

Mit diesen Worten warf er sich seine Segeltuchtasche über die Schulter und ging durch unser Tor in Richtung Straße. Als er sich noch einmal umdrehte, um uns zum Abschied zu winken, waren frohe Klänge aus dreihundert Kehlen im Hof zu hören, während die lange Prozession der Kibeho-Pilger an unserem Haus vorüberzog. Vater reihte sich an der Spitze des Zuges gleich neben Pater Rwagema ein, der die Wallfahrt organisiert hatte.

Schweigend schaute ich zu, wie meine Nachbarn sich auf eine spirituelle Reise begaben, mit der sie der Muttergottes ihre Liebe und Verehrung bezeigen wollten. Einige waren vielleicht um die sechzig Jahre alt, aber sie kamen zügig voran, wie sie da in Viererreihen die holprige Schotterpiste entlanggingen, die sich im Süden in Richtung Kibeho mühsam durch Berge und Täler schlängelte. Die Männer und Frauen hatten einen schweren Weg von mehreren Tagen und Nächten vor sich, aber sie waren alle guten Mutes, weil sie wussten, dass sich die Mühe lohnte. Das Lied, das Marias göttliche Liebe pries, schallte freudig über die Hügel, während sie die Straße hinunterzogen, bis sie schließlich nicht mehr zu sehen waren:

Schöne Mutter, wir kommen, um Dir zu danken,
die Du uns den heiligen Rosenkranz geschenkt hast,
den Rosenkranz, der uns die Freude,
den Kummer und Deine Krönung
zur Königin des Himmels und der Erde erklärt.

Lass uns zu Dir kommen, Maria, in Deiner Freude,
als Du Jesus empfangen hast,
als Du Deine Base Elisabeth besucht hast,
als Du Jesus geboren hast,
als Du ihn im Tempel aufgeopfert hast,
als Du gesehen hast, wie er in Jerusalem lehrte.

Lass uns zu Dir kommen, Maria, in Deinem Kummer,
als Dein Sohn Todesangst gelitten hat,
als er gegeißelt worden ist,
als sie ihn mit Dornen gekrönt haben,

als er das Kreuz nach Golgatha getragen hat
und als er am Kreuz gestorben ist.

Lass uns zu Dir kommen, Maria, in der Herrlichkeit,
die Dir zuteilwurde, als Jesus auferstanden ist,
als der Heilige Geist auf die Jünger herabgekommen ist,
als Du in den Himmel aufgenommen worden bist,
als Du zur Königin des Himmels und der Erde gekrönt
worden bist.

Liebe Brüder und Schwestern, kommt zu unserer Mutter,
betet von Herzen euren Rosenkranz,
freut euch und lasst uns an unsere liebe Mutter denken,
die uns über alle Maßen liebt.

Da mein Vater während seiner Wallfahrt nicht mit uns in
Kontakt bleiben konnte, betete ich jeden Morgen und jeden
Abend, dass er wohlbehalten nach Hause zurückkommen
und uns berichten würde, dass die Erscheinungen ohne jeden Zweifel echt waren. Weil ich hoffte, ihn als die Erste zurückkommen zu sehen, setzte ich mich nach zwei Wochen
jeden Nachmittag in den Hof hinter unserem Haus. Von dort
aus hatte man eine eindrucksvolle Aussicht auf den Kivu-
See, und an dem Abend, als mein Vater dann wirklich aus
Kibeho zurückkam, war ich so in den Widerschein der un-
tergehenden Sonne auf dem Wasser versunken, dass ich die
Gesänge der Pilger, die sich unserem Haus näherten, gar
nicht wahrnahm.

Plötzlich stand mein Vater hinter mir und der Klang seiner Stimme schreckte mich auf. »Schwer zu sagen, was hüb-
scher ist: der Sonnenuntergang oder der See oder das kleine

Mädchen, das ihn anschaut«, bemerkte er und nahm mich in seine Arme.

Als Kind habe ich mich nie sicherer und geliebter gefühlt, als wenn mein Vater mich in seinen Armen hielt. Jetzt wollte ich einen kurzen Augenblick mit ihm allein sein, ehe meine Brüder bemerkten, dass er zurückgekehrt war. Also schlang ich meine Arme fest um seinen Hals und fragte: »Papa, hast du sie gehört? Konntest du fühlen, dass sie da war?«

»Oh ja, mein Schatz, sie war da. Ihre Liebe war überall um uns herum, und sie war tausendmal schöner als der Sonnenuntergang auf diesem See. Die Liebe, die man in Kibeho spürt, ist unbeschreiblich … Wenn du die Gesichter der Seherinnen siehst, während Maria zu ihnen spricht, und wenn du hörst, wie liebevoll ihre Stimmen klingen, während sie mit ihr sprechen, dann fühlst du dich, als hättest du einen Blick in den Himmel werfen dürfen. Und ich habe mein Versprechen gehalten: Ich habe bei der Gottesmutter Maria für dich gebetet. Ich habe ihr gesagt, wie sehr du sie liebst, und ich habe sie gebeten, dass sie für den Rest deines Lebens auf dich achtgibt. Jetzt lass uns hineingehen, dann werde ich euch in allen Einzelheiten von meiner wundervollen Reise erzählen«, sagte er, warf mich spielerisch über die Schulter und trug mich ins Haus.

MEIN VATER WAR SCHLANKER ALS BEI DER ABREISE. Er war auch gesünder und munterer, als er es seit Monaten gewesen war – seine Augen blitzten und sein Lächeln war sehr lebhaft. Sämtliche Zweifel und Bedenken, die er früher bezüglich der Kibeho-Erscheinungen gehegt hatte, waren während seiner Wallfahrt spurlos verschwunden; wenn er jetzt über die Seherinnen sprach, war seine Stimme ehrerbietig und heiter. Was immer er dort erlebt hatte, hatte seinen ohnehin schon tiefen Glauben an Gott noch stärker werden lassen.

Mutter servierte Vater seine erste ordentliche Mahlzeit seit Tagen und dann setzten wir uns alle ins Wohnzimmer und er erzählte uns jede Etappe seiner Reise. »Die Straßen waren sehr schlecht«, begann er. »Genauer gesagt, waren sie wegen Erdrutschen und heruntergestürzten Felsbrocken oft unpassierbar. Und an manchen Stellen mussten wir uns unseren Weg durch dichten Busch schlagen und durch Flüsse und Bäche waten. Wir legten ungefähr fünfzig Kilometer pro Tag zurück, vielleicht auch mehr. Es war anstrengend, aber niemand – nicht einmal die Ältesten unter uns – hat sich beschwert oder vorgeschlagen umzukehren.

Die meisten von uns hatten keine Vorstellung davon, wie lange die Reise dauern würde, also hatten wir nicht genug Lebensmittel dabei. Weil viele am ersten Abend völlig ausgehungert waren, haben wir unsere Vorräte zusammengetan und den Anfang unserer Wallfahrt mit einem gemeinsamen Fest gefeiert. Nach dem Essen haben wir zur Gottesmutter Maria gebetet, dass sie über uns wachen und für alles Nötige sorgen möge. Nach diesem ersten gemeinsamen Mahl waren unsere Essensvorräte aufgebraucht.

Diese erste Nacht haben wir im Wald verbracht. Wir haben ein Lagerfeuer angezündet und einen richtig traditionellen *Igitaramo* abgehalten. Marienlieder wurden gesungen und Pater Rwagema hat uns aufgefordert zu erzählen, wie Maria unser Leben berührt hat. Als ich an der Reihe war, habe ich den anderen erzählt, dass das größte Geschenk, das Maria mir gemacht hat, ein gesundes kleines Mädchen war, das ich ihr zu Ehren ›Ilibagiza‹ genannt habe – denn das bedeutet ›strahlend und schön an Leib und Seele‹, genau wie

Unsere Liebe Frau – und ›Immaculée‹, nach dem Unbefleckten Herzen der seligen Jungfrau Maria.«

»Oh Papa«, sagte ich leise und tief bewegt. Die Reise hatte ihn tatsächlich verändert: So offen hatte er noch nie über seine Gefühle gesprochen und er machte mich so glücklich, dass ich am liebsten geweint hätte. Meine Brüder rollten mit den Augen und drängten ihn, rasch weiterzuerzählen.

»Vicente, ein Pilger aus Pater Clements Gemeinde, der sich uns angeschlossen hatte, hat mich gefragt: ›Setzt man ein Mädchen nicht zu sehr unter Druck, wenn man es nach der Jungfrau Maria nennt? Wie soll es einem solchen Namen gerecht werden?‹«, fuhr unser Vater fort. »Sie muss diesem Namen nicht gerecht werden«, habe ich ihm geantwortet, »sie muss es nur versuchen – und wie könnte ihr Leben besser gelingen? Und außerdem habe ich die Nähe der Gottesmutter Maria gespürt, als ich sie das erste Mal angeschaut habe.« Er lächelte mir zu und ich spürte eine große Liebe in mir aufsteigen.

»Jedenfalls hatten wir einen guten *Igitaramo* verbracht«, erzählte Vater weiter, »und als wir danach getrocknete Bananenblätter sammelten, um darauf zu schlafen, hörten wir das Knurren eines Leoparden. Viele in unserer Gruppe hatten Angst, weil wir schutzlos unter freiem Himmel schlafen mussten. Also sind einige von uns hingegangen und haben Äste abgebrochen und sie zu etwa dreißig Kreuzen zusammengebunden, die wir dann im Kreis rund um unser Lager herum in die Erde eingerammt haben. Danach haben wir alle geschlafen wie die Babys.

Als wir am nächsten Morgen aufwachten, stellten wir fest, dass irgendjemand in der Nacht in unserem Lager gewesen war und Geschenke dagelassen hatte. Neben einem der

Holzkreuze standen zwei riesige Taschen voller Reis und Bohnen, genug für dreihundert Pilger, um tagelang davon satt zu werden. Wir knieten nieder und dankten der Gottesmutter Maria dafür, dass sie unsere Gebete erhört und für uns gesorgt hatte. Wir waren sicher, dass sie uns auf unserer Wallfahrt begleitete.

In jedem Dorf, an dem wir vorbeikamen, fragten uns die Leute, ob wir Kibeho-Pilger seien, und luden uns zu sich nach Hause ein. Sie gaben uns Milch, und wir durften uns bei ihnen waschen – ja, alle dreihundert! Stellt euch das vor! Die Leute glauben, dass die Gottesmutter Maria Ruanda segnet, und sie helfen allen, die zu ihr unterwegs sind, damit sie bei uns bleibt.

Immer wenn jemand von uns in Dornen getreten war oder sich den Knöchel verstaucht hatte, haben wir Gott diesen Schmerz sofort aufgeopfert und sind weitergegangen. Es war wichtig, dass wir auf unserer Wallfahrt mitunter auch Schmerzen und Beschwerden hatten, denn das hat uns über die Leiden der heiligsten Mutter nachdenken lassen und uns in die richtige Verfassung gebracht, um auf sie zu hören. Außerdem, wenn Jesus sich nicht über seine Leiden beklagt hat, wie könnten wir dann über ein paar Dornen jammern?

Am dritten Tag kamen wir an eine unterspülte Brücke. Der Fluss, über den sie geführt hatte, war zu reißend und zu tief, um ihn zu überqueren; also mussten wir einen Umweg von vielen Kilometern machen. Wir verirrten uns im tiefen Busch, und als die Sonne unterging, wussten wir nicht, in welche Richtung wir am nächsten Tag gehen mussten. Wir schlugen unser Lager auf und beteten um Führung. Zwei Stunden später sahen wir acht Sterne am nächtlichen Himmel, die ein Kreuz bildeten … Niemand von uns hatte diese Sterne vorher schon einmal gesehen, und wir wussten, dass die Gottesmutter Maria dies bewirkt hatte, um uns den Weg nach Kibeho zu zeigen. Am Morgen verließen wir den Busch in der Richtung, in der wir das Sternenkreuz gesehen hatten, und stießen auf einen Pfad, der uns direkt auf die Straße nach Kibeho führte.«

Mein Vater hatte uns mit seiner Geschichte völlig in seinen Bann geschlagen und dabei hatte er noch gar nichts von den Seherinnen erzählt. Er reckte und streckte sich und gähnte herzhaft.

»Oh weh«, sagte er dann. »Ich habe zu viele Nächte lang nicht richtig geschlafen, und ich würde Unserer Lieben Frau keinen guten Dienst erweisen, wenn ich die Botschaften, die ich in Kibeho gehört habe, im Halbschlaf wiedergebe. Wir wollen ins Bett gehen und ich erzähle euch morgen den Rest.«

»Nein!«, protestierte ich. »Du musst zu Ende erzählen! Erzähl uns von den Seherinnen und den Erscheinungen! Du kannst jetzt nicht aufhören!«

»Immaculée hat recht!«, sagten meine Mutter und meine drei Brüder wie aus einem Mund.

»Na gut, wenn ihr darauf besteht«, sagte Vater lachend. Dann setzte er seinen Bericht fort: »Noch ehe wir das Dorf sehen konnten, sahen wir die Menschenmenge. In den Hügeln rund um Kibeho lagerten Tausende und Abertausende von Pilgern aus ganz Ruanda. Es war noch früh am Morgen und der Rauch der kleinen Kochstellen lag in der Luft.

Wir fanden einen Lagerplatz, der nicht weit von der Schule entfernt war. Für die Seherinnen war eine Holzbühne errichtet worden. Die Bretter waren mit Stroh verkleidet und mit Hunderten von Wildblumen geschmückt, die die Pilger hinaufgeworfen hatten. Neben den Blumen standen Krüge mit Wasser und jemand erzählte mir, dass die Gottesmutter Maria sie während der Erscheinungen segnete und dass die Seherinnen die Pilger mit dem gesegneten Wasser besprengten.

Alphonsine sollte später am Nachmittag sprechen und so brachten wir den Tag damit zu, mit den anderen Pilgern zu reden, zu singen und den Rosenkranz zu beten. Wir fühlten uns einander unglaublich nahe, so etwas habe ich in diesem Land noch nie erlebt. Und ich habe auch viele Leute getroffen, die nicht aus Ruanda kamen: Manche kamen aus Tansania und Uganda und waren wochenlang unterwegs gewesen.

Wie unsere Gruppe aus Mataba hatten die meisten Pilger nicht genug zu essen mitgebracht. Es stellte sich heraus, dass man in Kibeho nirgendwo etwas zu essen kaufen konnte und dass man allein schon zwei Kilometer weit gehen musste, um Trinkwasser zu bekommen. Doch ich habe kein einziges Mal gehört, dass sich jemand über Hunger oder Durst beklagt hätte. Ich habe auch viele sehr kranke Menschen gesehen, die man in der Hoffnung auf das Wunder einer Heilung dorthin gebracht hatte. Und bei vielen Leuten konnte man entzündete Wunden an den Füßen sehen, weil sie kein Geld für Schuhe hatten und barfuß nach Kibeho gegangen waren.

Doch niemand schien sich Sorgen zu machen. Maria war so nahe, dass wir uns einfach hinsetzten und auf ein Wunder warteten.«

Kapitel 8

Vater sieht die Seherinnen

Als mein Vater Alphonsine zum ersten Mal sah, war er erstaunt, dass sie so jung aussah, und er war ganz überwältigt von ihrem bescheidenen Auftreten und ihrem scheuen Lächeln. Jubel brandete auf, als sie die Holzbühne betrat, und die Menge strömte mit solcher Macht zu ihr hin, dass Vater fürchtete, zerquetscht zu werden. Doch als das Mädchen den Rosenkranz emporhob, bewegte sich die Menge nicht weiter und wurde still. Mein Vater erzählte, dass man einen Augenblick lang nur das Rasseln von zehntausend Rosenkränzen gehört habe, die in einer einzigen Bewegung emporgehoben wurden.

Die Gottesmutter Maria hatte Alphonsine bei der letzten Erscheinung angekündigt, dass sie an diesem Tag um 17.15 Uhr erscheinen würde; bis dahin waren es noch zwanzig Minuten. Während sie darauf wartete, dass die Muttergottes ihr erschien, betete die junge Frau mit der Menschenmenge.

»Ich werde den Moment, als die Jungfrau Maria Alphonsine erschienen ist, mein Leben lang nicht vergessen«, schwor mein Vater meiner Mutter, meinen Brüdern und mir. »Das Mädchen betete gerade ein *Gegrüßet seist du, Maria*, als ihr Körper sich plötzlich verkrampfte, als hätte er einen elektrischen Schlag bekommen, doch auf dem Gesicht des

Mädchens lag ein Ausdruck grenzenloser Liebe. Alphonsines Augen waren starr nach oben zum Himmel gerichtet und schwammen in Freudentränen. Ich wusste, dass sie die Jungfrau sah – nichts anderes hätte einen solchen Gesichtsausdruck hervorrufen können.

Alphonsine hat mich an dich erinnert, Immaculée. Sie hat sich so unbefangen mit der Gottesmutter Maria unterhalten, wie du mit deiner Mutter sprichst. Das Erste, was sie zu Maria sagte, war so etwas wie: ›Oh, hallo, ich bin so froh, Dich wiederzusehen, es ist so lange her ... Wie geht es Dir, Mama?‹ Wir waren zuerst ein bisschen erschrocken über diesen lockeren Umgangston, aber dann haben wir begriffen, dass da einfach ein liebes Kind mit seiner Mutter sprach.«

Mein Vater verglich die zwei Stunden, die Alphonsine an jenem Tag mit der Jungfrau Maria sprach, mit einem Telefongespräch, das jemand im selben Raum gerade führt: »Wir konnten ja nur den Teil der Unterhaltung mithören, bei dem das Mädchen sprach, und dann mussten wir warten, bis die Jungfrau Maria antwortete, ehe das Mädchen wieder etwas sagte. Zuerst war es wirklich nur ein Plaudern: Alphonsine erzählte der Gottesmutter Maria, was sich seit ihrem letzten Treffen ereignet hatte, welche Note sie in ihrem letzten Mathetest bekommen hatte und solche Dinge, und sie schien auch auf Fragen nach ihren Mitschülerinnen und Freundinnen zu antworten.«

Vater erzählte uns, dass Alphonsine viel Zeit damit zubrachte, zu tanzen und schöne Lieder zu singen, die die Muttergottes ihr beigebracht hatte. Er wollte, dass wir eines dieser himmlischen Lieder hörten, es hieß *Turakwambaza Mubyeyi* (»Mutter, wir rufen zu Dir«) und so tat er etwas, was wir ihn wirklich noch nicht oft hatten tun hören – er sang:

Königin des Himmels und der Erde,
Mutter, wir rufen zu Dir,
sei unsere Fürsprecherin bei Jesus.
Lehre uns, ihn zu lieben und seinen Willen zu tun.
Bring ihn in die Welt,
sodass wir ihm helfen können, die Menschheit zu retten.

Königin des Himmels und der Erde,
Muttergottes und unsere Mutter,
erhöre die, die zu Dir rufen,
hilf ihnen, Gott besser kennenzulernen,
bete für sie und bitte für sie.

Du hast auf Erden gelebt, Mutter,
Du weißt, wie leicht wir verloren gehen.
Wir müssen den richtigen Weg erkennen,
den Weg, den Jesus gelehrt hat.
Bete für uns, dass er uns seine Boten sendet.

Schau auf die jungen Leute,
die Jesus nachfolgen wollen.
Bete für uns, dass wir ein reines Herz haben.
Bete, dass wir nach den himmlischen Schätzen streben,
sodass wir seine Boten sein können.

Manche verstehen nicht,
warum Jesus möchte, dass wir ihm nachfolgen.
Bete für sie und bete für uns,
dass wir seinen Willen erkennen und seinen Worten glauben,
damit wir seine wahren Boten werden.

Nachdem er uns das Lied vorgesungen hatte, fuhr mein Vater in der Erzählung fort: »Pater Rwagema hatte uns gesagt, dass Alphonsine viele geheime Botschaften für die führenden Mitglieder der Regierung erhalten hat und dass der Präsident schon mindestens zweimal mit seiner Frau und seiner Familie nach Kibeho gekommen ist, um sie zu treffen«, erklärte er. »Als wir jetzt dastanden, bekam sie gerade eine Botschaft für den Bischof, der, wie Pater Clement sagt, mindestens schon einmal mit Alphonsine gesprochen hat. Das Mädchen blickte immer noch nach oben zum Himmel, nickte und sagte: ›Ja, Mama, ich achte darauf, dass ich ihm die Botschaft genau so überbringe, wie Du es mir gesagt hast … Ja, Liebling, ich habe verstanden, dass ich die Botschaft nur dem Bischof persönlich überbringen soll.‹«

»Großartig, Alphonsine spricht wirklich mit dem Präsidenten und dem Bischof?«, fragte ich voller Staunen über dieses Mädchen, das nur wenige Jahre älter war als ich selbst.

»Offensichtlich tut sie das«, antwortete Vater. »Clement hat mir erzählt, dass der Bischof sicherstellen will, dass die Kirche diese Erscheinungen genau beobachtet und untersucht. Deshalb hat er zwei Sonderkommissionen eingerichtet, die die Seherinnen und die Erscheinungen überprüfen sollen. Die eine Kommission besteht aus Ärzten, die untersuchen sollen, ob die Mädchen krank oder geistesgestört sind, die andere Kommission besteht aus Priestern, die feststellen sollen, ob die Botschaften nicht im Widerspruch zur Bibel stünden oder vom Teufel stammten … Kannst du dir vorstellen, was geschehen würde, wenn alle die ganze Zeit über auf den Teufel gehört hätten?«

Mein Vater machte eine Pause. »Der Bischof hätte nie erlaubt, dass so viele Menschen zusammenkommen, wenn er schwerwiegende Bedenken hätte«, fuhr er dann fort. »Und Alphonsines Botschaften klangen nicht teuflisch. Sie hat immer wieder betont, dass Maria gesagt habe, die Welt sei zu sündig geworden, und sie hat uns alle gedrängt zu beten, damit die Menschen sich bekehren und ihre Herzen und ihre Liebe auf Gott richten. Die Muttergottes wünscht, dass wir alle für die Sünder beten, damit sie sich bekehren; sie wünscht, dass wir liebevoll miteinander umgehen und dass wir unseren Leib als Tempel Gottes behandeln und keine fleischlichen Sünden begehen sollen. Im Wesentlichen hat sie gesagt, dass wir ein Leben führen sollen, das uns näher zu Jesus bringt. Und sie bat uns, jeden Tag den Rosenkranz zu beten, denn für Maria ist jeder Rosenkranz wie ein Segenswunsch, und sie verspricht, uns ein Vielfaches dieses Segens zu vergelten.«

Jahre später sollte ich wieder an das denken, was mein Vater über die segensreiche Wirkung des Rosenkranzes gesagt hatte: Wegen der ethnischen Quotenregelung der Regierung standen meine Aussichten, jemals einen Platz an einer guten Highschool zu bekommen, sehr schlecht. Als ich dann trotzdem an der besten privaten Highschool – und einer der besten Schulen in ganz Afrika – angenommen wurde, erzählte mir mein Vater, dass Alphonsines Worte ihn an jenem Tag inspiriert hatten: Er hatte jahrelang den Rosenkranz gebetet und die Muttergottes um ihre Hilfe gebeten, die beste Schule für mich zu finden trotz der schier unüberwindlichen Hindernisse.

»Alphonsine hat noch andere Gebete mit uns gebetet«, erzählte Vater jetzt weiter. »Eines davon lautete: ›Vereinige uns alle zu einer Familie in Christus, damit wir alle seine Jünger sind und gemeinsam sein Wort auf der ganzen Erde verbreiten. Gib uns *ein* Herz in Christus, damit wir eins sind. Und gewähre mir, was ich erbitte: nicht Geld oder Reichtümer oder die Freuden der Welt, sondern dass wir alle gemeinsam in Frieden, Güte und Freude auf dieser Erde leben dürfen.‹«

Er berichtete uns, dass Alphonsine sich die Augen ausgeweint habe, als die Jungfrau Maria Auf Wiedersehen sagte – so gern war sie mit ihr zusammen. Und zum Abschied habe das Mädchen den Lieblingshymnus Unserer Lieben Frau gesungen: das »Magnifikat«, das die Jungfrau selbst gesungen hatte, als sie mit Jesus schwanger war:

Meine Seele preist die Größe des Herrn,
und mein Geist jubelt über Gott, meinen Retter.
Denn auf die Niedrigkeit seiner Magd hat er geschaut.
Siehe, von nun an preisen mich selig alle Geschlechter.
Denn der Mächtige hat Großes an mir getan
und sein Name ist heilig.
Er erbarmt sich von Geschlecht zu Geschlecht
über alle, die ihn fürchten.
Er vollbringt mit seinem Arm machtvolle Taten:
Er zerstreut, die im Herzen voll Hochmut sind;
er stürzt die Mächtigen vom Thron
und erhöht die Niedrigen.
Die Hungernden beschenkt er mit seinen Gaben
und lässt die Reichen leer ausgehen.
Er nimmt sich seines Knechtes Israel an
und denkt an sein Erbarmen,
das er unsern Vätern verheißen hat,
Abraham und seinen Nachkommen auf ewig.

MEINE FAMILIE STARRTE MEINEN VATER UNVERWANDT AN und versuchte, sich kein Detail seiner Geschichte entgehen zu lassen. Doch er hatte noch so viel mehr erlebt und so erzählte er weiter.

»Als sie ihr Lied beendet hatte, stürzte Alphonsine wie ein mit Steinen gefüllter Sack nach vorne auf ihr Gesicht«, berichtete Vater. »Wir hielten sie für tot, denn sie bewegte keinen einzigen Muskel. Doch schließlich fassten zwei Nonnen sie bei den Armen, hoben sie auf und trugen sie von der Holzbühne weg.

Am nächsten Tag fand zu Ehren der Marienerscheinungen von Kibeho eine besondere Feier statt. Sie spielten schöne Musik und Hunderte von Menschen tanzten und sangen vor dem Podium. Später am Tag tanzte eine Gruppe der Schülerinnen der Highschool in ganz bunten Kleidern vor der Menschenmenge, als Marie-Claire plötzlich mit ihrem Rosenkranz zum Podium ging. Sie hatte gerade erst angefangen zu beten, als sie in dieselbe Entrückung fiel wie Alphonsine am Tag zuvor: Ihr Körper verkrampfte sich, ihre Hände falteten sich zum Gebet und ihr Gesicht nahm einen Ausdruck grenzenloser Liebe an. Beide Mädchen schienen aus der Normalität von Zeit und Raum herausgetreten und in eine Dimension entrückt worden zu sein, die jenseits unseres Vorstellungsvermögens liegt.

Marie-Claire nahm die Feier und die Gesänge und Tänze um sich herum nicht mehr wahr. Ohne Notiz von ihrer Umgebung zu nehmen, wirkte sie jetzt unglücklich. Sie richtete ihren Blick nicht länger zum Himmel hinauf, sondern stand einfach nur da und wiegte sich vor und zurück. Als sie dann endlich wieder nach oben blickte, fing sie an, sich bei der Gottesmutter für irgendetwas zu entschuldigen. Sie wirkte sehr aufgeregt und fragte: ›Mutter, warum beachtest Du mich nicht? Willst Du nicht mit mir sprechen? Warum antwortest Du nicht?‹ Sie klang sehr traurig und verletzt.

Doch nur wenige Minuten später breitete die junge Frau ihre Arme aus, als wollte sie den ganzen Himmel umarmen. Dann schaute sie direkt nach unten auf die vor ihr tanzenden Mädchen und sagte: ›Danke … oh danke, Mutter, ich sehe sie! Ich sehe *Dich*! Es ist ein Wunder, Dich mit Deinen Kindern spielen zu sehen. Wir lieben Dich so sehr, Mutter!‹«

Danach begann Marie-Claire gemeinsam mit ihren singenden Mitschülerinnen zu tanzen und in die Hände zu klatschen. An den Text des Liedes konnte Vater sich nicht erinnern, aber er sagte, es habe von Jesus gehandelt, der seine Jünger rief, ihm nachzufolgen und die Frohe Botschaft zu verbreiten, dass Gottes Sohn in die Welt gekommen war.

Dieser Teil über Marie-Claire, die mit den Kindern tanzte, überraschte uns, denn die Seherinnen hatten immer gesagt, während der Erscheinungen hätten sie niemanden außer der Muttergottes gesehen, die über einem Feld voller Blumen schwebte, und diese Blumen seien die Menschen in der Menge gewesen. Doch später erfuhren wir von Pater Clement, was geschehen war.

Pater Clement hatte gehört, wie Marie-Claire einem Priester gegenüber bekannt hatte, dass sie an jenem Tag, als sie in ihren ekstatischen Zustand verfallen war, Unsere Liebe Frau vor Scham nicht anschauen konnte, weil sie etwas, worum die Muttergottes sie gebeten hatte, nicht erfüllt hatte. Hier ist ihre Erklärung, so wie Pater Clement sie in Erinnerung hatte:

Unsere Liebe Frau rief mich direkt beim Namen, aber vor Scham und Furcht konnte ich sie nicht anschauen. Sie rief mich wieder beim Namen, doch ich schaute sie noch immer nicht an. Dann fragte sie: »Kind, was ist los? Warum schaust du mich nicht an, wenn ich dich rufe?« Ich schaute weiter auf meine Füße und sagte nichts. »Kind, warum schaust du deine eigene Mutter nicht an?«, fragte sie immer wieder.

Schließlich gestand ich ihr, dass ich mein Versprechen nicht gehalten und ihren Auftrag nicht erfüllt hatte. Doch die Muttergottes vergibt so gern, dass sie sofort sagte: »Kind, sei nicht albern, das macht doch nichts. Schau mich an!« Doch als ich nach oben blickte, schaute sie mich nicht an, und so dachte ich, dass sie doch von mir enttäuscht war. Sie blickte auf die Blumen zu meinen Füßen, aber nicht zu mir! Ich rief sie, aber sie blickte weiter auf die Blumen.

Als ich sie fragte, warum sie mich nicht beachtete, antwortete sie: »Mein Kind, es tut mir leid.« Dann schaute sie mich direkt an und lächelte voller Güte. »Ich war abgelenkt, weil ich meinen lieben Kindern zuschaute, die so schön für mich tanzen und singen. Ich liebe es, wenn meine Kinder so treuherzig mit mir spielen.« Da begriff ich, dass sie sah, was ich nicht sehen konnte. Ich sagte ihr, dass ich, wenn sie mit mir sprach, um mich herum immer nur Blumen sah, und fragte, ob sie mir wohl dieses eine Mal erlauben würde, die Menschen zu sehen, die nach Kibeho gekommen waren.

»Deine Bitte ist gewährt, mein Kind«, sagte sie. Im selben Augenblick sah ich meine Mitschülerinnen vor mir tanzen und singen und die selige Jungfrau Maria war bei ihnen. Sie konnten sie nicht sehen, doch sie stand tatsächlich inmitten der singenden Kinder, lächelte ihnen voller Wärme zu, streckte die Hände nach ihnen aus und freute sich über ihr Geschenk aus Musik und Tanz. Sie war sehr, sehr glücklich.

Danach, sagte Vater, sei das Singen und Tanzen noch eine halbe Stunde weitergegangen, ehe Marie-Claire ihre private Zwiesprache mit Unserer Lieben Frau fortsetzte. »Hin und wieder«, erzählte er, »konnten wir nachvollziehen, was die Jungfrau Maria sagte, weil Marie-Claire Sätze benutzte wie: ›Du willst mir also sagen, dass …‹ oder: ›Die Botschaft, die Du den Menschen übermitteln möchtest, ist, dass …‹ – und dann wiederholte sie die Worte der Gottesmutter.«

Einmal ging es in dem Gespräch zwischen Marie-Claire und der Himmelskönigin um die Frage, warum sie sich gerade für Ruanda entschlossen hatte, ein Land, das so arm und winzig war, dass niemand in der Welt sich dafür interessierte oder auch nur von seiner Existenz wusste. Vater sagte: »Sie fragte die Muttergottes: ›Niemand glaubt, dass Du an einen so armseligen Ort kommst. Was soll ich ihnen sagen? Warum bist Du hier?‹

Daraufhin erklärte die Muttergottes ihr, dass sie hierhergekommen sei, *gerade weil* es ein so kleiner, unbekannter Ort sei. Sie habe der Welt zeigen wollen, dass Gott all seine Kinder sieht und hört – Reiche und Arme, Weiße und Schwarze, Männer und Frauen. – Vor Gott sind wir alle gleich, wie es so schön heißt. – Und sie sagte, dass Ruanda für sie etwas Besonderes sei, weil die Menschen hier demütig seien und einen starken Glauben und große Ehrfurcht vor Gott hätten und dass sie, die Muttergottes, einen besonderen Platz im Herzen dieser Menschen habe. Sie fühle sich hier sehr geliebt.

Doch Marie-Claire hat uns auch gesagt, dass Unsere Liebe Frau nicht in Kibeho erschienen sei, um nur zu den Menschen in Ruanda zu sprechen. Die Jungfrau Maria habe immer wieder betont: ›Wenn ich mich an dich wende, dann spreche ich zur ganzen Welt. Ich bin nicht nach Ruanda gekommen, um nur zu den Menschen in der Gemeinde von Kibeho zu sprechen. Wenn ich zu einem Menschen spreche, dann spreche ich zu allen Kindern Gottes.‹«

Dann schlug Vater einen anderen Ton an und sagte: »Die junge Frau hat uns auch sehr ernste Botschaften überbracht, zum Beispiel die Warnung, dass die Zeit der Menschen auf der Erde sich ihrem Ende zuneige und dass viele der Kinder Gottes der Sünde verfallen seien. Maria hat ihr gesagt, dass sie gekommen sei, weil sie die Herzen wieder zu Jesus bekehren und die Menschen ermuntern wolle, den Rosenkranz zu beten, denn der Rosenkranz sei das mächtigste Mittel des Gebets und der Umkehr, das wir haben, um das Böse zu bekämpfen und Gottes Liebe zu empfangen.

Marie-Claire hat uns dauernd zu verstehen gegeben, dass die Jungfrau Maria um die Rettung der Seelen ihrer Kinder besorgt sei. Ständig wiederholte sie denselben Appell: ›Bereut, bereut, *bereut!*‹ Nach vielen Stunden wurde die Seherin schließlich still und es sah so aus, als wäre die Erscheinung beendet. Doch dann sagte sie etwas, das mir bewies, wie genau die Muttergottes Ruanda kennt – etwas, womit sie die Herzen der Menschen hier auf diesem Feld im Sturm eroberte.

Als die Leute sich schon zu Hunderten aufmachten und fortgehen wollten, begann das Mädchen wieder zu sprechen, und was die Muttergottes zu ihr sagte, brachte die Menge in Schwung: ›Es ist noch nicht Zeit, Auf Wiedersehen zu sagen, meine Kinder, unser Treffen war zu kurz. Es ist Zeit für den *Igitaramo!*‹ Bei diesen Worten sprang jeder auf die Füße – voller Vorfreude auf mindestens eine weitere Stunde des gemeinsamen Singens.«

Der *Igitaramo* ist, wie schon gesagt, ein überaus wichtiger Teil der ruandischen Kultur und unser liebstes Kommunikationsmittel. Dass Unsere Liebe Frau die Anwesenden dazu einlud, zeigte, dass sie wirklich die Mutter der ganzen Welt ist und sich an jede Sitte und Kultur anpassen kann. Als sie den Kindern von Fatima erschien, hatte sie sie nicht dazu aufgefordert, mit ihr zusammen ein afrikanisches Ritual zu feiern – nein, sie kam in einer Weise zu ihnen, die es ihnen ermöglichte zu verstehen, wer sie war und welche Botschaften sie brachte. Später sollte ich noch mehr über Marienerscheinungen in den verschiedenen Regionen der Welt erfahren, doch damals wusste ich nur von ihren Erscheinungen in Fatima und in Lourdes.

Wie weise Du bist, Mutter, dachte ich bei mir, *dass Du uns zeigst, dass wir alle eine Familie sind und dass wir, wo immer Du auch bist, alle Deine Kinder und alle von Dir geliebt sind!*

»Vor und während der Erscheinung hatten die Menschen Rosenkränze auf das Podium gelegt und Gefäße mit Wasser aufgestellt, damit die Jungfrau die Rosenkränze und das Wasser segnete«, fuhr Vater fort. »Marie-Claire begann mit dem *Igitaramo*; dann, während der letzten Lieder, nahm sie ein Gefäß mit dem gesegneten Wasser, stieg vom Podium herab, ging durch die Menge und besprengte die ›Blumen‹ mit Wasser, um sie zu segnen. Ihre Augen hielt sie dabei die ganze Zeit zum Himmel gerichtet.

Als das Mädchen auf die Holzbühne zurückkehrte, blickte sie noch immer zur Muttergottes empor. Nachdem das letzte Wort des letzten Liedes über ihre Lippen gekommen war, fiel sie rücklings zu Boden wie ein Baum und schlug mit dem Kopf so hart auf den Brettern auf, dass es auf dem ganzen Feld zu hören war. Doch wie zuvor Alphonsine, war sie unversehrt – nachdem sie minutenlang reglos dagelegen hatte, halfen die Nonnen ihr von der Bühne herunter. Später an diesem Abend haben wir darüber gesprochen, wie die Mädchen zu Boden fallen, und ein Pilger aus einem anderen Dorf hat mir erzählt, er habe Alphonsine sagen hören, dass die selige Jungfrau Maria ihr Kraft gebe und sie aufrecht halte, solange sie anwesend sei, doch wenn sie sie verlasse, dann schwinde auch das letzte bisschen Kraft aus ihren Gliedern und sie könne nicht einmal mehr allein stehen.«

Mein Vater blieb zwei weitere Tage in Kibeho und durfte auch noch eine Erscheinung der dritten Seherin, Anathalie, miterleben. Er sagte, ihre Ekstase habe genauso begonnen wie bei Alphonsine und Marie-Claire: Zuerst habe sie das Podium betreten, um mit der gläubigen Menge den Rosenkranz zu beten. Dann, als Maria erschien, sei Anathalies Körper dreimal heftig zusammengezuckt, bis schließlich Freude ihr Gesicht überströmte.

Anschließend habe sie ein Lied angestimmt, das die Jungfrau Maria eigens für sie vorbereitet hatte:

Die selige Jungfrau ist wahrhaft die Jungfrau,
ich werde Tag und Nacht um ihre Hilfe bitten.
Ich werde um ihre Hilfe bitten, wenn ich Kummer habe,
ich werde um ihre Hilfe bitten mit jedem Atemzug.

Als sie das Lied beendet hatte, sprang Anathalie auf die Füße und stand stocksteif da wie ein Soldat, der vor dem befehlshabenden Offizier strammsteht. Dann folgte ein merkwürdiger Dialog zwischen der Muttergottes und der Seherin. Mein Vater hörte natürlich nur die eine Hälfte, doch es war unschwer zu erkennen, dass Anathalie und die Muttergottes dieses Gespräch nicht zum ersten Mal führten.

»Als Anathalie so auf ihre Füße sprang, wussten wir, dass die Jungfrau Maria sie gefragt hatte, ob sie aufstehe«, erzählte Vater. »Das Mädchen antwortete: ›Ja, Mutter, ich stehe auf. Aber ich weiß, dass Du mich eigentlich fragen willst, ob wir alle aufstehen, um uns loszureißen und frei zu machen von den irdischen Dingen, die uns davon abhalten, Dir zu folgen.‹

Dann fragte Maria: ›Wascht ihr euch?‹ Und Anathalie antwortete: ›Mutter, Du fragst uns, ob wir Gott unsere Sünden bekennen und ihn um Vergebung bitten.‹

Schließlich fragte die Muttergottes: ›Gebt ihr acht?‹ Und Anathalie sagte: ›Mutter, Du fragst uns, ob wir auf Dich achten, ob wir darauf achten, dass wir leben, wie Du es willst … weil Du uns so viel zeigst und uns so viele Zeichen sendest, und doch sehen wir nichts!‹«

Vater erfuhr, dass die Muttergottes Anathalie während der ersten Erscheinung angekündigt hatte, dass sie in ihrem Leben viel leiden müsse. Dieses Leid sei dazu bestimmt, um uns an das Beten zu erinnern – in der Verzweiflung rufen wir oft zu Gott, wenn aber unser Leiden ein Ende hat und wir wieder froh sind, vergessen wir oft, auch weiterhin ihm zu folgen und zu beten.

Nach einer ihrer ersten Visionen soll Anathalie zwei Wochen lang völlig blind gewesen sein; danach wurde ihre Sehkraft auf wunderbare Weise wiederhergestellt. Deswegen sprach sie oft davon, dass die Menschen blind seien für den Frieden, die Liebe und die Erlösung, die Gott uns jeden Tag schenkt. Bei anderen Gelegenheiten verlor sie wochenlang ihr Sprech- und Hörvermögen: Auf diese Weise sollte sie Buße tun für die Sünden anderer.

»Anathalie hat uns gesagt, dass niemand in das Reich Gottes gelangt, ohne gelitten zu haben, denn das Leiden ist der Weg, auf dem wir Demut lernen und erkennen, was wirklich wichtig ist. Denken wir nur an das große Leid, das die Muttergottes erduldet hat, als sie mit ansehen musste, wie ihr Sohn gekreuzigt wurde, oder an das Leid, das Jesus für die Vergebung all unserer Sünden auf sich genommen hat!

Einmal rief Anathalie während der Erscheinung voller Freude aus: ›Ja, Mutter, ich weiß, wie sehr Du Deine Kinder liebst und unsere Seelen beschützen willst! Ich weiß, dass das Leiden, dass Du uns schenkst, aus der großen Liebe stammt, die Du in Deinem Unbefleckten Herzen für uns empfindest! Du wirst uns immer über den Weg des Leidens führen, den Du selbst gegangen bist, den richtigen Weg, der zu Dir in den Himmel führt.‹«

Meine Brüder und ich schauten einander unsicher an. Wir verstanden nicht genau, weshalb Maria wollte, dass wir litten. Doch unser Vater sagte, Leid zu erdulden helfe, unseren Glauben aufzubauen, und nur ein starker Glaube werde uns durch dieses Leben hindurch und in das nächste tragen.

Trotz der grossartigen Geschichte, die Vater erzählte, waren wir alle sehr müde – vor allem Vater selbst, der so lange und so weit gereist war. »Wir wollen zu Bett gehen, ich erzähle morgen weiter«, sagte er. »Aber vorher sollt ihr noch hören, wie Anathalies Erscheinung an diesem Tag zu Ende ging.

Zuerst – das wird dich besonders freuen, Immaculée – teilte sie uns mit, dass Unsere Liebe Frau wünscht, dass in Kibeho eine Basilika gebaut wird.«

»Eine Basilika?«, fragte ich. Ich hatte das Wort noch nie gehört.

»Ja, wie eine Kathedrale, nur viel größer. Sie wird tatsächlich riesig sein wie eine Burg«, erklärte Vater.

»Wie die Burg Gottes?«, fragte ich aufgeregt.

»Ja, das ist eine ziemlich gute Beschreibung. Wie die Burg Gottes ... das gefällt mir«, antwortete Vater lächelnd. Dann fuhr er fort: »Jedenfalls – ich konnte nicht alles hören, aber die Jungfrau Maria hat gesagt, dass die Basilika ›der Treffpunkt der Verstreuten‹ genannt werden soll, was immer das heißt.

Anathalie ist sogar vom Podium heruntergestiegen, um zu zeigen, wie groß die Basilika genau sein soll. Sie hat sich so weit von uns entfernt, dass ich sie nicht mehr sehen konnte! In einer Basilika von dieser Größe könnte man tausend Häuser wie unseres unterbringen und hätte immer noch Platz für weitere tausend. Die ganze Zeit über sagte sie: ›Oh Mutter, wie groß diese Kirche ist! Wie schön Du sie gemacht hast ... so schöne Statuen und Blumen ...‹ Sie muss drei Kilometer gegangen sein und die ganze Zeit so geredet haben. Ich kann es kaum erwarten, bis der Bischof die Baupläne sieht!«, schloss er lachend.

Dann erzählte uns Vater, dass die Seherin ein anderes Mal auch eine Kapelle beschrieben hatte, die Unsere Liebe Frau in Kibeho gebaut haben wollte: »Sie soll den Namen tragen ›Die Kapelle der Sieben Schmerzen‹, nach den Schmerzen, die die Muttergottes in ihrem Leben erleiden musste, nachdem sie Jesus geboren hatte. Sie wird viel, viel kleiner sein als die Basilika, aber die Beschreibung, die ich gehört habe, war unfassbar schön! So schön, dass es scheint, als wäre sie ganz aus Rosen und Edelsteinen gebaut ... Ich kann mir nicht vorstellen, dass irgendein Bauherr in Ruanda die Muttergottes gern als Architektin unter Vertrag nehmen würde.« Vater lachte wieder und es war wunderbar, ihn so entspannt und froh zu sehen.

»Nachdem sie die Basilika beschrieben hatte«, fuhr er fort, »begann Anathalie alle Marienlieder zu singen, die sie kannte. Dann, als sie zwei Stunden lang gebetet, gesungen und Botschaften von Maria weitergegeben hatte, blickte das Mädchen auf die Menge und sagte: ›Schau nur, wie viele Blumen heute auf dem Feld stehen! Unsere Liebe Frau sagt, sie wisse, dass viele von euch eine weite Reise gemacht haben, um hier bei ihr zu sein. Sie weiß, wie viel ihr auf euch genommen habt, um hier zu sein, dass eure Körper schmerzen und eure Seelen dürsten. Sie möchte, dass ich ihre Blumen gieße.‹

Und dann bückte sich Anathalie und griff nach einem der Gefäße mit dem Weihwasser. Wir dachten, dass sie durch die Menge gehen und die Menschen mit Wasser besprengen würde, wie Marie-Claire es gemacht hatte. Doch als sie sich niederbeugte, schaute sie hinaus aufs Feld und sagte: ›Oh Mutter, es sind so viele, dass ich sie unmöglich alle gießen kann. Könntest Du mir nicht helfen?‹

In diesem Augenblick begann es, über der ganzen Menge zu regnen. Das Umland blieb trocken, aber alle Pilger wurden von diesem schönen Regenguss, mit dem Unsere Liebe Frau uns segnete, gewaschen und erfrischt. Ich kann nicht beschreiben, wie sich dieses Wasser anfühlte – vor allem nachdem wir den ganzen Tag über in der heißen Sonne gestanden hatten –, ich kann nur sagen, dass ich mich fühlte, als wäre ich ein zweites Mal getauft worden. Mein Geist fühlte sich erfrischt, und ich war so von Liebe erfüllt, dass ich aus ganzem Herzen das ›Magnifikat‹ zu singen begann.

Danach erging es Anathalie wie den anderen Seherinnen zuvor: Sie brach zusammen und wurde von den Nonnen von der Bühne gebracht. Als es aufhörte zu regnen und die Sonne unsere Kleider getrocknet hatte, stellten wir alle fest, dass der Schauer auch die Schnittwunden und Schrunden an unseren Füßen und Beinen geheilt hatte. Ich fühlte mich, als wäre ich von der Muttergottes selbst berührt worden, und spürte, dass ich gerade ein Wunder miterlebt hatte, was es ja auch gewesen war.«

Kapitel 9

Freude im Land und die Sieben Schmerzen Mariens

Nach allem, was mein Vater von seiner ersten Wallfahrt nach Kibeho erzählt hatte, konnte ich es kaum erwarten, ihn auf der nächsten zu begleiten, doch es sollte nicht sein. So sehr ich auch bat und bettelte oder mich beschwerte – er erlaubte es mir kein einziges Mal, mit ihm zu kommen, um bei den Erscheinungen dabei zu sein, obwohl er meine älteren Brüder viele Male mitnahm. Selbst meine Mutter, die schwer asthmakrank war, nahm er mit, als man bessere Straßen gebaut hatte und er mit dem Auto nach Kibeho fahren konnte.

»Das ist kein Platz für ein Kind«, erklärte mir meine Mutter. »Es sind so viele Menschen dort und sie geraten so in Erregung, dass du in der Masse zu Tode getrampelt werden könntest.« Sie war ohnehin von Natur aus ängstlich und stets um meine Gesundheit und Sicherheit besorgt. Wenn ich nur einen Schnupfen hatte, genügte das schon, um sie tagelang zu beunruhigen.

»Wenn es für die Jungen sicher genug ist, muss es doch auch für mich sicher sein! Und du weißt, dass die selige Jungfrau Maria auf mich achtgeben wird«, sagte ich zu meinem

Vater. Um meine Eltern mürbe zu machen, rannte ich von einem zum anderen.

Doch sie hielten zusammen und gaben keinen Fußbreit nach. Diese elterliche Fürsorge war, Gott vergebe mir, das Einzige, was ich ihnen jemals wirklich übel genommen habe. Doch nach und nach fand ich mich damit ab, dass sie wohl wussten, was das Beste für mich war, und ging ihnen nicht weiter auf die Nerven. Zum Glück war Pater Rwagema mit seinem Kassettenrekorder bei den meisten Erscheinungen dabei und spielte den Kindern von Mataba seine Mitschnitte mindestens einmal pro Woche vor. Ich prägte mir alles ein, was ich hörte, und kannte bald jede der Botschaften auswendig. Abends im Bett ging ich sie im Geist immer und immer wieder durch, bis mir die Stimmen von Alphonsine, Anathalie und Marie-Claire ebenso vertraut waren wie die meiner Freunde und meiner Familie.

Dennoch beneidete ich die vielen Männer und Frauen, die nach Kibeho pilgerten – vor allem, wenn ich sah, wie tief die Muttergottes ihre Herzen berührte. Nachbarn, die früher gemein zu mir gewesen waren, wurden plötzlich lieb und sanft; Leute aus unserem Dorf, die als geizig verschrien waren, wurden großzügig; Angeber wurden demütiger; und wohin ich auch kam, wurde ich Zeugin von guten Taten und Werken der Nächstenliebe.

Pater Clement sagte mir, dass Priester aus Dörfern in ganz Ruanda ihm Ähnliches berichteten. Als ich ihn nach dem Grund fragte, antwortete er mit einem einzigen Wort: *Reue.* »Die Jungfrau Maria bittet immer wieder darum, dass die Leute bereuen und zu Gott umkehren. Aber Reue heißt nicht einfach nur, Gott für die bösen Dinge, die man getan hat, um Vergebung zu bitten«, erklärte er. »Reue fängt damit an, dass dir der Schaden, den du anderen und dir selber zugefügt hast, wirklich *leidtut*. Echte Reue ist schmerzhaft, aber sie lehrt uns, mit unseren schädigenden Gewohnheiten und Taten aufzuhören und ein besseres Leben in Christus zu beginnen. Dies wird ›der Weg zur Erlösung‹ genannt und offenbar folgen die Menschen genau diesem Weg, nachdem sie von ihrer Kibeho-Wallfahrt heimgekehrt sind. Wenn dir jetzt Leute begegnen, die diesen Weg gehen, dann wirst du feststellen, dass sie viel netter geworden sind, Immaculée.«

Pater Clement hatte recht – tatsächlich schienen alle netter geworden zu sein. Mein Bruder Damascene schloss sich zum Beispiel gleich nach seiner ersten Wallfahrt der *Legion Mariens* an und begann, die alten und kranken Menschen in unserer Gegend zu besuchen. Aimable war großzügiger, was seine Zeit betraf, und brachte Stunden damit zu, mir bei den Schularbeiten zu helfen, und unser Vater baute eigenhändig eine kleine Holzkapelle, in der die Menschen den Rosenkranz der Sieben Schmerzen beten konnten.

»Die heiligste Mutter hat Marie-Claire gesagt, dass ihn jeder lernen und sooft wie möglich beten soll«, erklärte Vater, als ich ihm dabei zusah, wie er die Kapelle Brett für Brett und Nagel für Nagel zusammenzimmerte. »Die Leute werden eher und häufiger bereit sein, das besondere Gebet Unserer Lieben Frau zu beten, wenn sie auch einen besonderen Ort haben, an dem sie das tun können.«

Am Abend desselben Tages wurde die Erscheinung, bei der Marie-Claire diese Botschaft, von der mein Vater sprach, weitergegeben hatte, zum wiederholten Mal im Radio gesendet. Wort für Wort wiederholte sie, was die Muttergottes ihr gesagt hatte:

*Ich bitte euch um eines: dass ihr bereut. Wenn ihr den Ro-
senkranz der Sieben Schmerzen betet und andächtig betrach-
tet, werdet ihr alle Kraft finden, die ihr braucht, um eure Sünden zu bereuen und eure Herzen zu bekehren. Die Welt ist
taub geworden und kann die Wahrheit des Wortes nicht mehr
hören. Heute sind die Leute nicht mehr dazu fähig, sich für
das Unrecht zu entschuldigen, das sie durch Sünde begangen
haben; sie schlagen den Sohn Gottes immer wieder ans Kreuz.*

*Deshalb bin ich hierhergekommen. Ich bin gekommen,
um die Welt – und insbesondere euch hier in Ruanda, wo
ich noch demütige Seelen und Menschen finde, die nicht am
Geld oder Reichtum hängen – daran zu erinnern, dass sie
auf meine Worte mit offenem Herzen hört. Betet meinen
Sieben-Schmerzen-Rosenkranz, um Reue zu empfinden.*

*Großartig, ich muss unbedingt einen von diesen besonderen
Rosenkränzen haben!*, dachte ich. Ich betete zu Maria und bat
sie, mir einen zu schicken, was sie (durch meinen Vater) eine Woche später auch tat.

Pater Clement erklärte mir, dass jede der sieben Medaillen auf diesem Rosenkranz für einen der sieben Schmerzen
Mariens steht. Der erste Schmerz wurde ihr zugefügt, als ein
heiliger Mann namens Simeon der jungen Mutter ankündig-
te, dass ihr neugeborener Sohn die Welt verändern würde,
aber großes Leid erdulden müsste und dass das Leid ihres
Sohnes ihr Herz wie mit einem Schwert durchbohren würde. Der zweite Schmerz war die gefährliche Flucht, die Maria, Josef und Jesus ins ägyptische Exil führte, als Jesus von
den Todesschwadronen des Königs Herodes gejagt wurde.
Den dritten Schmerz erlitt Maria, als der zwölfjährige Jesus
auf der Wallfahrt nach Jerusalem drei Tage lang vermisst

wurde. Der vierte Schmerz war die Qual und Todesangst ihres Sohnes auf dem Weg nach Golgatha, wo sie ihn traf. Der fünfte Schmerz Mariens war das Miterleben der Kreuzigung. Der sechste Schmerz wurde ihr zugefügt, als der Leichnam ihres Sohnes vom Kreuz abgenommen und ihr in den Schoß gelegt wurde. Und den siebten Schmerz erduldete sie, als ihr geliebter Sohn in das Grab gelegt wurde.

Ich fand heraus, dass der Rosenkranz der Sieben Schmerzen jahrhundertelang von Christen gebetet worden war, dann aber in Vergessenheit geriet, das heißt nur bis zu dem Tag, an dem Marie-Claire die besagte Erscheinung hatte, denn von diesem Tag an verbreitete er sich in ganz Ruanda.

Ganz gleich, wie weit ich von Kibeho entfernt war: Wenn ich meinen Sieben-Schmerzen-Rosenkranz betete und das Geschehen, das mit jeder Medaille verbunden war, andächtig betrachtete, spürte ich, dass die Muttergottes neben mir kniete. Die Liebe, die sie für ihren Sohn empfunden, und das Leid, das sie als Mutter erduldet hatte, überwältigten mich. Die Größe ihres Opfers überstieg mein Vorstellungsvermögen und meine ganzen kindlichen Anliegen und Beschwerden schienen mir dagegen völlig belanglos. Am meisten aber bewegte mich die Kraft ihrer Liebe, die ich in jeder Geschichte aufleuchten sah.

Maria wusste, wer ihr Sohn war, und war sich seit den ersten Tagen seines Lebens darüber im Klaren, welches Leid ihn (und sie) erwartete. Doch all die Jahre hindurch unterstützte sie ihn mit der Liebe einer Mutter und stand an seiner Seite, als er gegeißelt, geschlagen und gekreuzigt wurde. Und sie war für ihn da, als er seinen letzten Atemzug tat. Ich erkannte, dass Unsere Liebe Frau, deren sanfte und liebe Stimme die Seherinnen so bezauberte, stark wie ein Fels war. Auf diesen

Felsen wollte ich meinen Glauben an Gott bauen, und von dieser Stärke wollte ich mich durch jeden Kummer hindurchtragen lassen, den das Leben für mich bereithalten mochte.

DIE KAPELLE, DIE MEIN VATER GEBAUT HATTE, stand Menschen aller Religionen offen, und die Türen waren nie verschlossen. Marias Botschaft über den besonderen Rosenkranz, den die Leute beten lernen sollten, hatte sich mein Vater sehr zu Herzen genommen. Deshalb hämmerte er mit dem letzten Nagel, den er einschlug, eine Anleitung an die Kapellenwand, in der beschrieben wurde, wie man den Rosenkranz betet, den die selige Jungfrau Marie-Claire beigebracht hatte. Er brachte auch selbst viel Zeit in der Kapelle zu, und zwar nicht nur, um den Rosenkranz der Sieben Schmerzen zu beten: Da die meisten Menschen im Dorf nicht lesen konnten, musste er ihnen die Anweisungen, die er aufgehängt hatte, vorlesen und erklären.

Jeden Tag zogen Pilger aus Nordruanda durch Mataba, und Vater sorgte dafür, dass wir ihnen dieselbe Gastfreundschaft gewährten, wie er selbst sie auf seiner ersten Kibeho-Wallfahrt von völlig Fremden erfahren hatte. Das ganze Land schien unterwegs zu sein; jedermann hatte es eilig, nach Kibeho zu kommen, weil niemand wusste, wie lange die Erscheinungen noch stattfinden würden. Doch während Menschen aller Gesellschaftsschichten heranströmten, um den Worten der Muttergottes zu lauschen, waren die führenden Vertreter der katholischen Kirche bislang dort nicht erschienen und äußerten sich so gut wie nicht, was die Ereignisse in diesem Dorf betraf.

Ich erfuhr, dass die Kirche es mit der Anerkennung aktueller Wunder nicht eilig hat. Ein Wunder wie die Erscheinungen der Gottesmutter Maria für echt zu erklären, birgt für sie

128

Die ersten drei Seherinnen an der Kibeho High School im Jahr 1982.
Von links nach rechts: Anathalie, Marie-Claire und Alphonsine. 🌸

Pilger strömen in den frühen Achtzigerjahren scharenweise nach Kibeho. 🌸

Die Seherin Anathalie streckt der Muttergottes während einer Erscheinung Rosenkränze entgegen, um sie segnen zu lassen. 🌹

Die Seherin Alphonsine während einer Erscheinung, aufgenommen im Jahr 1982. 🌹

Die Seherin Stephanie während einer Erscheinung. 🌹

Der Seher Segatashya während einer Erscheinung. Jesus hatte ihn soeben angewiesen, auf dem Podium Weihwasser zu trinken, um seinen geistlichen Durst zu stillen. 🌹

Während einer Erscheinung empfängt die Seherin Marie-Claire von der Muttergottes den Auftrag, in der Welt den Sieben-Schmerzen-Rosenkranz zu verbreiten. 🌹

Die Seherin Agnes während einer Erscheinung auf dem Podium. 🌹

Die Seherin Agnes bricht am Ende einer Erscheinung zusammen. 🌹

Die erste Seherin, Alphonsine, im Gespräch mit der seligen Jungfrau Maria. 🌹

Die Seherin Anathalie während einer Erscheinung im Jahr 1983 auf dem Podium. 🌹

Alphonsines Äußerungen werden während einer Erscheinung aufgezeichnet. Gleichzeitig wird sie von Ärzten untersucht. 🌹

Die Seherin Valentine während einer Erscheinung im Jahr 1992. 🌹

Pilger feiern das Fest »Unserer Lieben Frau von Kibeho« am 28. November 2006, dem 25. Jahrestag der ersten Erscheinung. Die gelben Behälter, die sie in Händen halten, sind mit Wasser gefüllt, damit dieses von der seligen Jungfrau Maria gesegnet wird. 🌹

Anlässlich des 25-jährigen Jubiläums ziehen die im Gebet versammelten Pilger von der Kirche, in der fünftausend Menschen während des Genozids getötet worden waren, zum »Heiligtum Unserer Lieben Frau der Schmerzen«.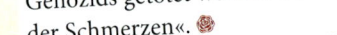

Luftaufnahme des Marienheiligtums, aufgenommen im Jahr 2007.

Unsere Liebe Frau von Kibeho blickt im Jahr 2007 aus dem Schatten heraus auf die an ihrem Heiligtum versammelten Pilger. 🌹

Vor dem »Heiligtum Unserer Lieben Frau der Schmerzen«. Von links nach rechts: Pater Leszek Czelusniak, Leiter des CANA-Centers in Kibeho; ich; Veneranda, die dafür geehrt wurde, während des Genozids Leben gerettet zu haben; die Seherin Anathalie, die noch immer in Kibeho lebt; und mein Freund Tim Van Damm, der gerade seine erste Kibeho-Pilgerreise unternommen hatte. 🌹

Das CANA-Center, geleitet von den Marianerpatres in Ruanda. Das fünfeinhalb Meter hohe Gnadenbild des Barmherzigen Jesus befindet sich in der Mitte des Bildes. Es liegt nur anderthalb Kilometer vom »Heiligtum Unserer Lieben Frau von Kibeho« entfernt. ❀

Eine Aufnahme von mir vor dem Gnadenbild des Barmherzigen Jesus, zusammen mit einigen einheimischen Schulkindern, die häufig am Wallfahrtsort beten. ❀

Frauen aus der Region helfen beim Aufbau des sich vergrößernden Wallfahrtsortes von Kibeho. 🌸

Arbeiter errichten das Fundament für ein neues Gebäude, wo Pilger rasten können. 🌸

Jeder legt Hand an während der Bauarbeiten zur Verschönerung des »Heiligtums Unserer Lieben Frau von Kibeho«. 🌹

Unsere Liebe Frau von Kibeho. 🌹

Während der Recherchen für dieses Buch. Hier interviewe ich Dr. Muremyan-gango Bonaventure von der bischöflichen Untersuchungskommission, die die Erscheinungen und die Seher untersuchte. Als die Kommission 1982 gebildet wurde, war Dr. Bonaventure der einzige Psychiater in Ruanda.

Um Informationen für das Buch zu sammeln, interviewe ich Father Mubiligi, einen Theologen der Untersuchungskommission.

Der päpstliche Gesandte von Ruanda, Dritter von links, segnet Pilger während des 25. Jahrestages der Ankunft Unserer Lieben Frau in Kibeho. Seine Anwesenheit war eine weitere bedeutende öffentliche Bestätigung des Vatikans von Kibehos besonderem Status als einem anerkannten Marienerscheinungsort. ✿

Mit Bischof Augustin Misago, der nach 20 Untersuchungsjahren Kibeho als Marienerscheinungsort approbierte. Bislang hat er die Authentizität der Seherinnen Alphonsine, Anathalie und Marie-Claire bestätigt. ✿

Tim Van Damm und ich mit dem Präsidenten von Ruanda, Paul Kagame (Mitte), nachdem er mir zum Erfolg meines ersten Buches *Left to Tell* gratuliert hatte. Er sagte, dass er es wundervoll fand! 🌹

Pilger beobachten staunend, wie im Jahr 2007 die Sonne sich dreht und wundersame Bilder der Jungfrau Maria und des Kreuzes Jesu am Himmel über Kibeho erscheinen. Übernatürliche Erscheinungen und Heilungen ereignen sich dort bis heute immer wieder. 🌹

Meine lieben Kinder, der siebenjährige B. J. und seine neunjährige große Schwester Nikki. Die Kinder strahlen vor Freude, weil sie ihre neuen Kibeho-T-Shirts anprobiert haben. 🌸

zahlreiche Risiken. Wenn der Vatikan eine Erscheinung anerkennen würde, die sich später als Betrug oder als die Wahnvorstellungen eines Geisteskranken herausstellen sollte, dann
wäre dies eine Erniedrigung für die Kirche, die die Glaub-
würdigkeit jahrhundertealter kirchlicher Dogmen und Lehren erschüttern könnte. Ein solches Risiko will der Vatikan
nicht eingehen, und deshalb mahnt er seine Kleriker und
Gläubigen zu äußerster Vorsicht, was den Wahrheitsgehalt
eines angeblich übernatürlichen Ereignisses angeht.

Der Vatikan hat eine lange Liste von Kriterien, die eine Erscheinung erfüllen muss, bevor die höheren kirchlichen Behörden sie auch nur zur Kenntnis nehmen. Wer wie die Jugendlichen in Kibeho behauptet, Erscheinungen zu haben,
wird einer ganzen Reihe physischer und psychologischer
Tests unterzogen, um seine Beweggründe und seinen Gesundheitszustand zu überprüfen. Man durchleuchtet sein
persönliches Leben, seine Geschichte, seine Gewohnheiten
und seine Freunde und Verwandten, um einen Eindruck
vom moralischen Charakter und von der Glaubensstärke des
Sehers oder der Seherin zu gewinnen. Diese Erfahrung kann
äußerst unangenehm sein und es gibt keine Garantie für ein
schnelles Ergebnis. Die Kirche kann eine Erscheinung sofort
als Betrug, Täuschung oder Teufelswerk abtun. Und es kommt
vor, dass sie sich jahrzehntelang Zeit nimmt, um darüber zu
befinden, ob eine Erscheinung wahrscheinlich echt oder
wahrscheinlich falsch ist oder ob es vielleicht sogar besser
ist, gar keine Entscheidung zu treffen.

Selbst wenn sich der Vatikan, was selten vorkommt, dazu entschließt, Erscheinungen – wie die von Fatima und
Lourdes – anzuerkennen, werden diese Erscheinungen damit
nicht zwangsläufig zu einer Glaubenswahrheit erklärt. Der

Vatikan kann eine Erscheinungsstätte *stillschweigend billigen und bestätigen*, wie es Papst Johannes Paul II. getan hat, als er 1991 am Gnadenort der Jungfrau von Fatima betete. Doch die katholische Kirche gibt keine Erlasse oder Verordnungen heraus, mit denen sie ihre Mitglieder *verpflichtet*, an irgendeine göttliche Offenbarung zu glauben, die nach dem Ende des apostolischen Zeitalters (also nach dem Tod des Apostels Johannes, der das Buch der Offenbarung verfasst hat) erfolgt ist.

Der Vatikan war also offenbar so klug, aktuellen Erscheinungen gegenüber eine abwartende Haltung einzunehmen, und daher war kaum zu erwarten, dass Rom ein Expertenteam entsenden würde, um ein afrikanisches Schulmädchen zu untersuchen, das behauptete, die Jungfrau Maria sei auf einer Wolke vom Himmel herabgekommen und habe mit ihm geplaudert. Angebliche Erscheinungen und Wunder überließ man in der Regel den Oberhäuptern des Ortsklerus: Sollten sie der Sache auf den Grund gehen und sich mit der Angelegenheit befassen. Und das kostet in der Regel viel Zeit.

In Kibeho allerdings schien Unsere Liebe Frau es mit der kirchlichen Anerkennung ausgesprochen eilig zu haben.

Die Nachricht von den Erscheinungen der seligen Jungfrau Maria verbreitete sich mit der Geschwindigkeit und Gewalt eines Gewittersturms in ganz Ruanda, befeuerte den Glauben Tausender und Abertausender von Christen, brachte den Klerus in Schwung und verwandelte Kibeho von einem ehemals abgelegenen und unbekannten Dorf in die berühmteste Ortschaft des ganzen Landes. Sämtliche Versuche der Highschool-Direktorin und der örtlichen Priester, die angeblich weit hergeholten Geschichten der Seherinnen im Zaum zu halten, scheiterten vollständig. In einem bitterarmen und überwiegend katholischen Land wie Ruanda waren die Menschen mehr als bereit, ein paar gute himmlische Botschaften zu empfangen. Dass ein Wunder wie diese Erscheinungen Schlagzeilen machen würde, war so gut wie vorprogrammiert.

Das einstmals unbekannte Kibeho war bald in aller Munde. Bald wurde davon auch im Radio berichtet – damals das einzige Massenkommunikationsmittel im Land.

Nach kürzester Zeit wurden auch die entlegensten Gebiete über die neuesten Erscheinungen durch tägliche Radiosendungen informiert und die Menschen dort konnten mitverfolgen, wie die Kommentatoren die Botschaften der Muttergottes interpretierten und darüber berichteten. Als die Nachricht über das Wunder von Kibeho sich auf dem afrikanischen Kontinent ausbreitete, brachten Zeitungen Sonderberichte über die Seher. Im späten Frühling 1982 waren die Namen von Alphonsine, Anathalie und Marie-Claire allgemein bekannt und sie waren fast berühmt.

Was als ein Rinnsal von Kibeho-Pilgern begonnen hatte, drohte zu einer Flut zu werden, denn das Interesse an den Botschaften Unserer Lieben Frau nahm ständig zu. Die Ressourcen der Gemeinde reichten nicht einmal für die eigene, in Armut lebende Bevölkerung aus – von der Masse an unerwarteten und hungrigen Gästen ganz zu schweigen. Die Anwohner ernährten ihre Familien mit dem wenigen, das der Boden rund um ihre Hütten hergab. Es gab keine Herbergen oder Unterkünfte im Umkreis von hundertfünfzig Kilometern und kein Lebensmittelgeschäft vor Ort, kein Restaurant, ja nicht einmal eine öffentliche Toilette. Wie wäre dies auch möglich gewesen ohne fließendes Wasser und ohne Strom? Nicht einmal die Straße eignete sich für Transportmittel, die breiter waren als ein Esel. Kibeho war eines der ärmsten Dörfer in einem der ärmsten Länder der Welt.

Der kleine Ort hatte es schon vorher nicht gerade leicht gehabt. Jetzt aber hatten die Erscheinungen der Jungfrau Maria im ganzen Land eine spirituelle Revolution ausgelöst und Kibeho zum Sammelpunkt der Gläubigen gemacht.

Die lokalen Gemeindevertreter waren nicht auf die Geschehnisse vorbereitet, denn weder die regionalen Behörden noch die Landesregierung hatten ein festgelegtes Protokoll für den Umgang mit himmlischen Erscheinungen. Der Ortsbischof hatte die Seherinnen eigentlich aus der Distanz überwachen wollen, weil seine verfrühte Anwesenheit den Eindruck erweckt hätte, dass er die Erscheinungen unterstützte. Doch nachdem mit Marie-Claire eine dritte Seherin aufgetreten war, musste er etwas unternehmen.

Bischof Jean-Baptiste Gahamanyi berief eine Ärztekommission ein, die die Seherinnen untersuchen sollte, und ernannte wenige Monate später auch eine Theologenkommission; von den Leuten wurden beide Kommissionen unterschiedslos »die Untersuchungskommission« genannt. Ende 1982 erkannte Bischof Gahamanyi – ohne sich damit in der einen oder anderen Weise zur Echtheit der Erscheinungen zu äußern – Kibeho als Gebetsstätte an. Daraufhin baute man ein größeres Podium, errichtete einen Zaun, um die Seherinnen zu schützen und Journalisten den Zugang zu erleichtern, und installierte ein modernes Lautsprechersystem, sodass die wachsende Zahl der Pilger jedes Wort der Seherinnen mithören konnte.

Und es war keine Sekunde zu früh. Nicht nur, dass die Gottesmutter bereits eine neue Gruppe von Sehern ausgewählt hatte, denen sie erscheinen würde – schon bald sollte Jesus Christus selbst nach Ruanda kommen.

Kapitel 10

Jesu seltsame Wahl der Seher

Segatashya war der fröhliche, gut aussehende fünfzehnjährige Sohn eines armen Bauern aus Muhora, einer der entlegensten Regionen in Ruanda (unweit der Grenze zum Nachbarland Burundi). Er hatte nie eine Schule besucht und war zufrieden damit, Tag für Tag auf den Feldern seiner Eltern zu arbeiten – genau genommen hatte er keinen anderen Ehrgeiz im Leben als den, das Land zu bestellen und die Abende mit seinen Eltern in ihrer gemeinsamen Hütte zu verbringen.

Als christlicher Seher schien der Junge deshalb eine so merkwürdige Wahl, weil er, genau wie seine Eltern, Heide war. Weder Segatashyas Mutter noch sein Vater noch er selbst waren getauft; die nächste Pfarrgemeinde war über zwei Stunden Fußmarsch von seinem Zuhause entfernt und er hatte noch nie einen Fuß in eine Kirche gesetzt. Er und seine Familie konnten nicht lesen, besaßen kein Radio und wussten nichts über Religion. Der Junge hatte nicht die leiseste Ahnung, wer Jesus oder Maria waren … bis zu jenem Nachmittag am 2. Juli 1982.

Der junge Mann hatte den ganzen Vormittag auf dem Bohnenfeld in der Hitze gearbeitet und sich gerade in den Schatten eines Baumes begeben, um ein wenig auszuruhen.

Dort hörte er zum ersten Mal die Stimme des Herrn.

Was als Nächstes geschah, hat mir Segatashya selbst in einem der vielen Gespräche erzählt, die wir geführt haben, als er in der Stadt Butare lebte und ich dort die Universität besuchte. Segatashya arbeitete in der Bibliothek, und nachdem ich erfahren hatte, dass einer der Seher von Kibeho auf dem Campus arbeitete, schaute ich so oft wie möglich dort vorbei, um ihn zu besuchen.

Bei unserem ersten Treffen war er mir mit seinem freundlichen Lächeln und seinen sanften Augen sofort sympathisch. Außerdem fiel mir auf, dass seine Stimme viel tiefer war als auf den Aufnahmen von den Erscheinungen, die vor zwölf Jahren von Pater Rwagema aufgenommen und auf seinem Kassettenrekorder abgespielt wurden. Manchmal saßen wir beide stundenlang in der Bücherei und sprachen über Gott. Und obwohl er ein sehr unbeschwerter junger Mann war, nahm er die Botschaften, die er von Jesus erhalten hatte, todernst.

Bei unserer ersten Begegnung erzählte Segatashya mir von dem Tag, als der Herr zum ersten Mal zu ihm gesprochen hatte: »Ich hatte mich gerade hingesetzt, als ich hörte, wie ein Mann nach mir rief. Den ganzen Morgen über hatte ich niemanden gesehen und dachte, dass ich allein sei. Deshalb glaubte ich zuerst, dass ich mich getäuscht und den Wind gehört hätte. Doch dann hörte ich sie wieder.

›Du, mein Kind‹, sagte die Stimme, und sie klang sanft und freundlich. Ich hatte nicht die geringste Angst, sondern spürte nur einen großen Frieden und eine tiefe Freude. Als ich mich umblickte, um nachzusehen, wer da sprach, war niemand da.

›Mein Kind‹, rief der Mann noch einmal; doch wieder sah ich niemanden in der Nähe.

›Mein Kind‹, sagte die Stimme zum dritten Mal. Obwohl niemand da war, antwortete ich und fragte den Mann, was er von mir wolle.

›Wenn ich dir eine Botschaft gebe, wirst du sie für mich überbringen?‹

›Ja, das werde ich‹, antwortete ich ohne Zögern, denn irgendwie wusste ich, dass ich das nicht ablehnen konnte. ›Aber wie ist Ihr Name? Was soll ich sagen, von wem die Botschaft kommt?‹

›Ich bin Jesus Christus‹, antwortete er. ›Aber wenn du ihnen sagst, dass du in meinem Namen kommst, werden sie dir vielleicht nicht trauen oder glauben. Wenn du mir beweisen willst, dass du mein Bote sein kannst, dann geh jetzt zu den Leuten, die hier in der Nähe auf den Feldern arbeiten, und erzähle ihnen, dass Jesus Christus dich gesandt hat, um ihnen allen zu sagen, dass sie ihre Herzen reinigen sollen, weil der Tag seiner Wiederkunft bevorsteht. Dann können sie sich vorbereiten, denn sie können nicht behaupten, sie seien nicht gewarnt worden.‹«

Mein neuer Freund tat, wozu Jesus ihn aufgefordert hatte, und ging zum nächsten Feld, das einem Mann namens Ngenzi Hubert gehörte. Viele Männer standen vor seinem Haus und droschen auf die Bohnen, damit diese aus den trockenen Hülsen fielen.

Wort für Wort wiederholte Segatashya die Botschaft, die Jesus ihm aufgetragen hatte – und erntete schallendes Gelächter. Ohne dass es ihm bewusst war, stand der Junge splitterfasernackt vor den Männern.

»Wer, sagst du, hat dich geschickt?«, fragte einer der Männer. »Jesus hat mich mit der Botschaft geschickt, dass ihr eure Herzen reinigen müsst.«

Da fielen die Männer über Segatashya her und schlugen ihn wegen dieser Gotteslästerung.

Eine Frau, die im Hof stand, sagte zu ihm: »Kind, schau dich doch an – du bist nackt! Glaubst du, irgendjemand wird auf dich hören, wenn du in diesem Zustand kommst und behauptest, Jesus hätte dich geschickt?«

Im selben Augenblick hörte er Jesus sagen: »Ich habe dich nackt gemacht. Frage sie: Ist nicht euer Herr nackt in diese Welt gekommen, und haben sie ihn nicht nackt ausgezogen, ehe er in das Reich Gottes zurückkehrte? Er hat dieses Wunder geschehen lassen.«

Der Junge wiederholte die Worte des Erlösers laut, doch diesmal lief er weg, ehe die Männer ihn ein weiteres Mal schlagen konnten.

»Danke, mein Kind«, sagte Jesus. »Das ist genug für heute; jetzt blicke zum Himmel und schau, wer mit dir spricht.«

»Ich schaute nach oben, und der Himmel öffnete sich«, erzählte mir Segatashya. »Ich sah einen schönen, dunkelhäutigen Mann von etwa dreißig Jahren, der in ein langes Gewand gekleidet war, wie es jeder beliebige Ruander tragen könnte.«

Jesus bat den Jungen, nach Kibeho zu gehen, wo er seine Botschaft an viele Menschen weitergeben sollte. Als Segatashya dort ankam, schloss er sich den anderen Sehern an und hatte, während er bei ihnen auf dem Podium stand, viele Erscheinungen des Herrn. Seine Botschaften handelten oft von der Wiederkehr Christi am »Ende der Tage«, und er drängte alle, die ihm zuhörten, Buße zu tun und ihre Herzen zu reinigen. »Am Tag des Gerichts wird der Herr allen ihr ganzes Leben zeigen«, sagte er, »und die Menschen werden erkennen, dass sie die Urheber ihres eigenen Schicksals sind.

Gott wird ihnen all die Taten ihres ganzen Lebens zeigen, und jeder wird gehen, wohin er es verdient. Denkt nicht, dass Gott eure Sünden nicht sieht – der Herr sieht jede Tat und kennt jeden Gedanken. Bereut, denn es bleibt nicht mehr viel Zeit.

Gott lässt keines seiner Kinder im Stich. Er wartet immer darauf, dass ihr Ja zu ihm sagt und ihn in euer Herz einziehen lasst. Gott wird euch sein Erbarmen niemals verweigern, wenn ihr euch wahrhaftig von Herzen bekehrt. Jesus bittet mich, euch auszurichten, dass das Leben auf der Erde nur einen Moment lang dauert, das Leben im Himmel dagegen ewig ist. Deshalb müsst ihr beten! Niemand wird allein durch gute Taten, durch besondere Spenden oder durch Zugeständnisse in den Himmel kommen. Der einzige Weg zum Himmel führt über Gebete, die von Herzen kommen.«

Der Sohn Gottes selbst lehrte Segatashya das Vaterunser und erklärte ihm den Hintergrund und die Bedeutung vieler biblischer Geschichten, und der Junge prägte sich alles ein. Viele Mitglieder der bischöflichen Untersuchungskommission waren erstaunt darüber, wie tief und umfangreich die biblischen und theologischen Kenntnisse dieses ungebildeten Bauernjungen waren und wie beredt er sein Wissen darlegen konnte.

Der junge Mann nutzte diese Gaben, als Jesus ihn auch in andere afrikanische Länder sandte, um die Botschaften des Herrn zu überbringen. Wunderbarerweise gelang es Segatashya, wohin er auch kam, sich innerhalb weniger Tage oder sogar Stunden die örtliche Sprache anzueignen. In jedem Dorf wurde er von einer gewaltigen Menschenmenge begrüßt … und von den Behörden verfolgt, die sich durch seine wachsende Popularität und seine eigenartigen prophetischen Botschaften bedroht fühlten. Jesus sandte dem Seher auf seinen Reisen durch die Wildnis viele spirituelle Prüfungen und physische Gefahren, und er wurde oft von Räubern und wilden Tieren angegriffen – Bewährungsproben, wie er selbst sagte, mit denen Christus seinen Glauben stärken wollte.

Als Segatashya im katholischen Glauben getauft wurde, sagte der Erlöser ihm, er solle Emanuel als christlichen Namen wählen. Das bedeutet »Gott mit uns«.

EINE ANDERE SEHERIN, DIE GOTT AUSWÄHLTE, um zu beweisen, dass er all seine Kinder liebt, so unterschiedlich sie auch sein mögen, war Vestine Salima, die im Jahr 1960 nur zwanzig Kilometer von Kibeho entfernt als Kind einer muslimischen Familie geboren worden war. Vestines Mutter, Charitas Mukangwije, war katholisch erzogen worden, aber zum Islam konvertiert, als sie Vestines Vater, Habib Mutangana, heiratete. Vestines Eltern konnten es sich leisten, ihrer Tochter eine Grundschulbildung zukommen zu lassen – und es traf sich, dass die nächstgelegene eine katholische Grundschule war.

Obwohl ihre Eltern fromme Muslime waren, zeigte Vestine weder am Islam, der bei ihr zu Hause praktiziert wurde, noch an der christlichen Religion, die sie an der Schule kennenlernte, besonderes Interesse. Dennoch glaubte sie fest an eine höhere Macht und an ein Leben nach dem Tod und ging Aktivitäten, von denen sie glaubte, dass sie ihrer Seele schaden konnten, instinktiv aus dem Weg. Da ihre Eltern nicht genug Geld hatten, um ihr den Besuch der weiterführenden Highschool zu ermöglichen, endete Vestines schulischer Werdegang nach der sechsten Klasse, und sie arbeitete danach auf den Feldern, um ihre Eltern und Geschwister zu unterstützen.

Vestine war ein ernstes Kind gewesen und wuchs nun zu einer ernsten jungen Frau heran. Neue Kleider, Tanzveranstaltungen und Partys kümmerten sie nicht, und sie verschwendete ihre Zeit auch nicht mit eitlem Klatsch und Tratsch. Familie und Freunde standen für sie an erster Stelle und Geld war ihrer Meinung nach die Wurzel allen Übels. Sie hielt es für erstrebenswert, bescheiden zu leben, und ihr größter Wunsch war es, von materiellen Dingen unabhängig zu sein. Sie hatte ein freundliches, anziehendes Wesen und war recht hübsch, hatte aber nichts für Flirts und Romanzen übrig und entschied sich bewusst, unverheiratet zu bleiben.

Die Einzelheiten ihrer ersten Erscheinung, die sie 1980 hatte, während sie den Acker umgrub, sind etwas skizzenhaft, weil es keine Berichterstattung oder offizielle Aufzeichnung gibt und die Erscheinung nur wenige Minuten dauerte. Dennoch erinnerte sich Vestine an jedes Detail: »Ich war gerade bei der Feldarbeit, als ich sah, wie sich mir ein Mann näherte, der eigenartig aussah und einen Stapel Bücher trug«, erzählte sie später. »Er war wie aus dem Nichts aufgetaucht, und weil mich die Sonne blendete, konnte ich sein Gesicht nicht erkennen.

›Du wirst vor vielen Menschen predigen, die von weit her kommen werden, um deine Worte zu hören‹, sagte er zu mir.

›Wer sind Sie, dass Sie mir mit einem Stapel Bücher auf einem Bohnenfeld nachlaufen?‹

›Ich bin Jesus, der Sohn Gottes‹, antwortete der Mann. Dann verschwand er.«

Der Mann kam nie wieder aufs Feld, und das Mädchen tat den Vorfall als die Folge eines leichten Sonnenstichs ab.

Doch sie hörte die Stimme des Mannes oft in ihren Träumen (und sogar wenn sie wach war) und jedes Mal dachte sie wieder daran, was er auf dem Bohnenfeld zu ihr gesagt und wer er zu sein behauptet hatte. Die Erinnerung nagte an ihrem Herzen, doch sie schlug sich das Ganze aus dem Kopf und lebte ihr Leben weiter. Die Erscheinung, die sie zwei Jahre später hatte, ließ sich allerdings nicht mehr so leicht zur Seite schieben.

Vestine behauptet, dass sie in der Nacht des 13. April 1982 von einer Stimme aus dem Tiefschlaf gerissen worden sei, die ihr sagte, dass es Zeit sei zu beten. Sie setzte sich im Bett auf und sah, dass sie einen Rosenkranz in der rechten Hand hielt und eine Gruppe Kinder vor ihr saß; also kniete sie sich hin und betete mit den Kindern. Als sie den Rosenkranz beendet hatte, blickte sie auf und sah eine Frau, die auf einem Stuhl saß und sehr traurig aussah.

Aus irgendeinem Grund akzeptierte Vestine die Situation so, wie sie war, und hinterfragte weder das unerklärliche Erscheinen der Frau noch das der Kinder. Betroffen von dem tiefen emotionalen Schmerz der Frau fragte sie freundlich: »Was macht Sie so traurig?«

»Lass es gut sein, mein Kind, denn meine Worte werden dir wehtun. Mein Schmerz ist groß, weil so viele meiner irdischen Kinder die Botschaft, die ich ihnen bringe, nicht hören wollen«, antwortete die Frau.

Vestine schaute auf den Rosenkranz in ihrer Hand und fragte sich, ob wohl ihre Gebete die traurige Frau in ihr Zimmer geführt hätten. »Miss, ich bete nicht oft und auch nicht besonders inbrünstig«, gab sie zu. »Ich bete selten den Rosenkranz. Deshalb frage ich mich: Was geschieht hier mit mir? Warum sind Sie hier?«

Die Frau schaute Vestine nur traurig an, doch dann antwortete eine andere Stimme auf ihre Frage: »Bete weiter«, sagte die Stimme.

Vestine erkannte die Stimme sofort. »Sie sind das!«, rief sie aus. »Sie sind der, der mich in meinen Gedanken verfolgt!«

»Ich bin dein Herr bei Tag und bei Nacht. Was du gesehen hast, habe ich dir gezeigt; was du gehört hast, habe ich zu dir gesagt. Es ist Zeit, deine irdischen Dinge und das Leben, das du kennst, hinter dir zu lassen. Du musst dich auf den Auftrag vorbereiten, den ich dir geben werde.«

Später erschien die Muttergottes Vestine erneut, aber dieses Mal war sie keine traurige Frau, die in einer Ecke saß, sondern so schön und liebevoll, wie die anderen Seherinnen sie beschrieben hatten. Mit sanfter, beruhigender Stimme sagte sie zu Vestine, sie sei »die Unbefleckte Empfängnis«.

»Meine Tochter«, offenbarte Unsere Liebe Frau, »du wirst auf eine Mission der Liebe gesandt. Du wirst die Welt an die große Güte meines Sohnes und an die grenzenlose Liebe erinnern, die er für seine Kinder empfindet. Sag ihnen, dass er ihren Seelen Frieden und ihren Herzen eine Freude schenken will, die alle Begriffe übersteigt. Bringe sie dazu, zu ihrer himmlischen Mutter zu beten, denn ich werde ihnen die nötige Kraft geben, damit sie ihre Herzen für Jesus öffnen und zulassen, dass seine Liebe ihre Sünden und ihre Verzweiflung wegspült. Sag ihnen, dass sie seine Liebe akzeptieren sollen: Dann wird ihnen ewiges Glück geschenkt werden. Nun geh, mein Kind, und verkünde das liebevolle Wort des Herrn.« Nach diesen Worten füllte Maria Vestines Herz und ihren Verstand mit den zahlreichen Botschaften, die sie ins ganze Land hinaustragen sollte.

Vestine nahm ihren Sendungsauftrag ohne Zögern an. Sie sollte das Land zu Fuß in seiner ganzen Länge und Breite durchqueren und sogar über die Grenzen bis nach Zaire, Burundi, Uganda und Tansania gelangen. So etwas war in Afrika und zumal für eine junge Frau, die allein unterwegs war, eine äußerst gefährliche Unternehmung, doch die selige Jungfrau Maria versprach ihr, sie in jeder Stadt und in jedem Dorf, das sie betreten würde, mit ihrer Liebe zu beschützen und sie in der Dunkelheit jedes Waldes und jedes Dschungels, den sie durchwandern musste, zu trösten.

Unsere Liebe Frau sagte Vestine, sie solle einen Ast als Wanderstock in die Hand nehmen und immer bei sich haben, und sie erklärte ihr: »Er wird dein Stab sein; er wird jenen, denen du begegnest, zeigen, dass du auf einer göttlichen Mission unterwegs und dass du eine Hirtin des Herrn und ausgesandt bist, seine Herde aus der Gefahr zu führen und ihr den Weg zu zeigen.«

Die Jungfrau Maria gab dem Mädchen noch weitere Anweisungen: »Mein Kind, bete auf dem Weg den Rosenkranz. Wenn du einem Waisenkind begegnest, behandle es wie dein eigenes Kind. Tröste die Betrübten und sorge für die Kranken. Weise nie jemanden ab, der dich um Hilfe bittet; wenn deine Taschen leer sind, dann schenke ihnen Hoffnung. Jede deiner Taten muss aus Freundlichkeit getan und jedes deiner Worte mit Liebe gesprochen werden. Lebe, wie es Gott gefällt, und du wirst andere anspornen, dasselbe zu tun.

Wenn du die Welt als Hirtin durchwanderst, wirst du meinen irdischen Kindern zeigen, dass der Weg zum Himmel über eine enge Straße führt, die nicht leicht zu gehen ist. Aber die Straße, die zu Satan führt, ist dagegen breit und bequem, weil der Teufel keine Hindernisse auf den Weg in die Dunkelheit stellt.«

Vestine verabschiedete sich von ihren Eltern und Geschwistern, die ihre Vision und ihren göttlichen Ruf akzeptiert hatten, und verließ ohne großes Aufheben ihr Zuhause. Nachdem sie in Kibeho vor Tausenden von Zeugen ihre erste öffentliche Erscheinung gehabt hatte, verbreitete sich die Nachricht von ihrer Sendung rasch im ganzen Land, und wohin sie auch ging, eilte ihr der Ruf als Seherin und Predigerin voraus.

Ich war ein Teenager, als Vestine nach Mataba kam, und noch nie hatte ich die Leute in meinem Dorf so aufgeregt und angespannt erlebt.

Pater Rwagema hatte die Reisen der Seherin genau verfolgt, und als er hörte, dass sie in unserer Gegend war, richtete er es so ein, dass sie nach Mataba kam, um hier zu predigen. Er rief ein Empfangskomitee von mindestens fünfhundert Menschen zusammen. Die Gastfreundschaft hat in Ruanda einen so hohen Stellenwert – »Der Gast ist König!« –, dass wir sie natürlich nicht einfach an der Straßenecke willkommen heißen konnten. Also marschierte die komplette Abordnung aus fünfhundert Personen zwanzig Kilometer weit bis zur nächsten Kreuzung, um Vestine offiziell einzuladen und in unser Dorf zu begleiten.

Meine Freundin Jeanette und ich rannten mit der erwartungsfrohen Menge mit und duckten uns unter den Erwachsenen weg, um an die Spitze des Zuges zu gelangen. Ich glaube, ich war tatsächlich die Erste, die über eine Straßenkuppe hinweg einen Blick auf Vestine erhaschen konnte, und mir fiel sofort auf, dass sie überhaupt kein Gepäck bei sich trug.

Den Stab in der rechten Hand, kam sie in kurzen, schnellen Schritten auf uns zu.

Großer Jubel brandete auf, als die Dorfbewohner sie erblickten, und Pater Rwagema dankte ihr, dass sie die Einladung angenommen hatte, bei uns zu predigen. Mehrere Männer hatten eine große Statue der Jungfrau Maria zum Treffpunkt getragen und stellten sie nun auf eine hölzerne Trage, die sie hochhoben und auf ihren Schultern trugen. Mit der Statue der seligen Jungfrau Maria über ihren Köpfen traten sie den Rückweg an: Vestine ging voran und wir alle folgten in einer fröhlichen Prozession.

Jemand begann ein Lied zu singen, das Unsere Liebe Frau Vestine gelehrt hatte. Schon bald fielen fünfhundert frohe Stimmen mit ein, und die Worte, die Marias Liebe zu ihren Kindern priesen, hallten über das Land:

> *Mutter der Menschheit, Du bist treu geblieben.*
> *Mutter der Menschheit, Du hast nie geruht,*
> *Du hast uns geliebt, als Du uns Dein Kind geschenkt hast,*
> *das für uns hat sterben wollen.*
> *Rette die Sünder, damit auch sie Dir dienen.*
> *Gib den Blinden das Augenlicht,*
> *damit sie sehen, was Du ihnen zeigst.*
> *Öffne ihre Ohren,*
> *damit sie hören, was Du ihnen sagst.*
> *Heile die Lahmen, damit sie aufstehen können.*

Über fünftausend Menschen kamen, um Vestine predigen zu hören. Weil keine Kirche in der ganzen Region groß genug war, um eine solche Menschenmenge zu fassen, führte Pater Rwagema uns auf ein Bohnenfeld, sodass wir alle die

Seherin hören konnten. Wie Dutzende anderer Kinder kletterten Jeanette und ich auf einen Baum und saßen auf den Ästen, während Vestine sprach.

Die Seherin war sehr ernst und lächelte kein einziges Mal, während sie ihre Botschaften überbrachte, die oft als einprägsame Sätze in kurzen Abschnitten aus ihr heraussprudelten. Außerdem benutzte sie ihren Stab, um einen großen Kreis in den Ackerboden zu zeichnen: Sie sagte, er stelle die Welt dar, die ganz mit der Liebe der Muttergottes angefüllt sei.

Wir alle lauschten wie gebannt, als sie Marias Weisheit mit uns teilte. »Die Muttergottes sagt, dass ihre Liebe zu euch, ihren Kindern, größer ist als jede Liebe, die je eine irdische Mutter für ein Kind empfunden hat«, erklärte uns Vestine. »Ihre Arme sind weit ausgebreitet, um alle zu umarmen, die zu ihr kommen; sie wird euch fest an sich drücken und euch liebkosen und beschützen.

Unsere Liebe Frau sagt, dass sie euch trösten wird; sie hört die Gebete aller, die zu ihr rufen, und sie wacht über euch alle. Sie fleht euch an, nicht über die Straße zu gehen, die der Satan gebaut hat, um die Welt von ihrem Sohn wegzuführen. Sie sagt, dass Jesus einen Ort sucht, an dem er leben kann, und sie bittet euch unter Tränen, ihm eure Herzen als Wohnung bereit zu machen.

Sie sagt, dass es in der Welt viele Lichter gibt, denen man folgen kann, aber dass es nur ein wahres Licht gibt: das Licht Gottes. Sie wünscht sich sehnlichst, dass ihr so klug seid zu glauben, was sie euch sagt, und seinem Licht zur Wahrheit zu folgen; es wird euch Leben schenken. Lebt euren Glauben ein Leben lang. Tragt ihn nicht wie einen Mantel, den ihr anzieht und wieder ablegt, denn dies wird euch nicht retten, wenn ihr sterbt.

Sie sagt: ›Liebt meinen Sohn, liebt einander, und sorgt für die Armen und Kranken. Lasst keine Eifersucht und Wut in eure Herzen; füllt sie mit Güte und seid bereit zu vergeben. Wenn euer Geist schwach ist oder es euch an Glauben mangelt, dann betet zu mir, und ich werde euch Trost und Kraft spenden.‹«

Vestine sprach fast den ganzen Tag und die Leute in meinem Dorf redeten noch jahrelang davon. Ich konnte ihr sogar die Hand schütteln, ehe sie ging. Sie war die erste Seherin, der ich je begegnet war, und damals glaubte ich, dass sie wahrscheinlich auch die letzte sein würde. Ich habe der seligen Jungfrau Maria schon viele Male gedankt, dass dies nicht der Fall war.

Kapitel 11

Drei weitere Seher

Eine der beliebtesten Seherinnen, die nach Kibeho kam, war die einundzwanzigjährige Agnes Kamagaju, ein schüchternes, aber fröhliches Mädchen, das mit zwei Schwestern und drei Brüdern in einem frommen katholischen Zuhause aufgewachsen war. Wie die meisten Leute in Ruanda kämpfte auch Agnes' Familie ums Überleben, und so konnte sie nach Abschluss der sechsten Klasse nicht länger zur Schule gehen, sondern musste arbeiten, um ihre Angehörigen zu unterstützen. Trotz ihrer wirtschaftlichen Notlage blieb das Mädchen immer liebenswürdig und optimistisch. Als ich sie in den frühen Neunzigerjahren kennenlernte, war es eine reine Freude, mit ihr zusammenzutreffen: Sie war direkt, ehrlich, aufrichtig und sehr einfühlsam.

Als Maria ihr zum ersten Mal erschien, erzählte mir Agnes, habe sie im Bett gelegen und versucht einzuschlafen. Das war am Abend des 4. August 1982. »Ich hatte die Augen geschlossen und dachte an die vielen Dinge, die ich am nächsten Morgen erledigen musste, als ich plötzlich ohne Grund sehr froh wurde«, sagte sie. »Mein Glücksgefühl war so stark, dass ich anfing, vor Vergnügen zu glucksen, doch schon bald lachte ich so laut, dass meine Eltern davon aufwachten und in mein Zimmer kamen, um nachzusehen, was los war.

147

›Es fehlt mir nichts, ich bin einfach nur glücklich, wirklich glücklich‹, sagte ich zu ihnen und lachte noch immer. Es war ein ganz eigenartiges Gefühl, ich glaube, ich war buchstäblich überglücklich. Mein Zimmer füllte sich mit Licht, und da sah ich sie vor mir stehen. Sie war schön und jung, jünger als ich … tatsächlich eine Jugendliche, aber ihre Augen strahlten eine Liebe aus, wie sie nur einer Mutter zu eigen sein kann. Sie trug ein weißes Kleid mit einem blauen Schleier und das Licht, das sie umgab, leuchtete über ihrem Kopf wie eine Krone.

›Gott hat mich mit einer Botschaft zu dir gesandt‹, sagte sie.

Aus heutiger Sicht denke ich, dass ich sehr erschrocken hätte sein müssen, Immaculée, aber ich fühlte mich geborgener und geliebter als je zuvor. Ich fing noch lauter an zu lachen, und die Frau lächelte mich an und bat mich, den Rosenkranz zu beten. Als ich das tat, war ich plötzlich nicht mehr in meinem Zimmer, sondern kniete neben ihr auf einem Feld voller Blumen. Sie wies zum Himmel und ich sah ein gläsernes Schiff, das zwischen den Sternen dahintrieb. Ich dachte, dass sie mir den Weg zum Himmel zeigte.

›Wer bist Du?‹, fragte ich erstaunt. Sie antwortete, dass sie mir ihren Namen beim nächsten Mal verraten würde. Dann gab sie mir die Anweisung, am nächsten Tag in die heilige Messe zu gehen, und dann war sie verschwunden und ich lag wieder in meinem Bett und lachte vor Glück. Meine Eltern riefen aus ihrem Zimmer und fragten erneut, was los sei und warum ich so fröhlich sei.

›Es ist wirklich alles in Ordnung‹, beruhigte ich sie. ›Ich bin so glücklich, weil eine Frau zu mir ins Zimmer gekommen ist und mir gesagt hat, sie habe eine Botschaft von Gott für mich.‹

›Wenn die Botschaft von Gott ist, dann ist ja alles gut‹, gaben sie zurück. ›Aber hör bitte jetzt auf, so laut zu lachen. Wir möchten gern schlafen.‹

Zwei Nächte später füllte sich mein Zimmer erneut mit Licht und sie war wieder da. Sie sagte mir, dass sie die himmlische Mutter sei, und ich wusste sofort, dass sie die selige Jungfrau Maria war. Dieses Mal zeigte sie nicht nach oben auf das schöne Schiff, sondern nach unten, wo sich ein dunkler Tümpel wie eine riesige Pfütze schwarzer Tinte auf dem Boden ausbreitete. Ich hatte Angst, in diese riesige Pfütze hineingezogen zu werden und in der Dunkelheit zu versinken.

›Dort befinden sich die Menschen, die vom Tod der Sünde umgeben bleiben‹, erklärte mir Unsere Liebe Frau. ›Mein Sohn hat eine Aufgabe für dich: Du sollst die jungen Leute von der Dunkelheit der Sünde weg und zurück in sein Licht führen.‹«

Etwa sechs Wochen später erschien Jesus selbst Agnes. Sie erzählte mir, er habe sich ihr an einem windigen, regnerischen Tag aus größerer Entfernung über ein schlammiges Feld genähert. Auf dem Rücken habe er das schwere Holzkreuz getragen, an dem er gekreuzigt worden war. Donner grollte und Agnes zitterte, als der Herr näher kam. »Was ich sah, machte mir solche Angst, dass ich dachte, ich würde kein Wort herausbekommen. Doch als er an mir vorbeiging, fand ich den Mut, ihn anzusprechen«, sagte sie.

»›Warum trägst Du das immer noch?‹, fragte ich ihn. Da nahm er das gewaltige Kreuz, hob es vor sich hoch und drehte es viele Male herum, sodass ich jeden Zentimeter aus jedem nur möglichen Blickwinkel sehen konnte. Als ich das sich drehende Kreuz sah, pochte mir das Herz bis zum Hals.

›Das ist das Kreuz Christi‹, antwortete er. ›Das ist das Kreuz, vor dem die Guten und die Bösen zittern.‹

Ich versuchte, mich zu beruhigen, doch alles, was mir einfiel, um meine Nerven zu besänftigen, war, ein Lied zu singen. Also sang ich für Jesus: ›An dem Tag, an dem Du diejenigen auswählst, die Deinen Willen erfüllt haben, Gott, hab' Erbarmen mit uns ...‹ Doch ich hatte eine solche Angst, dass ich noch vor der zweiten Zeile ohnmächtig wurde. Ich weiß nicht einmal mehr, wie diese erste Jesus-Erscheinung geendet hat, Immaculée.«

Ich erinnere mich noch daran, dass ich in meiner Jugend die Kassetten von Agnes' Erscheinungen gehört habe und mich von den Geschichten meiner Eltern und der Nachbarn verzaubern ließ, die bei diesen Erscheinungen dabei gewesen waren. Agnes' Erscheinungen waren immer von außergewöhnlichen Wundern begleitet. Diese Aufsehen erregenden Ereignisse – die Sonne, die sich im Kreis drehte, oder Bilder von Jesus am Himmel – machten Agnes sehr beliebt bei den Pilgern, die zu Zehntausenden herbeiströmten, um ihre Erscheinungen mitzuerleben.

Nun erzählte sie mir, dass Jesus wieder zu ihr gekommen sei und ihr gesagt habe, ihr Auftrag bestehe darin, die Jugend der Welt von der Sünde – insbesondere der fleischlichen Sünde – abzubringen. Diese Botschaft hatte ich, Jahre bevor ich sie persönlich traf, auf Kassette gehört. Der Herr hatte zu ihr gesagt:

Die jungen Leute müssen aufhören, ihre Körper wie Spielzeug und zum Vergnügen zu benutzen. So viele Jugendliche tun alles, was sie können, um Liebe zu erhalten und von anderen geliebt zu werden – sie haben vergessen, dass die wahre Liebe nur von Gott, von Gott allein kommt. Statt ihm zu dienen, opfern sie sich für das Geld auf. Junge Frauen

müssen ihre Körper zu Werkzeugen machen, die Gott eh-
ren, statt den Männern als Lustobjekte zu dienen. Junge
Männer müssen versuchen, den Hunger ihres Geistes zu stil-
len und nicht die Gelüste ihres Fleisches zu befriedigen. Sag
ihnen allen, dass sie zu meiner Mutter beten sollen, damit
sie für sie Fürsprache einlegt. Sag den Jugendlichen, dass sie
ihr Leben nicht ruinieren sollen; eine falsche Lebensweise
kann schwer auf ihrer Zukunft lasten.

Auf den einen oder anderen mögen diese Botschaften an die
Jugend der Welt, die Jesus der Seherin Agnes anvertraut hat,
prüde und altmodisch wirken. Doch als ich im Laufe der Jahre immer wieder über diese Worte nachgedacht habe, konnte ich mich nur wundern, dass sie zu einer Zeit gesprochen
worden waren, die fünfundzwanzig Jahre zurücklag: einer
Zeit, als die Aids-Epidemie – jene entsetzliche Heimsuchung,
die in meinem Land und auf der ganzen Welt so viele Men-
schenleben fordern sollte – sich in der Stille finsterer Orte
darauf vorbereitete, Tausende junger Leben zu vernichten.

STEPHANIE MUKAMURENZI WAR GERADE VIERZEHN, als Unsere Liebe Frau ihr in der Kirche zum ersten Mal erschien.
Sie ist die jüngste und unbekannteste der Seherinnen. Aus
den Akten der Untersuchungskommission geht hervor, dass
Stephanie eines von sieben Kindern war und dass ihr Vater
starb, als sie erst zehn Jahre alt war. Als die Erscheinungen
begannen, besuchte sie die Grundschule, und wie die ersten
drei Seherinnen an der *Kibeho High School* wurde auch sie
von ihren Mitschülern gnadenlos verspottet und verhöhnt.
  Nach ihrer ersten Erscheinung im Mai 1982 hatte Stephanie vierzehn weitere Erscheinungen der Muttergottes mit

Botschaften, die immer sehr ähnlich waren: Maria bat sie, den Menschen eindringlich nahezulegen, in ihren Herzen sich zu bekehren, aufrichtig zu beten und Gott über alles zu lieben.

Bei einer von Stephanies Erscheinungen, die Pater Rwagema uns Ende 1982 auf seinem Kassettenrekorder vorspielte, warnte das Mädchen die Menschen davor, dass der Teufel gerade sehr beschäftigt damit sei, auf der Erde Fallstricke auszulegen, um die Seelen einzufangen und daran zu hindern, dass sie Gottes Licht erreichten: »Unsere Liebe Frau trägt mir auf, euch Folgendes zu sagen: ›Gott liebt euch alle und nur Gottes Liebe ist wahr und ewig. Der Satan will eure Seelen zerstören. Ihr müsst alles in eurer Macht Stehende tun, um der Versuchung, die er vor euch ausbreitet, nicht nachzugeben, denn sie wird euch nur in die Dunkelheit stürzen.‹«

Valentine Nyiramukiza hatte von allen Seherinnen und Sehern die häufigsten Erscheinungen und sie hat sie bis zum heutigen Tag.

Valentine wurde am 18. Februar 1965 im Dorf Mubuga unweit von Kibeho geboren. Wie viele der anderen jungen Seher war sie kein besonders religiöser Mensch, aber sie hatte einen starken katholischen Glauben, ging jeden Sonntag mit ihren Eltern zur heiligen Messe und sang gern im Kirchenchor. Ihre erste Erscheinung hatte sie am 12. Mai 1982, als sie eine freundliche Frauenstimme hörte, die sie in der Kirche anrief: »Du da … kleines Kind.«

Valentine schaute in der Kirche umher, aber alle Gläubigen in ihrer Nähe hielten den Kopf gesenkt und waren ins Gebet vertieft. Dann hörte sie die Stimme zum zweiten Mal: »Ich wünsche dir ein langes Leben, Kind!« Valentine drehte sich erneut um; doch noch immer waren alle Köpfe gesenkt.

»Wo bist du?«, fragte die Stimme.

»Ich bin in der Kirche«, antwortete Valentine flüsternd.

»Was tust du da?«

»Ich höre auf das Wort Gottes.«

»Weißt du, wer mit dir spricht?«

»Nein, wer bist Du?«

»Ich bin die Muttergottes.«

Das war das ganze Gespräch, und Valentine glaubte, sie hätte sich das alles nur eingebildet … bis die selige Jungfrau Maria ihr einige Tage später bei ihr zu Hause erschien. Valentines Beschreibung Unserer Lieben Frau entspricht derjenigen der anderen Seherinnen: eine Frau von unvergleichlicher Schönheit und unvorstellbarer Liebe.

Die Himmelskönigin sagte dem Mädchen, es solle sich den anderen in Kibeho anschließen, und gab ihm einen ähnlichen Sendungsauftrag, wie sie ihn Anathalie gegeben hatte: Valentine sollte Buße tun und bereitwillig und freudig für die Sünden der anderen leiden, ohne sich zu beklagen. Die Muttergottes bat Valentine, für den Rest ihres Lebens täglich den Rosenkranz und zweimal täglich den Rosenkranz der Sieben Schmerzen zu beten.

Das Gebet war ein Hauptbestandteil von Valentines Sendungsauftrag, und ich erinnere mich, wie ich einmal im Radio eine Belehrung mitanhörte, die sie auf Bitten Unserer Lieben Frau an die Pilger in Kibeho weitergab. Offenbar hatte die junge Frau auf dem Podium ein Gebet gesprochen und war daraufhin von der Jungfrau Maria gebeten worden, all ihren irdischen Kindern beizubringen, wie man richtig betet. Hier sind die Worte, die Maria damals, vor all den Jahren, gesprochen hat:

Meine Kinder, viele wollen beten, versuchen zu beten, aber wissen nicht, wie man betet. Ihr müsst um Kraft und Erkenntnis bitten, damit ihr versteht, was von euch erwartet wird. Meine Liebe gilt euch allen, denn viele hier wollen den Weg zum Himmel finden, aber haben nicht die nötige Kraft oder Erkenntnis, um Gottes Hilfe zu erbitten. Meine lieben Kinder, hört auf meine Worte, denn ich werde euch lehren, aus tiefstem Herzen zu beten.

Zu Beginn eurer Gebete müsst ihr Gott alles aufopfern, was in eurer Seele verborgen ist. Gott sieht all eure Taten und kennt jeden eurer Gedanken; ihr könnt nichts vor ihm geheim halten. Aber ihr müsst es ihm selbst sagen – ihr müsst gewillt und stark genug sein, ihm all eure Sünden des Leibes, des Geistes und der Seele zu gestehen. Haltet nichts zurück; gebt all eure schlechten Taten und Gedanken zu. Dann müsst ihr Gott aus tiefstem Herzen um Vergebung bitten. Vertraut darauf, dass er euch vergeben wird, wenn ihr eure Sünden aufrichtig bekennt und um Vergebung bittet. Wenn ihr euer Gebet so beginnt, dann werden euch die Sünden, die ihr auf euch geladen habt, nicht davon abhalten, von ganzem Herzen zu beten. Dann könnt ihr in dem Wissen zu ihm sprechen, dass euer Herz und euer Gewissen rein sind. Betet inbrünstig zu ihm, tragt eure Bitten vor ihn hin, fleht um seine Gunst, bittet um seinen Segen; Gott schaut in eure Seele und weiß, dass ihr mit reuigem Herzen seine Hilfe sucht.

Dann, meine Kinder, müsst auch ihr vergeben, indem ihr Gott für alle die um Vergebung bittet, die gegen euch gesündigt, euch Leid zugefügt oder euch beschimpft oder beleidigt haben. Vergebt ihnen im Gebet und bittet Gott, sie zu segnen und ihnen zu helfen.

*Betet anschließend für das geistige und leibliche Wohlbe-
finden eurer Verwandten, für all eure Brüder und Schwestern, damit Gott sie segnen möge. Und dann dankt ihm dafür, dass er eure Gebete erhört und beantwortet hat. Das Al-
lerwichtigste ist, dass ihr Gott um die nötige Kraft bittet,
seinen Willen zu tun; bittet um die Kraft, nicht von seinem
Licht abzukommen. Betet um den Mut und die Weisheit,
nur den Weg zu gehen, der in den Himmel führt.*

*Und vergesst nie, meine Kinder, um die Kraft zur Demut
zu bitten. Eure Gebete sind bedeutungslos, wenn sie nicht
aus tiefstem Herzen kommen, und ohne Demut könnt ihr
dem Herrn euer Herz nicht öffnen. Ich liebe euch, meine
Kinder. Wenn es euch an der Kraft fehlt zu beten, dann bittet mich um Hilfe. Bittet um meine Fürsprache und ich werde euch stärken und euch durch euer Gebet zu meinem Sohn
und zum Vater bringen.*

Von allen Seherinnen und Sehern, die ich getroffen habe, kenne ich Valentine am besten; sie hat mir einen Segen gebracht, für den ich mein ganzes Leben lang dankbar sein werde. Es schmerzt mich, dass ihre Botschaften
von der Jungfrau Maria eines Tages verdreht und von bösen Menschen missbraucht werden sollten, um großen Schaden anzurichten ... doch das ist ein Teil der Geschichte,
auf den ich später in diesem Buch noch zurückkommen
werde.

DIE ACHT SEHERINNEN UND SEHER, VON DENEN ICH IHNEN
ERZÄHLT HABE – die ursprünglichen drei und die fünf, die
wenig später folgten –, sind die bekanntesten, am besten untersuchten und angesehensten in Ruanda. Sie alle wurden

von Maria oder Jesus explizit nach Kibeho gesandt, um dort gehört zu werden.

Wir werden wohl nie mit Sicherheit erfahren, wie vielen Menschen die Muttergottes und der Sohn Gottes in meinem Land noch erschienen sind. Nachdem diese sieben jungen Frauen und der eine junge Mann begonnen hatten, auf dem Gelände vor der *Kibeho High School* andere Menschen an ihren Erscheinungen teilhaben zu lassen, tauchten in Ruanda an allen Ecken und Enden Dutzende selbst ernannter Seher auf, die behaupteten, ihnen würde die Muttergottes erscheinen. Ein Experte der bischöflichen Untersuchungskommission sprach von mindestens hundertvierzig angeblichen Seherinnen und Sehern. Auf die Frage, weshalb diese Fälle nicht alle untersucht worden seien, sagte ein Mitglied der theologischen Kommission, es seien einfach »zu viele Hasen und zu wenige Jäger« gewesen.

Viele sogenannte Seherinnen und Seher wurden rasch als Lügner oder als geisteskrank entlarvt. Dutzende andere jedoch wurden nie überprüft oder befragt, und ihre echten oder falschen Botschaften wurden nie dokumentiert. Nicht selten lebten die Betreffenden in den entlegensten und unzugänglichsten Landesteilen und waren nicht so ohne Weiteres aufzuspüren. Doch selbst wenn eine Befragung möglich gewesen wäre, reichten die Ressourcen nicht aus, um so viele Fälle zu untersuchen. Zur damaligen Zeit kam in Ruanda ein Arzt auf zehntausend Patienten, und im ganzen Land gab es nur einen einzigen Psychiater. Also beschloss die Untersuchungskommission – und vermutlich war dies eine kluge Entscheidung –, sich auf diejenigen Seher und Seherinnen zu konzentrieren, die die glaubwürdigsten zu sein schienen, als Erste aufgetreten waren und aus der näheren

Umgebung von Kibeho stammten. Und selbst ihre Zahl variiert je nachdem, wen man fragt.

Ich glaube, dass die von der Kirche anerkannten Seherinnen Alphonsine, Anathalie und Marie-Claire Botschaften von der seligen Jungfrau Maria erhalten haben. Aber ich glaube auch – und mit mir Tausende meiner Landsleute und viele Kommissionsmitglieder –, dass Jesus, die Jungfrau Maria oder beide zusammen Segatashya, Vestine, Agnes, Stephanie und Valentine ebenfalls erschienen sind und dass auch sie uns himmlische Botschaften gebracht haben, die Gott der Welt mitteilen will.

Kapitel 12

Wunder am Himmel

Ich bin als Kind nie nach Kibeho gekommen, aber Kibeho hat mich immer eingeholt.

Einige der faszinierendsten Geschichten über die Seher erreichten mich abends, wenn ich im Bett lag und den spätabendlichen Gesprächen lauschte, die meine Eltern vor meinem Fenster mit den Nachbarn führten.

Eines Abends kam die Rede auf Wunder. Ich dachte an den Nachmittag vor einigen Wochen zurück, als Pater Rwagema uns den Mitschnitt von Segatashyas Jesus-Erscheinung vorgespielt hatte. Ich schauderte, als ich mich daran erinnerte, wie der Donner über Kibeho grollte, nachdem der Junge dem Herrn gesagt hatte, dass die Pilger ein Wunder bräuchten, um glauben zu können. Selbst durch den winzigen Lautsprecher des Kassettenrekorders hindurch hatte die Gewalt der göttlichen Antwort die Fenster in unserer Kirche erzittern lassen. *Welches Wunder konnte dies noch übertreffen?*, fragte ich mich.

Da hörte ich die Stimme von Faustin, einem Nachbarn, der gerade mit seiner Familie von einer Kibeho-Wallfahrt zurückgekehrt war. »Die Sonne ist über den Himmel getanzt, direkt vor meinen Augen«, erzählte er meinen Eltern. »Sie tanzte und nahm viele verschiedene Farben an wie die des Regenbogens und dann wurde sie so grau und blass wie der Mond.

Plötzlich war hinter der ersten eine zweite Sonne, die die erste anstrahlte. Auf der Oberfläche des Mondes erschienen eine riesige Hostie und ein Kelch, und dann veränderten sich die Farben erneut – als sei eine dritte Sonne aufgetaucht; sie war rot, grün und golden. Und dann erschien das Gesicht der Jungfrau Maria in der Mitte der Sonne, so hell wie der Tag!«

Meine Fantasie fing Feuer und meine Neugier war erwacht. Ich sprang aus dem Bett und lehnte mich ans Fenster, um das Gespräch der Erwachsenen besser verfolgen zu können. Als ich hörte, dass das Gesicht Unserer Lieben Frau in der Sonne erschienen sei, war mir klar, dass an Schlaf jetzt ohnehin nicht mehr zu denken war.

»Es ist wahr«, bestätigte Béatrice, Faustines Frau. »Jesus erschien gerade der Seherin Agnes, als alle in der Menge plötzlich zum Himmel schauten. Diejenigen, die dem Podium am nächsten standen, schauten zuerst nach oben und lösten eine Kettenreaktion aus. Es war seltsam, als sich Tausende von Gesichtern nach oben richteten, eines nach dem anderen. Es sah aus, als ob eine Reihe von Dominosteinen aufgestellt wären, die umkippten und auf mich zukamen.

Als ich dann auch nach oben schaute, dachte ich, ich wäre verrückt geworden. Ich blinzelte und rieb mir die Augen, blinzelte wieder, rieb mir wieder die Augen … doch es war keine Täuschung: Die Sonne tanzte wirklich. Sie bewegte sich vor und zurück, als ob Gott selbst sie von einer Hand in die andere werfen würde. Und dann tauchte aus dem tanzenden Licht eine zweite Sonne auf; am Himmel waren zwei Sonnen! Sie drehten sich in entgegengesetzter Richtung im Kreis, die eine im Uhrzeigersinn und die andere gegen den Uhrzeigersinn, doch dann drehten sie sich ineinander und wurden wieder zu einer einzigen Sonne.«

Ich hörte im Hof, wie einige Menschen erstaunt Luft holten und wieder ausstießen, dann folgte ein langes Schweigen, das ich als Erstaunen oder Unglauben deutete. Ich selbst war vollkommen hingerissen.

François, ein Freund meines Vaters, der aus einem anderen Dorf zu Besuch war, steuerte eine Geschichte von seiner eigenen ersten Kibeho-Wallfahrt bei, als sich die Sonne in einen Spiegel verwandelt hatte. »Es war ein vollkommen runder Spiegel, der das Bild der Welt zurückwarf«, erklärte er, »und wir konnten die tausend Hügel Ruandas sehen, die den Himmel füllten. Agnes zeigte zum Himmel, als Jesus mit ihr sprach, und sagte: ›Seht doch – kann jetzt noch irgendjemand von euch sagen, ihr hättet kein Zeichen bekommen? Seht genau hin und prägt euch ein, was ihr seht. Glaubt euren Augen oder leugnet, was ihr seht. Aber ich bitte euch, nur die Wahrheit zu sagen.‹«

Faustin erzählte noch zwei weitere Geschichten über Wunder am Himmel, die viele Zeugen während Agnes' Erscheinung miterlebt hatten. Das eine Mal hatte die Sonne zwei verschiedene Farben angenommen: »Sie teilte sich in zwei gleiche Hälften, als hätte jemand durch die Mitte ihrer Oberfläche eine horizontale Linie gezogen. Der untere Teil war ein schönes, helles Blau, und der obere Teil war milchweiß. Agnes sagte: ›Das Weiß ist die Reinheit Gottes, ein Zeichen dafür, dass er bald wiederkommen wird und wir uns auf seine Ankunft vorbereiten müssen. Das Blau ist die Liebe der Muttergottes, die die Welt bescheint. Das Blau steht für die Farbe des Kleides Unserer Lieben Frau.‹«

Dann beschrieb unser Nachbar ein Wunder, das sich etwas später am selben Nachmittag zugetragen hatte. Agnes, so erzählte er, habe sich bei der Überbringung einer Botschaft

161

plötzlich unterbrochen und wieder zum Himmel gezeigt. »Das war das größte Wunder, das ich gesehen habe«, betonte er. »Dort, weit über unseren Köpfen, erschien ein Bild von Jesus am Kreuz mit der heiligsten Mutter, die mit vor Kummer gesenktem Haupt unter dem Kreuz stand. Als ich mich umblickte, weil ich wissen wollte, ob die anderen dasselbe sahen wie ich, sah ich, wie fünfzehntausend Menschen auf die Knie fielen und sich bekreuzigten; dabei blickten sie zum Himmel und in ihren Augen standen Tränen des Mitgefühls und der Liebe.« Faustins Stimme war so voller Emotionen, dass ich vermutete, dass er während seines Berichts weinte.

Meine Eltern und ihre Gäste tauschten weitere Geschichten über Wunder aus, die in Kibeho beobachtet worden waren.

»Was ich für ein wirkliches Wunder halte, ist, dass in Kibeho so viele Herzen bekehrt werden«, sagte mein Vater. »Jedes Mal, wenn ich dorthin reise, kann ich nur staunen, dass alle dasselbe fühlen wie ich: Alle fühlen sich vollkommen von der seligen Jungfrau Maria geliebt. Wenn man spürt, wie tief ihre Liebe zu uns allen ist, dann ist man so glücklich, dass man nicht anders kann, als jedem zu vergeben, der einem je irgendein Unrecht angetan hat. Ich glaube, jeder, der nach Kibeho kommt, hat danach ein anderes Verständnis vom Sinn des Lebens.«

Dann sagte meine Mutter, für sie sei das größte Wunder, dass keine der jungen Seherinnen verletzt worden sei: weder durch die heftigen Stürze nach den Erscheinungen noch durch die Mediziner der bischöflichen Ärztekommission, die während der Erscheinungen auf das Podium gestiegen seien und die Mädchen untersucht hätten. »Ich konnte es nicht ertragen zu sehen, wie die Ärzte mit diesen armen Mädchen umgegangen sind!«, rief sie mit schmerzerfüllter Stimme aus.

»Zuerst sahen die Untersuchungen wie Routine aus und schienen sogar nützlich zu sein – sie haben ein Stethoskop genommen und den Herzschlag der Mädchen abgehört und sie haben ihnen den Blutdruck gemessen. Doch als die Erscheinungen weitergingen, wurden die Tests extremer. Für mich hat das ausgesehen wie Folter!

Sie haben die Mädchen mit Zangen gekniffen, um zu sehen, ob sie reagierten. Sie haben sie mit Nadeln gestochen, ihnen die Arme auf den Rücken gedreht und sie so fest gestoßen, dass die armen Kinder zu Boden fielen. Ein Arzt, ein ziemlich schwerer Mann, hat sich sogar auf eine der Jugendlichen gekniet und hat auf ihrem Brustkorb gewippt! Keines der Mädchen scheint irgendwie verletzt worden zu sein; sie schienen nicht einmal zu bemerken, was mit ihnen geschah. Während all dieser schrecklichen Untersuchungen haben sie immer nur weiter mit liebevoll strahlenden Gesichtern gesprochen und gesungen. Aber selbst wenn diese Jugendlichen keine Schmerzen hatten … mein Gott, wie sie diese armen Mädchen gequält haben!«

Dann hörte ich meine Mutter tief durchatmen, ehe sie weitersprach. »Alles, was ich denken konnte, war: *Was, wenn das meine Tochter wäre?* Eines kann ich euch versprechen: Wenn ich gesehen hätte, dass irgendein Arzt meine Immaculée so behandelt hätte, dann wäre ich aufs Podium gesprungen und hätte ihn ins Gesicht geschlagen. Es wäre mir egal gewesen, wie viele Menschen dabei zugesehen hätten. Die Jungfrau Maria ist eine Mutter genau wie ich: Sie hätte es verstanden, wenn ich den Arzt des Bischofs verprügelt hätte«, sagte meine Mutter todernst.

Alle im Hof lachten, weil sie sich so in Rage geredet hatte, und bald fiel sie in das Gelächter mit ein. Ich stand in meinem Zimmer und lächelte vor Stolz und Freude darüber, dass meine Mutter mich so sehr liebte. Gleichzeitig war mir nun aber umso deutlicher bewusst, wie sehr sie sich um mich sorgte und dass sie es mir niemals erlauben würde, nach Kibeho zu reisen – nicht, solange sie die Verantwortung für mich trug.

Kapitel 13

Die mystischen Reisen

Zu den wunderbaren Vorfällen von Kibeho gehörten auch die mystischen Reisen, die drei der Seherinnen mit der Muttergottes unternahmen. Auf diesen Sternenreisen jenseits von Zeit und Raum wurde den Mädchen das seltenste aller Geschenke zuteil: ein Blick in den Himmel und in die Hölle.

Die erste Seherin, die eine dieser erstaunlichen Reisen antrat, war – passenderweise, wenn man so will – diejenige, die Maria für ihre ersten Erscheinungen ausgewählt hatte: Alphonsine Mumureke.

Während einer Erscheinung Mitte März 1982 lud Unsere Liebe Frau Alphonsine ein, mit ihr an einen besonderen Ort zu reisen, und das Mädchen nahm die Einladung gern an. »Natürlich, meine Liebe«, antwortete die junge Seherin mit der typisch ungezwungenen Art, in der sie sich mit der Himmelskönigin unterhielt. »Du weißt, dass ich Dir überallhin folge. Sag mir einfach, wann ich mich bereithalten soll, meine Liebe, dann werde ich auf Dich warten!«

Es sollte eine zweitägige Reise werden: Sie würden am Abend des darauffolgenden Samstags aufbrechen und am Sonntag zurückkommen. Alphonsine lachte vor Freude, als sie das hörte, und dankte der seligen Jungfrau Maria dafür, dass sie nicht vergessen hatte, ihr ein Geschenk zu machen – der Sonntag war ihr siebzehnter Geburtstag und sie konnte sich nicht vorstellen, diesen Tag auf eine schönere Art zu feiern.

Die Jungfrau Maria warnte Alphonsine, dass diese Reise einige Risiken mit sich bringen würde, und gab ihr bestimmte Anweisungen für die Schulleiterin. Wenig später stand die Seherin vor der Direktorin und gab die Anweisungen der Jungfrau Maria weiter: »Lassen Sie mich nicht begraben; mein Körper wird aussehen, als ob ich gestorben wäre, und Sie werden mich für tot halten, aber bitte lassen Sie mich nicht begraben!« Mit großem Nachdruck instruierte Alphonsine die erstaunte Direktorin, die nach vier Monaten voller überirdischer Erscheinungen eigentlich sicher war, dass sie nichts mehr in Erstaunen versetzen konnte. Doch die Behauptung des Mädchens, dass die Muttergottes sie am Samstag im Schlafsaal abholen und auf einen Ausflug mitnehmen würde, überraschte sie dann doch.

»Was hast du gesagt, wohin sie dich mitnehmen will?«, fragte die Schulleiterin.

»In den Himmel«, antwortete Alphonsine. »Zumindest glaube ich, dass wir in den Himmel gehen. Mama hat es nicht ausdrücklich gesagt, aber ich hatte so ein Gefühl, als sie mit mir sprach … sie hat auch gesagt, dass ich Ihnen sagen soll, dass mein Körper zwar tot aussehen wird, dass Sie sich aber keine Sorgen machen sollen, denn es wird mir gut gehen. Mein Körper wird hierbleiben, aber ich werde bis Sonntag unterwegs sein.«

Die Direktorin nickte und versprach ihrer Schülerin, dass sie nicht zulassen würde, dass man sie begraben werde – zumindest nicht bis nach dem Wochenende. Dann entließ sie

Alphonsine und schickte nach der Schulkrankenschwester, um ihr zu sagen, dass sie sie das ganze Wochenende über an der Schule brauchen werde. Außerdem schrieb sie eine Nachricht an den Bischof, der kürzlich die Untersuchungskommission eingesetzt und damit beauftragt hatte, alles gründlich zu überprüfen, was die Seherinnen sagten oder taten und was als übernatürlich gelten konnte. Eine Reise in den Himmel in Begleitung der Jungfrau Maria fiel wohl in diese Kategorie, dachte sich die Direktorin.

Als eine der Schwestern am Samstag in den Schlafsaal kam, um nachzusehen, warum Alphonsine nicht zum Abendessen erschienen war, lag das Mädchen vollständig angezogen und scheinbar tief schlafend im Bett. Alphonsines Hände waren über der Brust gefaltet, die Finger eng verschränkt. Die Nonne wollte sie wecken und versuchte, sie zu schütteln, doch obwohl sie alle Kraft aufwendete, konnte sie das Mädchen keinen Zollbreit bewegen. Sie schrie Alphonsine, so laut sie nur konnte, ins Ohr, doch die Schülerin zeigte nicht die geringste Reaktion. Die besorgte Frau beugte sich über Alphonsine, hielt das Ohr dicht an ihren Mund und lauschte mehrere Minuten lang aufmerksam. Dann trat sie zurück und bekreuzigte sich, ehe sie davoneilte, um der Schulleiterin zu sagen, dass Alphonsine Mumureke tot sei.

Die Schulleiterin schickte die Schulkrankenschwester an das Bett der Seherin und beorderte das übrige Personal in den Schlafsaal. Einer der Schülerinnen gab sie den Auftrag, Abt Augustin Misago, ein führendes Mitglied der Untersuchungskommission, zu benachrichtigen; erst danach begab sie sich selbst in den Schlafsaal. Als sie die wächserne Gestalt sah, die auf Alphonsines Bett lag, kam ihr in den Sinn, was das Mädchen zu ihr gesagt hatte: »Lassen Sie mich nicht begraben; mein Körper wird aussehen, als wäre ich tot, und Sie werden mich für tot halten, aber bitte lassen Sie mich nicht begraben!«

Alphonsine sah ganz eindeutig tot aus. Die Krankenschwester wich nicht von ihrer Seite und presste ein Stethoskop an ihre Brust, während ein Mitarbeiter des Roten Kreuzes, der der Schule gerade einen Kontrollbesuch abstattete, Alphonsines Hals mit zwei Fingern abtastete, um einen Puls zu finden. Schon bald stand die gesamte Schulverwaltung voller Neugier wegen der Reise, die sie womöglich angetreten hatte, aber auch in tiefer Sorge um ihr Wohlergehen am Bett der Seherin.

Abt Misago, der eines Tages als Bischof dafür zuständig sein sollte, die Echtheit der Erscheinungen von Kibeho zu beurteilen, kam mit zwei Priestern aus dem Seminar, um die Ereignisse aus nächster Nähe zu beobachten. Der Raum war brechend voll, und sein erster Gedanke war, dass es ihnen jedenfalls nicht an Augenzeugen mangeln würde, wenn sie jetzt mit den Untersuchungen begannen.

Die Ärzte arbeiteten rasch: Zuerst vergewisserten sie sich, dass Alphonsine entgegen der Überzeugung der Nonne, die sie gefunden hatte, tatsächlich nicht gestorben war. Sie kamen zu dem Ergebnis, dass die junge Frau jedoch kaum noch lebte. Ihr Puls war unglaublich langsam, ihr Blutdruck niedrig und ihre Atmung praktisch nicht vorhanden. Nur ein- oder zweimal pro Minute hob und senkte sich ihre Brust unmerklich – gerade genug, um die überlebensnotwendige Sauerstoffversorgung zu gewährleisten.

Trotz der Feststellung, dass Alphonsine am Leben und offenbar unbeschadet war, hatte jeder im Raum das Gefühl, eine Leiche zu sehen. Vier Männer versuchten, sie auf die

Seite zu drehen, doch sie konnten sie nicht bewegen. Sie versuchten, ihre Hände voneinander zu lösen, doch so fest sie auch zogen und zerrten, ihre Finger blieben ineinander verschränkt. Zwei weitere Männer kamen hinzu, doch nachdem sie zu sechst mit aller Kraft, aber erfolglos versucht hatten, die schlanke Jugendliche vom Bett zu heben, gaben sie entmutigt auf. Abt Misago sollte später sagen, es sei gewesen, als habe man versucht, einen zweihundert Pfund schweren Granitbrocken von der Stelle zu bewegen. Und die Krankenschwester sagte, Alphonsines Lippen seien so fest aufeinandergepresst gewesen, dass sie, wenn das Mädchen nicht geatmet hätte, davon überzeugt gewesen wäre, dass die Totenstarre bereits eingesetzt hätte.

Dann wurden weitere Untersuchungen vorgenommen, um die Reflexe und das Schmerzempfinden der Schülerin zu testen: Man kniff ihr in die Haut, zog sie an den Haaren und stach ihr sogar Nadeln in die Haut und unter die Fingernägel. Ihre Reaktion war immer dieselbe, nämlich gar keine.

Die Diagnose lautete, dass Alphonsine entweder in einen komaähnlichen Tiefschlaf oder in ein echtes Koma gefallen sei. Die Erwachsenen im Raum beschlossen, die Nacht über abwechselnd bei der Schülerin Wache zu halten.

Achtzehn Stunden, nachdem sie in diesen todesähnlichen Schlaf gefallen war, erwachte Alphonsine und war lebendiger als je zuvor. Ihre Augen funkelten, ihre Muskeln waren entspannt, und aus ihrem Gesicht strahlten die Gesundheit und Freude eines jungen Menschen, der sich geliebt fühlt. Außerdem breitete sich ein Lächeln über ihrem Gesicht aus, weil sie Geburtstag hatte.

Später sollte sie den Mitgliedern der Kommission in allen Einzelheiten von ihrer Reise berichten, doch schon jetzt ließ sie ihre neugierigen Mitschülerinnen an einigen Höhepunkten teilhaben. »Der erste Ort, an den die Muttergottes mich gebracht hat, war dunkel und sehr beängstigend«, begann sie. »Er war voller Schatten, und von allen Seiten hörte man ein Stöhnen und Seufzen der Trauer und Qual. Sie nannte es ›den Ort der Verzweiflung‹: Dort endet der Weg, der von Gottes Licht wegführt. Wir sind viel gereist … quer durch die Sterne hindurch kamen wir an einen Ort des goldenen Lichts, der angefüllt war mit Freude und Lachen und Liedern, die von so vielen frohen Stimmen gesungen wurden, dass ich dachte, die Seelen aller Menschen, die je gelebt hätten, schwebten hier umher und sängen Loblieder für Gott.

Doch genau wie am Ort der Verzweiflung konnte ich niemanden sehen – ich konnte nur die Stimmen hören. Ich fragte die Jungfrau Maria, warum sie mich all die glücklichen Menschen nicht sehen lasse. ›Du kannst das, was hier ist, nicht sehen, solange du noch dort unten lebst‹, erklärte sie mir.

Doch wer immer diese Menschen auch waren, sie konnten mich sehen. Eine junge Stimme – zu jung, als dass ich hätte hören können, ob es ein Junge oder ein Mädchen war – sprach mich so freundlich und liebevoll an, dass ich am liebsten geweint hätte. ›Alphonsine‹, jubelte sie. ›Du bist es! Es ist Alphonsine von Kibeho, der die selige Jungfrau Maria erschienen ist! Gesegnet bis du! Ich war in der gleichen Lage wie du; ich konnte sehen und bin wegen meiner Erscheinungen verfolgt worden. Glaube und vertraue der Muttergottes, denn sie wird dich beschützen …‹

Dann öffneten sich meine Augen und ich lag in meinem Bett, und all die Freude dieses Ortes strömte durch meinen Körper.«

AUCH ANATHALIE REISTE MIT DER JUNGFRAU MARIA durchs Universum. Die bekannteste dieser Reisen begann nach einer fünfstündigen Erscheinung; als die Erscheinung zu Ende war, stürzte Anathalie zu Boden, und ihre Lippen waren genauso fest aufeinandergepresst wie bei Alphonsine. Sieben Stunden lang lag die Seherin steif und bewegungslos auf dem Podium und Priester und Ärzte der Untersuchungskommission kamen und führten dieselben Testreihen an ihr durch wie zuvor an Alphonsine.

Als Anathalie wieder aufwachte, war sie benommen und wurde ins Bett gebracht, wo sie zwei Tage lang liegen blieb, ohne ein Wort zu sagen. Dann aber sprach sie und beschrieb die surrealen und herrlichen Plätze, an welche die Muttergottes sie mitgenommen hatte. Der erste dieser Orte war eine Welt, wo die Landschaft nicht aus Bergen, Hügeln und Tälern, sondern aus verschiedenen Schattierungen lebhafter Farben und aus Licht bestand, und die Leute bewegten sich von einem Ort zum anderen, indem sie einfach durch das Licht glitten.

Dann führte Maria Anathalie in ein eigenartiges Land, das nur von weißem Licht beleuchtet war. Hier sah das Mädchen sieben schöne Männer in weißen Gewändern, die im Kreis standen und ganz ohne Instrumente eine wunderbare Musik hervorbrachten: Jeder einzelne Ton enthielt eine andere Empfindung der Zufriedenheit und Freude. Sie fragte: »Wo sind wir, Mutter?«

»Das ist *Isangano,* der Treffpunkt; dies ist der Ort der Gemeinschaft.«

»Wer sind diese Männer?«

»Das sind keine Männer, das sind Engel.«

»Was tun sie da?«

»Sie loben Gott, geben auf die Erde acht und helfen der Menschheit, wenn sie gebraucht oder gerufen werden.«

Danach besuchten Anathalie und die Himmelskönigin drei verschiedene Orte, von denen jeder in eine eigene, einzigartige Farbe und in ein eigenes, einzigartiges Licht getaucht waren, doch die Lebhaftigkeit der Farbe und die Intensität des Lichts nahmen ab, je weiter sie sich von den Engeln entfernten.

Am nächsten Ort sah das Mädchen Millionen weiß gekleideter Menschen. Sie alle schienen überglücklich, aber nicht selig, wie es die Engel gewesen waren. »Unsere Liebe Frau sagte mir, dies sei *Isenderezwa z'ibyishimo*, der Platz der von Gott Geliebten«, erklärte Anathalie.

»Und dann reisten wir an unser nächstes Ziel, einen Ort, an dem ein dämmriges Dunkel herrschte. Die Menschen unter uns waren in tristere, eintönigere Farben gekleidet als an den Orten, die wir zuvor gesehen hatten. Die meisten von ihnen wirkten zufrieden, doch viele wirkten auch ziemlich traurig und litten sogar. Maria sagte: ›Das ist *Isesengurwa*, ein Ort der Läuterung: Die Menschen, die du siehst, sind *Intarambirwa*, diejenigen, die ausharren.‹

Der letzte Ort, den wir besuchten, war ein Land des Zwielichts. Das einzige Licht war eine hässliche Rotschattierung, die mich an geronnenes Blut erinnerte. Dieser Ort verströmte eine stickige, trockene Hitze, die mir wie eine Flamme im Gesicht brannte, und ich hatte Angst, dass meine Haut Blasen werfen und platzen würde. Ich konnte die unzähligen Menschen, die an diesem freudlosen Ort lebten, nicht ansehen, weil ihr Elend und ihre Not mich so sehr quälten. Maria musste mir nicht sagen, was das für ein Ort war ... Ich wusste, dass ich in der Hölle war.

Das Nächste, woran ich mich erinnere, war, dass mich jemand in mein Bett gelegt hat und dass die selige Jungfrau Maria über mir schwebte und mir sagte, ich solle zwei Tage lang still über das Gesehene nachdenken. ›Denk nicht über die Engel nach, die du gesehen hast; sie sind nicht von dieser Welt‹, sagte sie, ehe sie mir die anderen drei Orte erklärte, die sie mir gezeigt hatte.

›Der erste Ort, die glückliche Welt der von Gott Geliebten, war für die Menschen mit gutem Herzen bestimmt, die regelmäßig beteten und immer bestrebt sind, Gottes Willen zu tun.

Unser zweiter Besuch am Ort der Läuterung hat uns zu jenen geführt, die nur in Zeiten der Not zu Gott gerufen und sich von ihm abgewandt haben, wenn ihre Not vorüber war.

Der dritte Ort der Hitze und Namenlosigkeit war für die, die überhaupt nie auf Gott geachtet haben.‹«

Die dritte Seherin, die zum Himmel reiste, war Vestine. Ich erfuhr an einem Sonntagmorgen von ihrer Einladung. Ich hatte es eilig, weil ich mit meinen Eltern zur heiligen Messe gehen wollte, und glättete gerade die Falten meines hübschen weißen Sonntagskleides, als sie im Radio einen Mitschnitt von Vestines letzter Erscheinung brachten. Bei ihren Worten warf ich mein Kleid achtlos aufs Bett und setzte mich dicht neben das Radio. Ich wusste, dass ich Ärger bekommen würde, weil meine Eltern meinetwegen zu spät zur heiligen Messe kamen, doch das hier war etwas *ganz Wichtiges!*

Offenbar hatte Jesus Vestine gebeten, am Karfreitag für ihn zu sterben, und ihr versprochen, dass sie am Ostersonntag wieder auferweckt werden würde. Für mich war dieses

173

Ansinnen erschreckend und faszinierend zugleich. *Für wen wäre ich bereit zu sterben?*, fragte ich mich. *Für meine Eltern? Oder meine Brüder? Würde ich für Jesus sterben?* Ich konnte meine Frage selbst nicht beantworten. Gab es *überhaupt* jemanden, dem ich so sehr vertraute, dass ich mich darauf einlassen würde, mich heute hinzulegen und zu sterben, wenn er mir versprach, mich morgen wieder zum Leben zu erwecken? War ich zu der Art von Liebe fähig, die ein solcher Akt des Glaubens erforderte?

Ich ahnte mit allem, was in mir war, dass unser Herr Vestine zu seinem Werkzeug machte, weil er uns die Chance geben wollte, darüber nachzudenken, wie stark unser Glaube wirklich war – würde er stark genug sein, um uns durch das hindurchzutragen, was vor uns lag?

Unser Erlöser war für uns gestorben, und jetzt bat er Vestine, für ihn zu sterben. Ich war sicher, dass Zehntausende Menschen in Ruanda dieselbe Radiosendung hörten wie ich und sich fragten, ob der Glaube der jungen Frau stark genug war, um dieses Versprechen zu geben: »Ja, ich werde für Dich sterben, und ich weiß, dass Du mich auferwecken wirst.« Und ich war sicher, dass auch sie, während sie auf Vestines Antwort warteten, sich fragten, ob *ihr* Glaube stark genug sei.

»Ja, Jesus, ich werde für Dich sterben«, sagte Vestine, und ich glaube, dass sie mit dieser Antwort den Glauben aller Menschen in Ruanda gestärkt hat. »Ja, ich werde Deinen Willen tun.«

Der Sohn Gottes sagte dem Mädchen, dass ihre Seele im Himmel sein werde, solange sie tot sei. Vestine schärfte allen, die sie kannte, ein, sie nicht zu begraben – nicht einmal dann, wenn ein Arzt den Totenschein ausstellen sollte. Sie würde am Karfreitagnachmittag um drei Uhr – also zu genau derselben Zeit, zu der Christus am Kreuz gestorben war – für Jesus sterben und am Ostersonntag von den Toten auferweckt werden.

Das ganze Land war in Aufruhr, als die Neuigkeit von Vestines bevorstehendem Tod und ihrer Auferstehung die Runde machte. »Was meint sie damit, dass sie für Jesus sterben wird?«, fragte mich meine Freundin Jeanette, die von dieser Vorstellung völlig aufgewühlt war. »Meint sie, dass sie vorgibt, zu sterben … dass sie sich für Jesus tot stellt?«

»Nein, sie wird nicht nur so tun als ob«, antwortete ich und war ein bisschen pikiert, dass Jeanette so eine dumme Idee auch nur in Betracht zog. »Was hätte das denn für einen Sinn, sich tot zu stellen? Jesus hat sich auch nicht tot gestellt!«

»Also wird Vestine richtig tot sein, als wäre sie ertrunken oder als hätte sie ein Leopard gefressen?«

Über die technischen Aspekte der Frage, wie die Seherin »sterben« würde, hatte ich noch gar nicht nachgedacht, weil mich die Bedeutung ihres Opfers und die Tiefe ihres Glaubens so sehr beschäftigt hatten.

»Wie wird sie sterben?«, bedrängte mich Jeanette. »Wird Gott sie erschlagen oder muss irgendjemand in Kibeho sie töten?«

»Nein! Niemand wird sie töten müssen, Jeanette!«, gab ich barsch zurück. Dann nahm ich mir einen Augenblick Zeit, um mich zu beruhigen, und dachte angestrengt darüber nach, wie Vestines Tod wohl eintreten würde. »Ich glaube, es wird so sein wie bei Alphonsine, als die Jungfrau Maria sie mit sich in den Himmel genommen hat«, sagte ich schließlich. »Sie wird sich einfach auf ihr Bett legen und Jesus wird

kommen und ihre Seele mit in den Himmel nehmen. Und
am Sonntag wird er mit Vestines Seele nach Kibeho zurückkehren und sie wieder in ihren Körper legen.«

»Das ergibt Sinn«, stimmte meine Freundin zu. »Ich denke, wenn man will, dann könnte man so tun, als ob man mit
Maria oder mit Jesus sprechen würde. Aber ich glaube, es
wäre wirklich schwierig, so zu tun, als wäre man tot.«

Jeanette hatte recht, und die Experten, die für die Untersuchung der Seher zuständig waren, stellten sicher, dass alles, was Vestine im Laufe des Osterwochenendes tat, über-
wacht, überprüft, durchleuchtet und dokumentiert wurde.
Es kamen auch Journalisten nach Kibeho, um das Land über
die Ereignisse auf dem Laufenden zu halten. Da es bis zum
verabredeten Zeitpunkt am Freitagnachmittag kaum etwas
zu berichten gab, meldeten sie die Ankunft jedes Mitglieds
der Untersuchungskommission, nannten die Namen der
Ärzte und Krankenschwestern, die Vestines Vitalfunktionen
überprüfen sollten, beschrieben die medizinischen Gerät-
schaften, die in das Gebäude hineingetragen wurden, und als
Vestine selbst dort ankam, vermeldeten sie dies natürlich
auch.

Um drei Uhr am Nachmittag zuckte Vestine wie unter einem plötzlichen Schmerz zusammen, fiel rückwärts auf ihr
Bett, schloss die Augen und starb.

Die Ärzte waren perplex. Die junge Frau hatte einfach aufgehört zu atmen; sie konnten ihren Herzschlag nicht hören
und keinen Puls entdecken und sie stellten fest, dass ihr Blutdruck auf null gefallen war. Die Ergebnisse wurden wieder
und wieder überprüft, doch sie blieben dieselben. Über eine
Stunde lang saßen die Ärzte an ihrem Bett, starrten sie an
und versuchten zu entscheiden, ob sie sie für tot erklären

und öffentlich verkünden sollten, dass Vestine Salima im Schlaf verstorben sei.

Was folgte, war eine heftige Debatte zwischen den Theologen und dem Ärzteteam. Aus streng wissenschaftlicher Sicht war sie tot; doch aus theologischer Sicht war es, wenn sie denn wirklich verstorben war, Gottes Wille und genau das, was Jesus angekündigt hatte – und das wiederum hieß, dass sie durchaus auch von den Toten auferstehen konnte, wie er versprochen hatte. Also beschloss man, einfach abzuwarten.

Vestine tat einen tiefen Atemzug und stieß die Luft mit einem leisen Seufzen wieder aus. Als sich ihre Lungen mit Luft füllten, hob sich ihr Brustkorb ein wenig, doch davon abgesehen gab es keinerlei Bewegung oder Lebenszeichen. Auch im weiteren Verlauf des Tages holte sie jede Stunde oder alle zwei Stunden einmal Luft, was die Ärzte verwunderte, aber davon überzeugte, dass der Körper der jungen Frau funktionierte. Sie war fort, aber sie war nicht tot. Alles, was sie tun konnten, war, auf Ostersonntag zu warten und zu sehen, ob Christus die Seherin tatsächlich von den Toten auferwecken würde.

Sie warteten vierzig Stunden lang. Dann, als der Ostermorgen graute, wachte Vestine auf. Sie rieb sich den Schlaf aus den Augen, reckte die Arme gegen den Himmel und gähnte lang und vollkommen entspannt. Dann sah sie sich um, erblickte das völlig übermüdete Team aus Ermittlern und Ärzten und lächelte. »Guten Morgen allerseits«, sagte sie gut gelaunt. »Frohe Ostern!«

Anschließend kletterte sie aus dem Bett, nahm Handtuch und Seife und wollte in den Waschraum gehen, um sich für die Frühmesse fertig zu machen. Die Ärzte hielten sie auf

177

und bestanden darauf, einige grundlegende Untersuchungen vorzunehmen, was sie ihnen gestattete. Als sich herausstellte, dass alles völlig normal war, versuchte die junge Frau, ihren Weg zum Waschraum fortzusetzen, doch alle riefen nach ihr und wollten wissen, was geschehen war.

Die Seherin blieb einen Moment lang im Türrahmen stehen, als versuche sie sich an das zu erinnern, was geschehen war. »Jesus hat mir gesagt, dass ich am Freitagnachmittag sterben und am Sonntagmorgen wieder auferweckt werden würde. Das ist passiert«, sagte sie dann. Und ging, um sich zu waschen und für die Ostermesse anzuziehen.

Vestine legte Wert darauf, den Priester nach der heiligen Messe zu grüßen, wie sie es immer tat. Dieser fragte sie, was sie denn für ein Zeichen im Gesicht trage. Sie hatte keine Ahnung, wovon er sprach, und war völlig überrascht, als sie, nachdem sie in ihr Zimmer zurückgekehrt war, in den Spiegel sah: Mitten auf ihrer Stirn hatte sich ein Kreuz gebildet! Sie rieb mit der Hand darüber, aber es war ein Teil ihrer Haut wie ein Muttermal oder ein Tattoo. Die Ärzte untersuchten es und kamen zu dem Ergebnis, dass sich die Pigmentierung ihrer Haut verändert hatte. Eine medizinische Erklärung konnten sie nicht liefern; also sagten sie der Theologenkommission lediglich, dass es sich nicht um eine Verbrennung oder einen Bluterguss handelte und dass Vestine es sich definitiv nicht selbst zugefügt hatte.

Die Ermittler setzten sich mit Vestine zusammen und fragten sie, ob sie sich an irgendetwas erinnere, was während der vierzig Stunden ihres Todesschlafs geschehen sei.

»Ich kann es nicht beschreiben«, antwortete sie. »Jesus hat mich in den Himmel gehoben, aber ich kann es nicht beschreiben – ich weiß nicht, wie. Da waren Farben, die ich nie zuvor gesehen habe und die wie Musik geklungen haben, und Musik, wie ich sie nie zuvor gehört habe und die wie Farbe geklungen hat. Es gibt keine Worte dafür … Ich weiß nicht, wie ich das Gefühl, dort zu sein, beschreiben soll, weil ich noch nie etwas Ähnliches gefühlt und erlebt habe. Wie sollte ich beschreiben, wie es ist, Wasser zu atmen oder Luft zu trinken? Ich könnte es nicht, denn so etwas zu tun ist für mich unmöglich. Himmel und Erde sind einfach nicht miteinander zu vergleichen.

Aber eines kann ich Ihnen sagen: Ich habe Jesus aus tiefster Seele angefleht, dort bleiben zu dürfen. Er hat gesagt, meine Stunde sei noch nicht gekommen, deshalb müsse ich wieder gehen. Dies hat mich so traurig gemacht, wie ich es noch nie in meinem Leben bisher war.«

»Und warum warst du dann so fröhlich, als du aufgewacht bist?«, fragte einer der Ermittler.

»Weil ich weiß, dass ich in den Himmel zurückkehren werde, und wenn es so weit ist, dann darf ich für immer dortbleiben.«

Kapitel 14

Marias Tränen und ein Strom aus Blut

Eigentlich hatte es ein fröhlicher Anlass sein sollen: ein Fest zur Feier des Tages, an dem die Muttergottes diese Welt verlassen hatte und in den Himmel aufgenommen wurde, um dort wieder mit ihrem Sohn vereint zu sein. Das Fest Mariä Himmelfahrt fällt immer auf den 15. August, und 1982 versprach die Muttergottes, genau an diesem Tag in Kibeho zu erscheinen.

Über zwanzigtausend Menschen kamen zum Fest und erwarteten, dass die Seherinnen frohe himmlische Lieder singen und sie an Erscheinungen teilhaben lassen würden, die zur Feier des Tages besonders liebevoll ausfielen. Die Felder rund um das Seherpodium sahen aus wie bei einem großen Picknick der Kirchengemeinde, zumal Tausende auch ihre kleinen Kinder mitgebracht hatten. Einige der Jungen und Mädchen waren krank; ihre Eltern hofften auf Wunderheilungen, weil die Muttergottes an diesem Tag für die Gebete der Kinder besonders empfänglich sein soll.

Andere waren davon überzeugt, dass die Jungfrau Maria ihnen ein weiteres Wunderzeichen am Himmel schenken würde: vielleicht ein Bild ihrer selbst, wie sie an den Perlentoren stand, sodass ihre irdischen Kinder darüber nachdenken konnten, wie sie ins Paradies eingegangen war. Stattdessen zeigte sie ihnen die Hölle auf Erden.

Von Anfang an waren der Ton und die Atmosphäre der Erscheinung an jenem Tag anders als sonst. Als Alphonsine in Ekstase verfiel, öffnete sich ihr Herz und sie sang Unserer Lieben Frau das Willkommenslied: *Tuje None Kugushima Mubyeyi Udahemuka* (»Wir kommen, Dir zu danken, treue Mutter«). Doch schon nach drei Wörtern wurde sie von der Muttergottes unterbrochen.

»Ich bin zu traurig, um meinen Kindern beim Singen zuzuhören«, sagte die selige Jungfrau Maria zu ihr.

Die junge Frau stimmte das Lied erneut an, um sie aufzuheitern, doch die Jungfrau Maria unterbrach sie wieder. Siebenmal setzte Alphonsine neu an, und siebenmal bat sie die Jungfrau Maria, damit aufzuhören. Das Mädchen war verzweifelt: Die Muttergottes liebte es, ihre Kinder singen zu hören, und hatte dies noch nie abgelehnt.

Später, als die Untersuchungskommission sich mit Alphonsine und den anderen Seherinnen zusammensetzte, um das Gespräch zu dokumentieren, das sie an jenem Tag mit der seligen Mutter geführt hatten, gab Alphonsine zu Protokoll, dass sie die Jungfrau Maria gefragt habe, warum sie ihre Lieblingslieder nicht hören wollte; daraufhin habe sich das Gesicht der Jungfrau vor Schmerz verzerrt, und ihre Augen hätten sich mit Tränen gefüllt. Nach minutenlangem, kummervollem Schweigen sei die Himmelskönigin schließlich in Tränen ausgebrochen.

»Warum weinst Du, Liebes?«, fragte Alphonsine erschrocken und betroffen. »Warum zeigst Du mir Deine Tränen? Was bedeuten sie, Mutter? Deine Trauer tut mir weh; ich sollte weinen, nicht Du!«

Doch anstelle einer Antwort vergoss die Jungfrau Maria noch mehr Tränen.

»Mutter, bitte!«, flehte Alphonsine. »Warum antwortest Du nicht? Ich kann es nicht ertragen, Dich so bestürzt zu sehen … bitte, hör auf zu weinen! Oh Mutter, ich kann nicht einmal die Hand ausstrecken, um Dich zu trösten oder Deine Tränen zu trocknen. Was ist geschehen, dass Du so traurig bist? Du lässt mich Dir nichts vorsingen und weigerst Dich, mit mir zu sprechen. Bitte, Mutter, ich habe Dich noch nie weinen sehen, und es macht mir entsetzliche Angst!«

Endlich antwortete die Muttergottes dem völlig verstörten Mädchen und bat sie, ein bestimmtes Lied zu singen. Die zwanzigtausend Menschen, die der sichtbar bestürzten Alphonsine lauschten, konnten die Stimme der Jungfrau Maria nicht hören, aber sie hingen an den Lippen der Seherin. Nun hörten sie sie sagen: »Mutter, ich singe sehr gern für Dich, aber bist Du sicher, dass ich *dieses* Lied singen soll?«

Dann erfüllte die junge Frau offensichtlich die Bitte Unserer Lieben Frau und sang *Naviriye ubusa mu Ijuru* (»Ich bin vergeblich vom Himmel gekommen«):

Die Menschen sind undankbar,
sie lieben mich nicht.
Ich bin vergeblich vom Himmel gekommen,
vergeblich habe ich all das Gute dort zurückgelassen.

Mein Herz ist voller Trauer.
Mein Kind, zeige mir deine Liebe.
Du liebst mich.
Komm näher zu meinem Herzen.

»Mutter, Du weinst immer noch … sag mir doch, weshalb Du weinst«, bat Alphonsine, nachdem sie das Lied abrupt beendet hatte. »Weißt Du noch, wie Du mir versprochen hast, dass Du mir alles geben würdest, worum ich Dich bitte? Ich bitte Dich jetzt, *dass Du aufhörst zu weinen!*«

Dann vergingen viele Minuten in Stille. Alphonsine hörte zu und lauschte der Botschaft, die Maria ihr anvertraute, um sie weiterzugeben. Dann sagte das Mädchen: »Ja, Mutter, ich werde sie genau so wiederholen, wie Du es mir aufgetragen hast. Du sagst den Menschen auf der Erde dreimal: Du hast die Tür geöffnet und sie haben sich geweigert einzutreten. Du hast die Tür geöffnet und sie haben sich geweigert einzutreten. Du hast die Tür geöffnet und sie haben sich geweigert einzutreten … Ja, Mutter, ich sage es ihnen: Du hast gesehen, dass die Welt in einer schlechten Verfassung ist, und Du bist gekommen, um uns zu retten, aber wir wollten nicht hören.«

Dann fragte die Seherin: »Aber Mutter, wir sind nur Menschen. Was können wir tun?«, und lauschte angespannt auf die Antwort, die sie erhielt.

»Ja, ich weiß«, fuhr sie fort. »Aber es ist schwer, es ihnen begreiflich zu machen. Die Worte und Lieder, die Du mich eben gelehrt hast, damit ich sie an sie weitergebe, sind für viele schwer verständlich. Einige erfassen ihre Bedeutung, aber andere nicht. Und manche wollen nicht einmal zuhören!

Mutter, Du solltest selbst mit den Menschen sprechen, denn wir sind nicht klug genug, um Deine Botschaften weiterzugeben. Wenn wir den Leuten mitteilen, worum Du uns bittest, ihnen auszurichten, dann nennen sie uns verrückt – sie sagen, wir hätten den Verstand verloren«, fuhr Alphonsine fort. »Ja, ich werde weiter zu ihnen sprechen. Du willst, dass ich sie dreimal frage: Worauf warten sie? Worauf warten sie? Worauf warten sie?«

Dann bat die Jungfrau Maria sie, »Die Königin des Himmels und der Erde« zu singen, ein Lied, das sie Alphonsine persönlich beigebracht hatte. Der Text des Liedes erklärt den Menschen, wie und warum sie bereuen und beten sollen, und eine Zeile davon sollte die Seherin auf Wunsch Unserer Lieben Frau siebenmal wiederholen: *sodass wir Jesus helfen können, die Welt zu retten.*

Plötzlich stieß Alphonsine einen herzzerreißenden Schrei aus, der wie ein Rasiermesser durch die erschrockene Menge schnitt. »Ich sehe einen Strom aus Blut! Was bedeutet das? Nein, bitte nicht! Warum zeigst Du mir so viel Blut? Zeig mir einen Bach aus klarem Wasser, nicht diesen Strom aus Blut!«, schrie die Seherin, als die Muttergottes ihr eine entsetzliche Vision nach der anderen offenbarte. Die junge Frau war so vielen Bildern von Zerstörung, Folter und schrecklichen Massakern ausgesetzt, dass sie flehte: »Hör auf, bitte, hör auf! Warum, Mutter? Warum zeigst Du mir das? Die Bäume gehen in Flammen auf, das Land brennt! Bitte, Mutter, Du machst mir Angst … Oh nein! *Nein!* Warum töten diese Menschen einander? Warum schlagen sie aufeinander ein? Ich bin nicht stark genug, um zuzusehen, wie Menschen einander töten.«

Tränen strömten aus Alphonsines Augen und sie begann haltlos zu zittern angesichts der Szenen, die wie ein Film vor ihren Augen abliefen. Sie zwang ein Lied auf ihre Lippen und versuchte, die Bilder wegzusingen, doch schon bald verstummte sie wieder und war vor Furcht wie erstarrt. Maria offenbarte ihr immer noch mehr entsetzliche Bilder – zum Beispiel einen immer größer werdenden Berg abgetrennter menschlicher Köpfe, aus denen das Blut quoll. Der Anblick wurde noch grausiger, als Unsere Liebe Frau Alphonsines Gesichtsfeld erweiterte, bis sie ein ganz großes Tal überblickte, in dem sich die Überreste von Millionen verwesender, kopfloser Leichen türmten: Und niemand war übrig geblieben, der sie hätte begraben können.

Die selige Jungfrau Maria warnte die Menge, die sich um die Seherin geschart hatte, vor dem Grauen, das Ruanda erwartete. Und sie benutzte so anschauliche und drastische Bilder, dass viele Eltern ihre traumatisierten Kinder auf den Arm nahmen und Kibeho fluchtartig verließen.

Als die Vision allmählich verschwand, bat Maria die erschöpfte Alphonsine, ein weiteres Lied zu singen, wobei sie diesmal zwei Zeilen je siebenmal wiederholen sollte:

Die erste Zeile lautete: *Von unterhalb der Erde wird ein Feuer ausbrechen und alles verzehren, was auf der Erde ist …*

Und in der zweiten hieß es: *Wenn Du kommst, um die zu Dir zu holen, die Dir gedient haben, Gott, dann, so bitten wir Dich, hab' Erbarmen mit uns …*

»Wie soll ich heute Nacht ruhig schlafen, nachdem Du mir all diese entsetzlichen Dinge gezeigt hast?«, jammerte die junge Frau. »Wie werde ich jemals wieder schlafen können?«

Dann betete Alphonsine, dass das, was sie gesehen hatte, niemals wahr werden würde, nicht in Ruanda und auch sonst nirgends auf Gottes weiter Welt. Sie betete für alle Menschen, die sie kannte, und dann für alle Menschen, die sie nicht kannte, und bat Jesus, dass er sie vor einem solchen Übel bewahren möge. Sie sang noch ein weiteres Lied, in dem sie Jesus anflehte, barmherzig zu sein und den Sündern zu vergeben. Dann brach sie auf dem Podium zusammen.

ALPHONSINES SCHAURIGE ERSCHEINUNG HATTE die Tausende, die mit angehört hatten, wie sie dieses unaussprechliche Grauen beschrieb, zutiefst erschüttert, und sie versuchten sich ein Land vorzustellen, das derart in Schwierigkeiten geraten war, dass dort solch entsetzliche Dinge geschehen konnten.

Eine Seherin nach der anderen trat auf das Podium, und die weinende Jungfrau zeigte ihnen allen dieselben Bilder. Stunde um Stunde hallten ihre Entsetzensschreie über die Hügel, beschrieben sie Ströme aus Blut, grausame Morde und die verwesenden Überreste Hunderttausender von Menschen. Für manche muss es erschreckenderweise offensichtlich gewesen sein, dass die Seherinnen von Ruanda sprachen.

Die Bilder waren ein alarmierender Blick in die nahe Zukunft. Wieder und wieder wurden die über zwanzigtausend Menschen, die an jenem Tag in Kibeho zusammengekommen waren, gewarnt, dass der Hass auf ihre Nächsten, der in ihren Herzen schwelte, sie in den Untergang stürzen würde.

Als Marie-Claire die Bilder gezeigt wurden, weinte sie ununterbrochen und flehte ihre Landsleute an, die Appelle und Warnungen der Muttergottes zu beherzigen, ehe es zu spät war. »Unsere Liebe Frau sagt: ›Vergesst nicht, dass Gott mächtiger ist als alles Böse in der Welt … die Welt steht am Rande einer Katastrophe. Reinigt eure Herzen durch das Gebet. Gott ist der einzige Weg. Wenn ihr nicht zu Gott eure Zuflucht nehmt, wo wollt ihr euch dann verstecken, wenn sich das Feuer überall ausgebreitet hat?‹«

Doch leider waren es nicht genug, die beteten, und zu wenige reinigten ihre hasserfüllten Herzen.

Das Feuer kam und eine Million unschuldiger Seelen fanden kein Versteck und ihre Körper wurden in Stücke gehauen, als der Genozid im Frühling 1994 die Menschen verschlang. Tausende und Abertausende Leichen wurden in die Flüsse geworfen, die voll von menschlichem Blut waren. Alphonsines apokalyptische Vision war von einer so grausamen Präzision, dass schließlich jeder – vom Bauern bis hin zum Papst – an Marias Botschaft glaubte und sie akzeptierte.

Doch da war es schon zu spät.

Kapitel 15

Maria und Kibeho und der Lauf der Geschichte

Mitte der 1980er-Jahre hatten die Erscheinungen der drei ursprünglichen Seherinnen ein Ende gefunden oder waren weniger häufig geworden: Marie-Claires Erscheinungen dauerten nur sechs Monate lang bis September 1982; Anathalie hatte Ende 1983 ihre letzte (zumindest ihre letzte öffentliche) Erscheinung; und Alphonsine erschien Unsere Liebe Frau bis 1989, aber üblicherweise nur einmal im Jahr am 28. November, dem Jahrestag ihrer ersten Begegnung. Den anderen Sehern erschienen Maria und Jesus jedoch noch viele Monate und Jahre lang.

Radio Ruanda strahlte die Erscheinungen auch weiterhin aus, doch als die Seher begannen, in ihren Botschaften Kritik an der extremistischen Hutu-Regierung zu üben, weil sie die Minderheit vom Stamm der Tutsi diskriminierte, stellte der staatliche Sender seine Berichterstattung über Kibeho weitgehend ein.

Die Diskriminierung bestand unter anderem darin, dass die Zahl der Tutsi-Kinder – zu denen auch ich gehörte –, die eine staatlich finanzierte Highschool besuchen durften, begrenzt wurde; diese staatlichen Schulen waren sehr viel besser als die Privatschulen. Obwohl ich zu den besten Schülerinnen der Region zählte, hinderte mein ethnischer Hintergrund mich daran, in schulischer Hinsicht voranzukommen oder überhaupt einen Beruf zu finden. Für mich war es verheerend, dass mir der Zugang zum öffentlichen Bildungssystem verwehrt wurde.

Zum Glück konnten meine Eltern mir den Besuch eines privaten Internates ermöglichen, doch diese Einrichtungen waren deutlich schlechter und in Ruanda weniger angesehen. Die Schule, in die ich mich ab dem Jahr 1985 an begab, bildete da keine Ausnahme: Es gab weder fließendes Wasser noch Elektrizität, Bücher waren Mangelware, und die Ausstattung, die für die naturwissenschaftlichen Fächer zur Verfügung stand, war spärlich bis überhaupt nicht vorhanden. Die Disziplin war mangelhaft und das Niveau war nicht so hoch wie an den staatlichen Schulen. Kurz, es war keine Schule, deren Absolventen damit rechnen durften, am *National College* angenommen zu werden.

Dennoch lernte ich zwei Jahre lang fleißig, damit meine Noten gut blieben, und betete voller Vertrauen zu Gott um eine höhere Schulbildung. Außerdem bat ich die Jungfrau Maria, ein gutes Wort für mich einzulegen, weil ich wusste, dass Jesus seine Mutter so sehr liebte, dass er ihr keinen Wunsch abschlagen konnte. Und wie immer hat die Jungfrau Maria meine Gebete erhört.

Eines Tages verkündete meine Mitschülerin Valerie, dass ihr Bruder gerade aus Kibeho zurückgekehrt sei. Die Seherin Valentine Nyiramukiza habe gesagt, dass die Muttergottes all jenen, die gern nach Kibeho pilgern würden, aber nicht die Möglichkeit dazu hätten, ein besonderes Geschenk machen wollte. »Unsere Liebe Frau nennt sie ihre treuen

›Pilger des Herzens‹, und sie hatte eine Botschaft für sie«, erzählte uns Valerie.

Oh mein Gott! Eine Botschaft für mich!, dachte ich und mein Herz machte einen Satz.

»Sie bittet all ihre ›Pilger des Herzens‹, morgen um Mitternacht in Richtung Kibeho zum Himmel schauen, um ein Zeichen von ihr zu sehen. Wenn wir es sehen werden, sollen wir sie um ihren Segen bitten und ein besonderes Gebet sprechen, wenn wir gern einen Wunsch erfüllt hätten oder wollten, dass ein Traum wahr würde.«

Bei dieser Nachricht gerieten wir völlig außer Rand und Band. Wir hatten von Pilgern, die in Kibeho gewesen waren, gehört, wie sie solche Zeichen und Erscheinungen beschrieben hatten, aber wir hatten nie selbst solche gesehen. Keine von uns hatte je nach Kibeho reisen dürfen. Jetzt aber hatten wir die Chance, selbst ein Wunder mitanzusehen!

Weil es zu gefährlich war, nachts nach draußen zu gehen, wollten wir uns vor dem einzigen Fenster des Schlafsaals treffen, das nach Süden, in Richtung Kibeho, zeigte. Dutzende von uns – katholische, protestantische und muslimische Mädchen – waren gekommen und hofften, dass Maria erscheinen würde. Gerüchte machten die Runde, dass das Zeichen vielleicht schon bei Sonnenuntergang zu sehen sei, sodass wir uns bereits um sieben Uhr, fünf Stunden vor der vereinbarten Zeit, am Fenster versammelten – nur für den Fall, dass die Muttergottes vielleicht zu früh erschien. Während wir uns um das Fenster drängten, sangen wir ihr unser Lieblingslied:

Maria ist die Muttergottes,
die liebste Mutter, die es gibt.
Maria ist der Stern, der allen leuchtet,
die sich auf See verirrt haben.

Wir stellten einen aufgezogenen Wecker auf das Fensterbrett und warteten Stunde um Stunde auf ein Wunder.

Ungefähr alle zehn Minuten schrie eines der Mädchen: »Da ist sie! Sie ist eine Taube … Maria ist in Gestalt einer Taube zu uns gekommen!«, oder: »Da, seht nur, ein Kreuz!« Doch immer, wenn wir genauer hinsahen, stellte sich heraus, dass da gar nichts war.

Nach ein paar Stunden waren viele meiner Mitschülerinnen es leid und legten sich schlafen. Ich stand jedoch am Fenster und starrte in die endlosen Tiefen von Gottes Galaxien. *So muss die Ewigkeit aussehen*, dachte ich und erinnerte mich an meinen Physiklehrer, der uns erklärt hatte, dass das Licht eines jeden Sterns, nur um über Ruanda zu leuchten, Millionen Jahre lang Millionen Kilometer unterwegs gewesen ist.

Um Mitternacht waren wir nur noch etwa zwanzig Mädchen am Fenster, als sich mit einem Mal der Himmel veränderte. Zuerst traute ich meinen Augen nicht, doch je genauer ich hinsah, desto sicherer war ich, dass eine Gruppe von Sternen am südlichen Himmel mit jeder Sekunde heller wurde. Das Licht dieser Sterne hatte einen bläulichen Ton und wurde schon bald so hell, dass es die benachbarten Sternbilder überstrahlte. Und dann formte das Sternenlicht ein unmissverständliches Bild: ein Profil der Jungfrau Maria mit zum Gebet gefalteten Händen.

Während die anderen Mädchen ungläubige Schreie ausstießen, strömten mir die Tränen über die Wangen. Ich lächelte, bekreuzigte mich und flüsterte mein besonderes Gebet zur Himmelskönigin.

Zehn Minuten später waren die Sterne wieder verblasst – das Bild der Muttergottes stand nicht mehr am Himmel, doch unseren Herzen hatte es sich unauslöschlich eingeprägt. Ganz gleich, welcher Religion die Mädchen, die in dieser Nacht mit mir zusammen am Fenster gestanden hatten, auch angehören mochten: Dieser Anblick veränderte sie für immer.

Das Sternenbild der Jungfrau Maria, das am Himmel leuchtete, hatte sich meinem Gedächtnis förmlich eingebrannt. Nach diesem Ereignis war mir für alle Zeiten klar, dass die Muttergottes ein Teil des Kosmos, auf ewig da draußen war und über mich wachte. Und auch wenn ich nicht weiß, wie viele der Mädchen in jener Nacht ein besonderes Gebet gesprochen haben und ob ihre Gebete erhört worden sind, so weiß ich doch, dass mein Gebet Gehör gefunden hat.

Wenig später, während der Sommerferien, die ich zu Hause verbrachte, erfuhr ich, dass ich am *Lycée de Notre Dame d'Afrique* angenommen worden war. Das *Lycée* war eine der besten staatlichen Highschools im ganzen Land, und die meisten seiner Absolventen gingen danach auf die Universität.

An diesem Abend war meine ganze Familie überglücklich und wir feierten gemeinsam. Bei dieser Gelegenheit vertraute mir mein Vater an, dass er sich Marie-Claires Worte zu Herzen genommen hatte, wonach wir alles erhalten können, wenn wir nur im Glauben darum beten. Er erzählte mir, er habe zu Maria gebetet, damit sie mir helfe, an einer Highschool unterzukommen, die mir als Sprungbrett für die Universität dienen konnte. Daraufhin erzählte ich ihm von meinem besonderen Gebet, das ich in genau demselben Anliegen gebetet hatte. Wir lächelten beide.

»Stell dir vor, wie die Welt aussähe, wenn wir alle mit Glauben und Liebe zu Unserer Lieben Frau beten würden«, sagte Vater.

WÄHREND DER DREI JAHRE, IN DENEN ich das *Lycée* besuchte, hatte ich viele wunderbare Erlebnisse. Eines der größten Geschenke dieser Zeit war, dass ich Sarah kennenlernte, die mir eine so liebe Freundin wurde, dass ihre Eltern mich nach dem Genozid aufnahmen und mich unter ihre Obhut nahmen. Doch in den sorgloseren Tagen auf der Schule war es für uns einfach nur ein großer Spaß, uns gegenseitig zu Hause zu besuchen, und mein allererster Aufenthalt bei ihr hat mein Leben verändert.

Gegen Ende der Sommerferien 1988 lud Sarah mich zum ersten Mal zu sich nach Kigali ein, damit ich »die große Stadt« kennenlernte, ehe die Schule wieder begann. Mein Vater erklärte sich bereit, mich von Mataba aus hinzubringen, wobei die Fahrt mehrere Stunden dauern würde. Zum Glück erhielten wir, ehe wir losfuhren, wunderbare Neuigkeiten, die uns den ganzen Weg über beschäftigten.

Am 15. August hatte Bischof Jean-Baptiste Gahamanyi während der alljährlichen Feierlichkeiten zum Fest Mariä Himmelfahrt verkündet, dass er den Ort der Erscheinungen in Kibeho als öffentliche Gebetsstätte anerkannte. Mein Vater und ich konnten über nichts anderes reden.

»Heißt das, dass die Kirche glaubt, dass Maria und Jesus wirklich in Kibeho erscheinen? Werden sie die Kapelle und die Basilika bauen, wie Unsere Liebe Frau sie Anathalie beschrieben hat?«, fragte ich aufgeregt und malte mir aus, wie die Basilika auf dem Hügel von Kibeho aussehen würde. *Wie die Burg Gottes*, dachte ich.

»Nein, Immaculée, du gehst in Gedanken zu weit in die Zukunft. Beruhige dich wieder ein bisschen.«

»Also glauben sie *nicht*, dass sie erscheinen?«

»Doch, es bedeutet Folgendes: Bischof Gahamanyi glaubt, dass Maria und Jesus in Kibeho erscheinen, aber er will erst sicher sein und genug Beweise sammeln, um den Vatikan zu überzeugen. Seine Untersuchungskommission ist jetzt seit sechs Jahren an der Arbeit und er glaubt, dass sie genügend Informationen über die Seher gesammelt hat, um eine erste Entscheidung zu treffen. Das Material, das der Bischof bislang durchgesehen hat, scheint zu beweisen, dass die Erscheinungen echt sind, und er will die Leute nicht bis zur endgültigen Entscheidung warten lassen: Sie sollen nach Kibeho pilgern, sobald und sooft sie das tun wollen, und sie sollen wissen, dass sie den Segen der Kirche haben«, erklärte Vater.

»Also heißt das, dass wir hinfahren können?«

»Noch nicht gleich. Lass uns warten, bis du die Schule abgeschlossen hast oder an der Universität bist, und dann können wir hinfahren. Kibeho läuft dir nicht davon.«

Selbst wenn mein Vater bereit gewesen wäre, mich nach Kibeho mitzunehmen, hätte meine Mutter es ihm niemals erlaubt – damit hatte ich mich schon längst abgefunden. Ich würde warten müssen, bis ich alt genug war, um selbst hinzufahren. »Was ist mit der Kapelle und der Basilika Unserer Lieben Frau? Werden sie sofort mit dem Bau beginnen?«, fragte ich ihn jetzt.

»Nicht bevor die Erscheinungen auf allen Ebenen anerkannt worden sind, und selbst dann kann es noch Jahre dauern. Die Basilika, die Anathalie beschrieben hat, scheint größer zu sein als ganz Mataba, und bis jetzt gibt es in Kibeho nicht einmal eine vernünftige Straße!«

Als wir in Kigali ankamen, war ich trotz allem fest davon überzeugt, dass es eines Tages eine Kapelle für Unsere Liebe Frau von Kibeho geben und dass sich oben auf dem Hügel eine Basilika erheben würde. Bei Sarah zu Hause brachten wir beide Stunden damit zu, uns unsere künftige Wallfahrt auszumalen, sobald wir auf eigene Faust dorthin reisen konnten. Wir waren sicher, dass es in der Basilika Tausende luxuriöser Gästezimmer geben würde, damit die Pilger nicht mehr draußen auf dem Boden schlafen oder zum Fluss gehen mussten, um sich zu waschen und Wasser zu trinken.

»Kibeho wird genauso berühmt werden wie Fatima und Lourdes, meinst du nicht auch, Immaculée?«, fragte Sarah.

»Bestimmt *noch* berühmter«, antwortete ich. »Wir haben viel mehr Seher, als es dort je gegeben hat! Die Menschen werden aus aller Welt kommen, um in Kibeho zu beten.«

»Bis sie die Basilika hier gebaut haben werden, ist Lourdes mein Lieblingswallfahrtsort«, sagte meine Freundin. »Und deiner?«

»Ich kann mich nicht entscheiden. Ich mag Lourdes genauso gern wie Fatima; Unsere Liebe Frau war an beiden Orten einfach wunderschön.«

»Gut, du brauchst ja nicht bloß zwischen Fatima und Lourdes zu wählen … welche sind deine fünf Lieblingsorte?«

»Wie meinst du das, *fünf*?«, fragte ich verwirrt. »Maria ist doch nur in Fatima und Lourdes erschienen …«

»Das glaub' ich jetzt nicht!«, Sarah lachte lauf auf. »Außer meiner Mutter habe ich noch nie jemanden getroffen, der die Muttergottes mehr liebt als du, und du kennst nur Fatima und Lourdes! Warte, Immaculée. Ich habe ein Geschenk für dich, das wird dir gefallen.«

Ein paar Minuten später kam meine Freundin mit einem

breiten Lächeln zurück und legte mir ein großes blaues Buch in den Schoß. Es war ein altes Buch und die Farbe auf dem Einband war schon ziemlich verblasst, doch der Titel, der in Goldschrift darauf prangte, machte mich sprachlos: *Geschichte der Marienerscheinungen*. Als sie meine Reaktion sah, musste Sarah erneut lachen.

In all den Jahren, seit Miss Odette mir zum ersten Mal von Fatima und Lourdes erzählt hatte, hatte ich nie jemanden erwähnen hören, dass es noch andere Erscheinungen Unserer Lieben Frau gegeben hatte. Es schien mir unvorstellbar, dass meine Eltern und die Priester nichts davon wissen sollten … oder dass ich nie danach gefragt hatte. Doch in einem Land, in dem die Hälfte der Einwohner nicht einmal ihren Namen buchstabieren kann, waren nicht viele Bücher im Umlauf. Natürlich lebten Sarahs Eltern in der Hauptstadt Kigali, wo importierte Bücher leicht zugänglich waren, anders als in meinem Dorf auf dem Land.

Doch woher das Buch kam, war letztlich egal; wichtig war, wohin es mich führen würde.

BEGIERIG LAS ICH DIE *GESCHICHTE DER MARIENERSCHEINUNGEN* Nacht für Nacht in meinem Schlafzimmer und jede Seite hielt eine neue Offenbarung für mich bereit. Ich erfuhr, dass die Liebe der Muttergottes zu ihren Kindern wahrhaftig ewig ist: Sie erscheint seit beinahe zweitausend Jahren auf der Erde!

Die erste Erscheinung der Jungfrau Maria, von der wir wissen, hatte der heilige Jakobus der Ältere, der Bruder des Johannes, des Lieblingsjüngers Jesu. Um das Jahr 40 n. Chr. verkündete Jakobus in Spanien das Evangelium, und es wird allgemein angenommen, dass Maria damals noch am Leben gewesen ist! In dem Buch stand, sie sei als Frau aus Fleisch und Blut erschienen, sei aber auf einer Säule vom Himmel herabgekommen, die von Engeln getragen worden war, und sie habe zu Jakobus gesagt: »Hier an diesem Platz wirst du mir ein Haus bauen, und du wirst diese Säule für die Kirche verwenden.« Jakobus tat, was Maria ihm aufgetragen hatte, und baute eine Kirche an jenem Ort, der heute Saragossa heißt. Noch heute, viele Jahrhunderte später, pilgern Menschen nach Saragossa, weil es dort so viele wunderbare Genesungen und Heilungen gegeben hat.

Ich las weiter und erfuhr, dass die selige Jungfrau Maria oft darum gebeten hatte, genau wie die Seher in Kibeho, dass an der Stätte, wo sie erschienen war, eine Kapelle oder Kirche gebaut werden sollte, damit die Menschen dort beten konnten. Und häufig waren ihre Botschaften überall auf der Welt dieselben wie in Kibeho: Liebt einander, glaubt an Gott, bittet Maria, von ihr getröstet zu werden, und lasst euch von ihr zur barmherzigen Liebe ihres Sohnes führen.

Von den Hunderten Erscheinungen, die im Laufe der Jahrhunderte dokumentiert und erforscht worden sind, hat die Kirche nur verhältnismäßig wenige anerkannt. Zwei davon waren mein geliebtes Fatima und mein geliebtes Lourdes, doch das Buch machte mich mit einem weiteren Lieblingsgnadenort bekannt: dem Marienheiligtum Unserer Lieben Frau von Guadalupe in Mexiko. Diese Geschichte gefiel mir besonders, weil sie zeigte, dass Maria mit der Kraft ihrer Liebe Tausende Herzen bekehren kann.

Die Geschichte Unserer Lieben Frau von Guadalupe begann am 9. Dezember 1531. Damals erschien die Jungfrau Maria einem siebenundfünfzigjährigen Bauern namens Juan Diego, als er gerade am Tepeyac-Hügel vorbeiging, der heute am Stadtrand von Mexiko-City liegt. Der Mann war aztekischer Herkunft und in einer Kultur aufgewachsen, in der heidnischen Gottheiten alljährlich Tausende Menschen geopfert wurden. Als Juan dreizehn Jahre alt gewesen war, hatte man binnen vier Tagen achtzigtausend Menschenopfer gebracht, um eine Pyramide einzuweihen.

Juan Diego war Christ geworden, und seine Taufe lag noch nicht lange zurück, als ihm eine Dame – genauer gesagt, ein junges Mädchen – erschien und sagte, sie sei die »Mutter des wahren Gottes, der Leben schenkt«. Dann sagte sie Juan, sie wünsche, dass auf dem Tepeyac-Hügel eine Kirche gebaut werde, und er solle den Ortsbischof über ihren Wunsch in Kenntnis setzen. Natürlich glaubte der Bischof dem Bauern nicht und schickte ihn fort.

Als Juan am selben Abend nach Hause kam, war sein Onkel, den er sehr liebte, ernstlich erkrankt und lag im Sterben. Am nächsten Tag sollte sich der arme Mann erneut mit der schönen Dame treffen, um ihr von der Reaktion des Bischofs zu berichten, doch er wollte lieber einen Priester holen, der seinem Onkel die Sterbesakramente spendete. Also ging er in einiger Entfernung am Tepeyac-Hügel vorbei, um sie nicht zu treffen – aber sie fing ihn ab.

»Wohin gehst du, mein Sohn?«, fragte die Dame sanft.

Juan schämte sich sehr und flehte sie an, sich einen anderen Botschafter zu suchen, da er ihrer nicht würdig sei. Er verneigte sich vor ihr und bat sie um Vergebung. »Es tut mir so leid«, sagte er. »Mein Onkel, der den Herrn liebt, liegt im Sterben, und ich wollte einen Priester holen, der ihm die letzte Beichte abnimmt. Bitte vergebt mir, dass ich Euch täuschen wollte; ich war so besorgt um die Seele meines Onkels und wollte mich deshalb beeilen.«

Nachdem sie Juans aufrichtige Entschuldigung angehört hatte, antwortete die Dame mit der ganzen Güte einer liebevollen Mutter: »Mein Kind, hab' keine Angst vor mir und sorge dich nicht um deinen Onkel. Fürchte dich nicht vor Krankheit oder Tod. Bin ich denn nicht hier? Bin ich denn nicht deine Mutter? Und bist du nicht mein geliebtes Kind, das ich vor allem Bösen beschützen werde? Fühlst du dich nicht geborgen in meiner Gegenwart? Lass dein Herz zur Ruhe kommen, denn du hast nichts zu befürchten, wenn ich bei dir bin. Dein Onkel wird an der Krankheit, wegen der du dir Sorgen machst, nicht sterben – er ist geheilt.«

Wie Juan später erfahren sollte, war sein Onkel im selben Augenblick, als die schöne Dame diese Worte sprach, geheilt worden. Doch auch jetzt schon wurde ihm bei ihren freundlichen Worten leichter ums Herz und er erzählte ihr, dass der Bischof ihn fortgeschickt hatte. Also sandte sie ihn ein zweites Mal zu ihm, um ihre Botschaft zu wiederholen.

Ehe der Bischof Juan wieder fortschickte, sagte er zu ihm, er solle ihm einen Beweis für die Erscheinung der schönen Dame liefern und ein Zeichen mitbringen, das ihn überzeugen würde. Als Juan ihr davon berichtete, wählte sie als Zeichen eine Sorte von Rosen, die dort nicht wuchsen und die, selbst wenn man sie dort gefunden hätte, aufgrund der Jahreszeit auf keinen Fall blühten. Juan pflückte diese blühenden Rosen, legte sie in seine »Tilma« (das ist eine Art Umhang aus Kaktusfasern), hob die unteren Enden der Tilma hoch wie eine Schürze, wickelte sie darin ein und brachte sie zum Bischof.

Als Juan Diego vor dem Bischof die Tilma nach unten fallen ließ, sah der Kirchenmann nicht nur die Rosen – er sah außerdem ein schönes Bild der Jungfrau Maria, das sich auf dem Umhang des Bauern eingeprägt hatte. Der Bischof brach in Tränen aus, fiel auf die Knie und bat die Gottesmutter, ihm seinen Unglauben zu vergeben. Er legte die Tilma behutsam auf den Altar und ordnete unverzüglich an, dass an dem Ort, den die Gottesmutter angegeben hatte, eine Kirche gebaut werden sollte.

Als sich die Geschichte von Juans Erscheinung und dem Bild der seligen Jungfrau Maria unter der aztekischen Bevölkerung herumsprach, nahmen die Menschenopfer ein abruptes Ende. Innerhalb von zehn Jahren bekehrten sich neun Millionen Menschen zum Christentum: die größte Bekehrungswelle in der Geschichte der Christenheit.

Die Kirche, die der Bischof damals bauen ließ, ist heute die Basilika Unserer Lieben Frau von Guadalupe, und über fünfzehn Millionen Gläubige pilgern jährlich dorthin, um an ihrem Altar zu beten und ihr schönes Bild auf Juans Tilma zu bestaunen, das nach fünfhundert Jahren noch immer unversehrt ist – ein Wunder, das sich trotz aller Tests und wissenschaftlicher Analysen nicht erklären lässt. Tausende Männer, Frauen und Kinder werden Jahr für Jahr von allen Arten körperlicher und geistiger Krankheiten geheilt, wenn sie das Bild Unserer Lieben Frau auf dieser Tilma anschauen und beten.

Nachdem ich Sarahs Buch gelesen hatte, wusste ich, dass Maria die Mutter der ganzen Welt ist und immer sein würde und dass sie in allen Regionen dieser Erde mit Botschaften für ihre geliebten Kinder erscheint und erschienen ist. Vielleicht würde unser kleines Dorf im ländlichen Afrika eines Tages genauso berühmt sein wie die anderen Erscheinungsstätten und Millionen Menschen bekehren.

Kapitel 16

Mit Maria in Freude, Leid und Grauen

Es dämmerte mir, dass ich, wenn ich helfen wollte, Unsere Liebe Frau von Kibeho in der ganzen Welt bekannt zu machen, wenigstens einmal im Leben auch selbst dort gewesen sein musste. Meine erste Gelegenheit zu einer Wallfahrt nach Kibeho ergab sich, als ich (natürlich mit der Hilfe der seligen Jungfrau Maria) an der *National University* in Butare angenommen worden war. Eine der Gebetsgruppen dort hatte einen Bus organisiert, der uns in wenigen Stunden nach Kibeho bringen sollte. Das war natürlich nicht ganz dasselbe wie die tagelange Pilgerreise, die mein Vater zu Fuß unternommen und die einen nicht unbeträchtlichen Teil seines Kibeho-Erlebnisses ausgemacht hatte. Doch es war die Gelegenheit, endlich nach Kibeho zu pilgern, um die ich so viele Jahre lang gebetet hatte. Also stieg ich dankbar zu den vierzig anderen Studenten in den Bus und wir klatschten und sangen die ganze Fahrt über.

Leider war meine erste Kibeho-Wallfahrt ein kompletter Reinfall. Mein Freund John, der nicht katholisch und auch kein wirklicher Anhänger der Jungfrau Maria war, hatte meine Einladung angenommen, mich auf dieser Fahrt zu begleiten, die, davon war ich überzeugt, eine lebensverändernde Wirkung haben würde. Als der Bus auf dem Parkplatz der *Kibeho High School* ankam, hatte sich vor dem Podium bereits eine riesige Menschenmenge versammelt, die von der Seherin Valentine zum Singen angeleitet wurde.

Alle drängten sich aus dem Bus und rannten auf die Menschenmenge der singenden und tanzenden Pilger zu. Ich hatte erst ein paar Schritte in Richtung Bühne gemacht, als Valentines Erscheinung begann und sie auf die Knie fiel. Die Menge verstummte ... Das war es!

Ich war gerade dabei, mich nach vorne zu bewegen und dem Podium zu nähern, als John mich am Arm packte und festhielt. »Wir müssen hier weg!«, sagte er mit Panik in der Stimme. Mein Freund war eigentlich ein ganz unkomplizierter Typ und ich hatte ihn noch nie so aufgeregt gesehen.

»Was redest du da? Wir sind doch gerade erst angekommen!«

»Ich meine es ernst, Immaculée«, beharrte er. »Der Bus dahinten fährt gerade ab und wir werden dort einsteigen.« Er nahm meine Hand, und ehe ich mich versah, standen wir vor dem startbereiten Fahrzeug.

»John, hör auf! Weißt du, wie lange ich darauf gewartet habe, endlich nach Kibeho zu kommen? Wenn du willst, dass ich jetzt wegfahre, dann solltest du dir dafür einen wirklich guten Grund überlegen!« Wir standen neben der geöffneten Bustür und der Fahrer sah uns ungeduldig an und tippte mit dem Fuß auf das Gaspedal. Ich musste schreien, um den aufheulenden Motor zu übertönen. »Wenn das irgendein Katholiken-Protestanten-Problem ist: Du weißt, dass das für mich keine Rolle spielt. Maria liebt uns alle, und sie ist gütig und freundlich ... was in aller Welt macht dir solche Angst?«

»Ich hab' keine Angst!«, fuhr er mich an, in seinem männlichen Stolz getroffen. »Ich bin krank, das ist alles. Mir ist plötzlich nicht gut, und ich muss nach Hause. Du kannst hierbleiben oder mitkommen, aber ich fahre jetzt zurück.« Er stieg in den Bus und ich folgte ihm pflichtschuldig. Wenn er wirklich krank war, dann wäre es tatsächlich gemein von mir, mich auf der weiten Rückfahrt nicht um ihn zu kümmern. Schließlich hatte die selige Jungfrau Maria uns immer wieder gesagt, wir sollten uns der Kranken annehmen und einander trösten.

Maria möchte, dass ich mitfahre, dachte ich, während ich neben meinem Liebsten saß und Kibeho hinter mir immer kleiner wurde. Doch da war auch noch ein anderer Gedanke, den ich nicht unterdrücken konnte: *Endlich gelingt es, meine erste Fahrt an diesen heiligen Ort zu machen, und dann komme ich nur bis zum Parkplatz!*

Auf dem Weg zurück zum Campus machte John keinerlei Anstalten, sein Verhalten zu erklären, schien jedoch wieder putzmunter, nachdem wir erst einmal ein Stück gefahren waren. Für mich fühlte es sich so an, als hätte ich gerade eine Eintrittskarte in den Himmel weggeworfen; mein Magen zog sich zusammen und ich wäre am liebsten in Tränen ausgebrochen.

Es stellte sich heraus, dass Johns »Krankheit« sein schlechtes Gewissen gewesen war. Einige Tage später gestand er mir, dass er mir in einem Augenblick der Schwäche untreu geworden war und sich deswegen ganz furchtbar schlecht fühlte. »Als ich in Kibeho den Fuß auf den Boden setzte, hat mich die Reue überwältigt«, sagte er. »Ich konnte fühlen, dass die Muttergottes direkt in meine Seele blickte … Ich schwöre, sie hat mein Herz erkannt und jede Sünde gesehen, die ich je begangen habe. Ich habe mich so geschämt und mir vorgestellt, dass sie der Seherin erzählen würde, was für einen Fehler ich mit dieser anderen Frau begangen habe, und dann würde es jeder über Lautsprecher hören. Ich wollte nicht, dass du es auf diese Weise erfährst und deshalb mussten wir von dort wegfahren. Bitte vergib mir, Immaculée.«

Natürlich war ich wütend, aber ich war jetzt nur umso fester davon überzeugt, dass die Muttergottes wirklich unser aller Herz berührt. »Bitte die selige Jungfrau Maria, dass sie dir vergibt, John. Wir sollen keusch sein«, weinte ich und fühlte zum allerersten Mal, wie mein Herz brach. »Du hast es mir gestanden, jetzt geh und gestehe es der seligen Jungfrau Maria. Denk an das, was sie zu Agnes gesagt hat: Wir müssen mit einem reinem Herzen und einem reinen Körper leben. Denk darüber nach, wenn du zu Unserer Lieben Frau gehst.

Bete auch zu Gott, dass er dir vergibt«, fügte ich hinzu. »Und wenn du dazu bereit bist, dann musst du es aus tiefster Seele tun. Sobald du Maria und Gott um Vergebung gebeten hast, werden wir beide uns über Vergebung unterhalten.«

JOHN UND ICH SPRACHEN NICHT VIEL MITEINANDER, bis ich Wochen später die nächste Gelegenheit bekam, nach Kibeho zu pilgern. Dieses Mal gab es kein Zurück – sobald der Bus am frühen Nachmittag dort ankam, zogen mich die Menschen, die Musik und die Lieder wie ein Magnet in Richtung Podium.

Valentine war wieder da und zu ihren Füßen saßen mehrere Journalisten, die jedes Wort aufschrieben. Sie sang einige der Lieblingslieder Unserer Lieben Frau und wir stimmten alle mit ein. Mein Herz hat sich noch nie so leicht angefühlt; es war, als hätten unsichtbare Engel uns alle vom Boden emporgehoben, sodass wir über unseren Problemen und Sorgen schwebten, solange die selige Jungfrau Maria bei uns war.

Die Botschaft, die die Seherin von Maria überbrachte, handelte hauptsächlich von der Vergebung und traf mich direkt ins Herz: Ich war noch immer wütend auf John, aber ich wusste, dass ich ihm um unser beider willen vergeben musste, sobald er Gott um Vergebung gebeten hatte.

»Unsere Liebe Frau sagt: ›Meine Kinder, ihr müsst einander lieben und dürft keinen Groll hegen‹«, ließ Valentine uns wissen. »›Viele in diesem Land tragen Hass in ihren Herzen; ihr müsst eure eigenen Herzen mit der Liebe meines Sohnes reinigen. Betet, Kinder – betet zu mir, und ich werde euch helfen. Ein kleines Körnchen Zorn kann zu einem großen Baum des Hasses werden, Gottes Licht verdunkeln und euch in die Finsternis stürzen.

Meine Kinder, bitte hört mich an. Ihr müsst den anderen ihre Sünden vergeben und denen verzeihen, die euch verletzt haben. Denkt daran, wie sehr ich euch liebe, und liebt die anderen ebenso.‹«

Gegen Ende der Erscheinung bat die Jungfrau Maria Valentine, ihre Blumen zu gießen, wie die Muttergottes die Menschenmenge häufig nannte. Dies war ein wundervoller Moment während der Erscheinungen: Die Seherin wurde von der Jungfrau Maria durch Tausende Pilger hindurchgeführt, segnete sie alle und erteilte einigen wenigen Glücklichen sogar einen persönlichen Segen mit dem Weihwasser.

Valentine stieg mit einer Flasche Wasser vom Podium herab und ließ dabei die Augen nicht von der Muttergottes, die über ihr am Himmel schwebte. Wir alle begannen voller Freude zu singen und zu tanzen, weil wir spürten, dass die Himmelskönigin unter uns gegenwärtig war. Valentine, die immer noch auf die Jungfrau Maria blickte und keinen Augenkontakt mit uns hatte, besprengte eine Person mit dem Wasser, das die Muttergottes gesegnet hatte, und ging dann weiter, bis Maria ihr erneut sagte, dass sie anhalten solle.

Als die Seherin näher kam, betete ich, dass sie bei mir anhalten möge. Wenn sie mich mit Weihwasser besprengen würde, dann wäre für mich ganz klar, dass die selige Jungfrau Maria selbst bei mir stünde und mich segnete.

Valentine war von vielen Menschen umringt: Einige verfolgten sie mit Mikrofonen und Kassettenrekordern, um die Segnungen auf Band aufzuzeichnen, während andere sie um eine persönliche Nachricht von der Jungfrau Maria anflehten. Wieder andere gingen mit weiteren Weihwasserbehältern neben der Seherin her, um den, der inzwischen leer war, bei Bedarf auszutauschen: Sie gaben dem Mädchen, das keinen Moment lang nach unten schaute oder den Blickkontakt mit der Muttergottes unterbrach, rasch ein neues Gefäß in die Hand.

Endlich kam Valentine dorthin, wo ich stand, und hielt an. Sie war mir so nahe, dass ich die Hand ausstrecken und meine Finger in das Weihwasser, das sie in der Hand hielt, hätte eintauchen können. Doch einen Segen sollte man nicht stehlen, schon gar nicht unter den Augen der Muttergottes! Ich musste geduldig sein und abwarten, ob Unsere Liebe Frau mir ihren Segen schenkte. Mir sank das Herz, als Valentine weiter- und an mir vorüberging. Doch nach wenigen Metern hielt sie an, drehte sich um und kam zu mir zurück. Wir standen uns direkt gegenüber: Sie schaute zum Himmel empor und sah Maria, und ich sah zum Himmel empor und sah … den Himmel. Doch ich spürte, dass die selige Jungfrau Maria da war, und ich zitterte vor Aufregung.

Valentine nickte, als ob sie Ja sagen wollte. Dann schöpfte sie mit der hohlen Hand von dem Weihwasser, nickte wieder und hob die Hand an meine Lippen, ohne mich auch nur anzuschauen.

Während ich trank, fühlte ich, wie das Wasser mit der Wärme einer mütterlichen Umarmung – denn nichts anderes war es – durch meine Adern floss. Maria hatte mich soeben umarmt, und ich wusste, dass diese Liebe, was auch geschehen mochte, immer in mir sein würde. Niemand würde sie mir je wieder nehmen können. Ich war gesegnet worden.

Im Laufe der nächsten Jahre war ich noch mehrere Male in Kibeho und immer ereignete sich etwas Wunderbares. Manchmal wurde ich sogar Zeugin eines kleineren Wunders – des sogenannten »Prüfungswunders« –, wie ich es nannte.

In meinem dritten Studienjahr war ich gerade auf dem Weg in den Hörsaal, als ich an einem Bus vorbeikam, der gerade nach Kibeho abfuhr. *Zu schade, dass mein Stundenplan heute so voll ist und dass all diese Veranstaltungen zu wichtig sind, um sie zu versäumen*, dachte ich sehnsüchtig, als ich die letzten Studenten in den Bus einsteigen sah.

Und zu schade, dass ich morgen früh um acht Uhr diese wichtige Physikprüfung habe, die zu 70 % meine Abschlussnote bestimmt, dachte ich, als sich die Türen des gelben Schulbusses mit einem Zischen vor mir schlossen.

*Aber es wäre **wirklich** zu schade, wenn ich nicht jetzt sofort zur Muttergottes fahren würde!*

Ich schlug an die Tür, als der Bus gerade losfuhr, und noch ehe er richtig angehalten hatte, war ich bereits eingestiegen, hatte mich auf den letzten freien Platz gesetzt und war unterwegs nach Kibeho. Ich musste verrückt sein, denn ich hätte an jenem Tag wirklich unbedingt zur Universität gehen müssen. Wenn ich bei dieser Prüfung durchfiel, dann konnte mich das mein Stipendium und somit auch meinen Abschluss kosten; und das konnte furchtbare Folgen haben. Doch Unsere Liebe Frau hatte leise mein Herz berührt, und so folgte ich ihr. Ich spürte, dass sie wünschte, dass ich nach Kibeho käme – und wenn sie das wünschte, dann würde ich ihr alles übergeben und mir keine Sorgen mehr machen, denn sie würde auf mich aufpassen.

Als ich in Kibeho ankam, stellte ich fest, dass eine echte Feier zu Ehren der Liebe Marias im Gang war: Es wurde noch mehr gesungen und getanzt als sonst. Valentine war auf dem Podium und wir alle wurden still, als die Erscheinung begann. Als die Seherin später herunterkam, um »ihre Blumen« zu gießen, und an mir vorbeiging, ohne anzuhalten, machte mir das überhaupt nichts aus: Der eine Trank, der mir vergönnt gewesen war, würde für ein ganzes Leben reichen.

Doch eine Nonne, die neben mir stand, war fürchterlich enttäuscht, dass die Seherin nicht bei ihr angehalten hatte, und ich hörte, wie sie sich beklagte: »Warum bekomme ich nie einen Segen? Ich liebe die selige Jungfrau Maria so sehr, aber ich bekomme nie einen Segen.«

Zu diesem Zeitpunkt war Valentine schon längst weitergegangen und auf der entgegengesetzten Seite des Hügels angelangt. Ich begann mit den anderen zehntausend Pilgern zu singen und zu tanzen, als ich plötzlich bemerkte, dass sie im

Kreis um den Hügel herumgegangen war und nun direkt hinter mir stand: neben der Nonne. Die Augäpfel der Seherin waren praktisch in Richtung Stirn gerollt, während sie den Blick unbeirrbar auf die selige Jungfrau Maria über ihr gerichtet hielt. Sie stand neben der Ordensfrau, nickte Maria zu, sagte: »Segen kommt nicht nur vom Wasser«, und ging weiter. Alle, die dabeistanden, waren außer sich vor Begeisterung: Mit ihrem sanften Tadel hatte Maria der Nonne bewiesen, dass sie über sie wachte – und das war wahrhaftig ein Segen.

Valentine stieg wieder zum Podium hinauf und sah aus, als würde sie im nächsten Moment zusammenbrechen, wie es nach jeder Erscheinung geschah. Doch zuvor übermittelte sie uns noch eine letzte Botschaft von der Jungfrau Maria: »Viele von euch haben heute ihre Pflichten am Arbeitsplatz oder in der Schule vernachlässigt, um bei mir zu sein. Weil ihr gekommen seid, um eure Mutter zu treffen, wird eure Mutter für euch sorgen. Ihr werdet nicht darunter zu leiden haben, dass ihr hier gewesen seid; ich werde für euch Fürsprache einlegen.«

Am nächsten Morgen saß ich im Prüfungsraum und fragte mich nervös, welche der zwanzig Fragen, die zur Auswahl standen, mir wohl zur Beantwortung vorgelegt würde. Da ich mich nur auf eine einzige Frage hatte vorbereiten können, hatte ich so gut wie keine Chance. Als es acht Uhr war und ich den Prüfungsbogen aufschlug, stellte ich fest, dass die eine Frage, auf die ich mich vorbereitet hatte, tatsächlich meine Examensfrage war. *Danke, Mutter*, dachte ich, und fing an zu schreiben. Von den vierundneunzig Studenten, die diese Prüfung ablegten, bestanden nur zwei – und ich war eine davon.

Das nächste Mal, als ich Valentines Stimme hörte, war ich nicht von Tausenden anderen glücklichen Pilgern, die ein Fest der Liebe feierten, sondern vom qualvollen Sterben meiner Landsleute umgeben. Die einstigen Pilger der Liebe töteten einander oder wurden getötet, und ich hielt mich mit sieben anderen Frauen in einem winzigen Toilettenraum eines ortsansässigen Priesters versteckt, während um uns herum der Genozid tobte.

Ich habe diese dunklen Tage in meinen früheren Büchern beschrieben. Alles, was ich von meinem Versteck aus hören konnte, waren die Schreie meiner Nachbarn und Freunde, die von Menschen abgeschlachtet wurden, die ich von klein auf kannte und denen ich mein Leben lang vertraut hatte.

Das ganze Ausmaß des Mordens, Folterns und Vergewaltigens, das mein Land im Frühling 1994 überschwemmte, wäre ohne den heimlichen Hass, der in den Herzen der Menschen schwelte, nicht möglich gewesen. Wie oft hatte ich gehört, wie Alphonsine, Marie-Claire, Anathalie, Segatashya und all die anderen Seher uns warnten, dass wir am Rande einer Katastrophe stünden und dass der Hass in unseren Herzen uns in eine Katastrophe stürzen würde? Die Muttergottes hatte recht gehabt: Die Saat des ethnischen Hasses war durch das Gebet nicht ausgemerzt worden, sondern zu einem Baum des Todes herangewachsen, der Gottes Licht verfinstert und etwas unaussprechlich Böses auf unser Land losgelassen hatte.

WÄHREND ALL DER WOCHEN, die ich in meinem winzigen Versteck verbrachte, hörte ich, wie die Mörder Tag für Tag nach mir suchten. Von dort, wo ich kauerte, habe ich unzählige Morde miterlebt, die nur wenige Meter von mir entfernt begangen wurden. In dem schmutzigen, winzigen Toilettenraum, wo diese sieben Frauen und ich zusammengedrängt um unser Leben fürchteten, hatten wir keinen Kontakt zur Außenwelt. Wir wussten nur, dass alle Tutsis im ganzen Land niedergemetzelt wurden und dass wir jeden Augenblick getötet werden konnten.

Ich kämpfte gegen den Hass an, der zu dieser Zeit mein Herz erfüllte, und es kostete mich all meine Kraft, an meinem Glauben an Gott festzuhalten. Eines Tages flüsterte uns der gute Priester, der uns versteckt hielt, durch einen Spalt in der Toilettentür zu, das Massaker um uns herum sei so unvorstellbar, dass, selbst wenn wir den Genozid überleben sollten, all unsere Lieben mit Sicherheit tot sein würden. Das war für mich der Moment der tiefsten Verzweiflung. Die Sorge um meine Familie quälte mich so sehr, dass ich kurz davor war, mich von jenem scheinbar gleichgültigen Gott abzuwenden.

Doch am selben Tag übertrug Radio Ruanda, das wochenlang immer nur ein Programm mit Hassbotschaften gesendet hatte, um die Mörder noch weiter anzustacheln, eine Direktsendung über eine neue Marienerscheinung in Kibeho. Irgendwo im Haus stand ein Radioapparat und wir konnten jedes Wort mithören, das die Seherin Valentine mit der Muttergottes sprach. Mit dieser Botschaft, die Maria mir in der Dunkelheit jenes Toilettenraumes zukommen ließ, gelang es ihr, die zunehmende Dunkelheit in meiner Seele zu durchdringen:

Die Tore des Himmels stehen offen und eure Brüder und Schwestern sind heute Abend bei mir. Weint nicht um die, die ihr verloren habt; weint um die, die zurückbleiben. Sie

*werden schwer an den Folgen ihrer Taten tragen, während
die, die umgekommen sind, heute Abend im Paradies sind.
Kämpft weiter, ihr werdet siegen. Ich bin noch immer bei
euch, Kinder. Habt Vertrauen.*

Diese Worte trösteten mich wie nie ein Wort zuvor. Wenn
meine Familie tatsächlich umgekommen war, dann waren
sie in den Armen der Muttergottes geborgen, die immer
noch von Kibeho aus die Hand ausstreckte, um mir zu sagen, dass ich geliebt bin. Noch immer sagte sie mir, dass ich
an meinem Glauben festhalten sollte. Die Liebe, die durch
mich hindurchgeströmt war, als ich das Wasser aus Valentines hohler Hand getrunken und den Segen Unserer Lieben
Frau empfangen hatte, wärmte mich auch jetzt wieder. Mein
Herz dürstete nach Gott und Maria stillte diesen Durst und
führte mich der rettenden Gnade zu.

Die selige Jungfrau Maria hatte mir die nötige Kraft gegeben, um zu Gott zu beten, und Gott fand mich. Das Band
der Liebe, das ich in den darauffolgenden Wochen und Monaten zu ihm geschaffen habe, hat mich in den vergangenen
fünfzehn Jahren aufrechterhalten und mich von entsetzlichem Leid und Kummer zu Frieden und Freude geführt.

Das Tragische war jedoch, dass gerade die Worte Marias,
die mich so tief berührt hatten, von bösen Menschen verdreht und verzerrt wurden, die Valentines Erscheinungen zu
Propagandazwecken missbrauchten und als Aufruf zum Völkermord deuteten. Die Muttergottes hatte uns ermutigt, gegen die spirituelle Finsternis zu kämpfen, um die Freiheit
Gottes zu erlangen, und uns daran erinnert, dass sie bei uns
war. Doch die Mörder behaupteten, sie habe sie dazu aufgerufen, ihren Kampf fortzusetzen – einen Kampf, der nichts

anderes war als ein ruchloses Abschlachten der hilflosen Kinder Unserer Lieben Frau.

Während der nächsten Erscheinung sagte die Muttergottes zu Valentine, sie sei zutiefst verletzt, weil niederträchtige Menschen ihre Worte missbraucht und ihren Kindern Schaden zugefügt hätten. Bald darauf verließ Valentine, die verzweifelt war, das Land.

DAS BÖSE, DAS RUANDA ENTZWEIRISS, ging auch an Kibeho nicht vorbei. Über fünfundzwanzigtausend Menschen wurden an jenem Ort abgeschlachtet, wo einst Pilger gekniet und zur Jungfrau Maria gebetet hatten. Ihre Leichen wurden in Massengräber geworfen und tränkten den Boden mit unschuldigem Blut.

Das Grauen forderte auch das Leben von mehreren Sehern:

- Marie-Claire, die 1987 geheiratet hatte und nach Kigali gezogen war, eilte ihrem Mann zu Hilfe, als Häscher ihn fortschleppen wollten. Die mutige Frau, die einst die Muttergottes zu einem Boxkampf herausfordern wollte, versuchte, die Mörder aufzuhalten. Sie wurde auf der Stelle getötet.
- Segatashya, der ehemals heidnische Junge, der des Lesens und Schreibens nicht kundig war und den Jesus vom Bohnenfeld geholt und in einen beredten Prediger verwandelt hatte, wurde von einer Todesschwadron in den Kopf geschossen.
- Stephanie, die jüngste der marianischen Seherinnen, verschwand während des Holocaust. Man hat nie wieder von ihr gehört.

215

Nach dem Genozid wurde Kibeho weiter von den Gräueln heimgesucht, die Unsere Liebe Frau 1982 am Fest Mariä Himmelfahrt vorausgesagt hatte. Mehr als zweihunderttausend Flüchtlinge suchten Zuflucht an dem Ort, an dem die Muttergottes einst mit solcher Liebe zu ihnen gesprochen hatte. Doch in das Lager waren Killer eingeschleust worden, die sich vor den Regierungssoldaten versteckt hielten; bei den darauffolgenden Kämpfen wurden Tausende unschuldiger Opfer im Kreuzfeuer getötet, im Chaos zu Tode getrampelt oder auf der Flucht gezielt niedergemetzelt.

Nach den Massakern, dem Blutvergießen und dem Terror, der das Dorf während des Holocaust und danach verwüstet hatte, schloss die Regierung den Ort, an dem die Jungfrau Maria erschienen war, und verbot, dass dort weiterhin öffentliche Andachten abgehalten wurden. Es schien, als sollte einer der bemerkenswertesten marianischen Gnadenorte der Geschichte historisch nur noch als ein Ort der Gewalt in Erinnerung bleiben.

Die fünf verbliebenen Seher waren gezwungen, ihr Leben weiterzuleben, und sie versuchten, dem Herrn auf ihre je eigene Weise zu dienen:

- Alphonsine, die erste Seherin, die Maria erwählt hatte, wurde Klausurnonne im Kloster Saint Claire in Abidjan, der Hauptstadt der Elfenbeinküste, und lebt heute in der Republik Benin. Sie hat den Namen *Alphonsine de la Croix Glorieuse* (»Alphonsine vom Glorreichen Kreuz«) angenommen.
- Valentine verließ Ruanda und diente dem Herrn in mehreren afrikanischen Ländern, ehe sie sich schließlich in Belgien niederließ, wo ihr bis heute die Muttergottes

erscheint. Bei diesen Marienerscheinungen sind immer Hunderte von Pilgern anwesend. (In Kibeho hatte die selige Jungfrau Maria Valentine gesagt, dass sie die letzte der ruandischen Seher und Seherinnen sein werde, der sie noch erscheinen werde.)

- Agnes ist verheiratet und lebt heute in Butare, wo sie zwei Kinder großzieht und dem Vernehmen nach noch immer Erscheinungen von Jesus hat, dessen Botschaften sie an ihre Gemeinde weitergibt (Immaculée Ilibagiza hat das Buch im Jahr 2008 geschrieben, Anm. d. Verl.).
- Vestine, die mit ihrem Wanderstock Tausende Kilometer durch Afrika gewandert war und Gottes Wort verkündigt hatte, überlebte den Genozid, wurde jedoch bald darauf krank und starb.
- Und Anathalie, die zweite der drei ursprünglichen Seherinnen, ist in Kibeho geblieben und hat das Versprechen erfüllt, das sie der Muttergottes vor über fünfundzwanzig Jahren gegeben hatte. Sie führt ein demütiges Leben der Frömmigkeit und des Gebets und arbeitet unermüdlich, um die verlorenen Seelen wieder zum Licht Gottes zu führen. Sie hilft in der Pfarrei und beantwortet getreu und geduldig die Fragen Hunderter Pilger und Reporter. Die Muttergottes bat sie, in Kibeho zu bleiben, zu beten und ihr Leiden aufzuopfern, und Anathalie hat mir gesagt, dass sie niemals fortgehen wird, außer wenn Unsere Liebe Frau sie darum bittet.

NACHDEM KIBEHO ZWEI JAHRE LANG für Pilger geschlossen gewesen war, entschied die Regierung, die Stätte wieder zu öffnen. Viele Ruander litten so entsetzlich, dass sie die verantwortlichen Behörden baten, ihnen den Ort, an dem die

Muttergottes erschienen war, wieder zugänglich zu machen, da sie die einzige Mutter war, bei der sie noch Trost finden konnten. Ich war eine von ihnen und konnte es nicht erwarten, mich wieder auf den Weg zu dem heiligen Ort zu machen.

Die Straße nach Kibeho war noch nie gut gewesen, doch nach dem Krieg war es eine echte Höllentour: Die Militärfahrzeuge hatten tiefe Furchen in den Untergrund gegraben, und Granatfeuer und Landminen hatten gewaltige Löcher hinterlassen. Das Dorf selbst wirkte verwaist und die Hügel waren kahl, nachdem zweihunderttausend Flüchtlinge hier monatelang nach Feuerholz und Nahrung gesucht und den Boden nach Essbarem umgegraben hatten.

Auch die *Kibeho High School* war ein trauriger Anblick, von Geschossen durchsiebt und mit Brettern verbarrikadiert. Das Podium war zwar noch da, aber es war zusammengebrochen und verrottet. Und der Statue der seligen Jungfrau Maria, die sich über dem Szenario erhob, waren die zum Gebet gefalteten Hände weggeschossen worden, und eine Kugel hatte in ihrem Herzen ein tiefes Loch hinterlassen.

So tragisch und traurig das alles auch aussah, spürte ich doch die Gegenwart Unserer Lieben Frau. Ich besuchte Kibeho weiterhin, sooft ich nur konnte, und jedes Mal, wenn ich dort war, fand mein Herz Trost. *Ich danke Dir, dass Du meine Eltern und zwei meiner Brüder mit offenen Armen aufgenommen hast, Mutter. Halte sie gut fest, bis wir wieder vereint sein werden*, betete ich zu Füßen der mitleiderregenden Statue.

Als mich Todesdrohungen im Jahr 1998 zwangen, Ruanda zu verlassen (auch dies eine der verstörenden Folgen des Völkermords), war ich entschlossen, mich von Unserer Lieben

Frau von Kibeho zu verabschieden. Das Problem war, dass ich einen Job hatte und ungefähr im siebten Monat mit meinem ersten Kind Nikki schwanger war. Doch dann sah ich etwa eine Woche vor meiner Abreise vor meinem Büro der Vereinten Nationen einen Bus mit der Aufschrift KIBEHO. Und ich tat, was ich schon einmal während des Studiums getan hatte: Ich stieg in den Bus und ließ meine Arbeit im Stich, um Maria zu besuchen.

Das Gefährt war ein uralter Minibus ohne Heckfederung und legte entlang der holprigen Straßen zahlreiche Extrastopps ein. Mein Gesundheitszustand war nicht in Ordnung, sodass bei den Wehen Komplikationen auftreten konnten, und deshalb hatte mir meine Hebamme geraten, keine größeren Anstrengungen zu unternehmen als von einem Stuhl aufzustehen. Als ich nun in diesem Bus drei Stunden lang auf und nieder hüpfte, dachte ich, dass jeden Moment die Wehen einsetzen könnten. Und als wir dann auch noch in einem Schlammloch stecken blieben und ich aussteigen und mit den anderen zusammen den Bus anschieben musste, war ich sicher, dass das Baby zu früh auf die Welt kommen würde.

Natürlich hätte ich niemals etwas getan, was das kostbare Leben in mir gefährden könnte; ich war unterwegs, um meine Mutter Maria zu sehen, und ich wusste mit absoluter Gewissheit, dass sie, die selbst Mutter war, es nicht zulassen würde, dass mein Baby irgendwie Schaden nähme. Also stellte ich mich, nachdem wir endlich in Kibeho angekommen waren, mit geschlossenen Augen vor die Statue der seligen Jungfrau Maria und bat sie, mein ungeborenes Kind zu segnen und zu behüten. Tatsächlich wurde mein wunderschönes kleines Mädchen in Amerika geboren – zwei Wochen nach dem errechneten Datum, aber gesund und munter.

Bevor ich Kibeho an jenem Tag verließ, blickte ich über die verwüsteten Hügel, aus denen noch immer die Knochen der Toten herausragten. Ich musste an die vielen wunderbaren Geschichten denken, die mein Vater erzählt hatte: Geschichten von der Liebe, die er hier gefühlt hatte, von Wunderzeichen am Himmel, von Botschaften, die das Herz jedes einzelnen Menschen in diesem Land vermeintlich auf Jahre hinaus mit Dankliedern erfüllen würden. Und dann dachte ich an die Warnungen, die nicht beherzigt worden waren, an die zerstörten Leben und das verwüstete Land, das wir übernommen hatten, weil wir nicht zugehört hatten, als der Himmel zu uns sprach.

Ich sah zur Jungfrau Maria hinauf, und dieses Mal betete ich laut: »Auf Wiedersehen, Mutter. Ich hoffe, dass Du, wenn ich wiederkomme, nicht mehr so traurig und allein sein wirst«, sagte ich zu ihr. »Ich bete, dass sie Dir das Haus bauen, das Du Dir gewünscht hast, damit die Welt kommen und Dich treffen kann. Ich bete, dass Deine Boten und Deine Botschaften nicht in Vergessenheit geraten. Und, liebe Mutter, bitte, bete Du auch für mich.«

Epilog

Das Neue Jerusalem

Wie ganz Ruanda hatte der Völkermord auch Kibeho nahezu vollständig dezimiert.

Doch weil die Liebe der seligen Jungfrau Maria ewig ist und sich nicht unterdrücken lässt, brach ihr Geist durch die verbrannte und verkrustete Erde und wuchs zum Himmel empor wie eine schöne Blume, die in tausend Wundern erblüht.

Heute ist nach Kibeho wieder das Leben zurückgekehrt und es herrscht dort dieselbe Inbrunst und Leidenschaft, die die Ruander einst, in der Hochphase der Erscheinungen in den 1980er-Jahren, zu Hunderttausenden dorthin strömen ließ. Wieder kommen die Pilger in Scharen an jenen Ort, wo jedem Herzen, das dafür offen war, ein uneingeschränkter Strom an Botschaften und Wundern zugeflossen ist. Heute kommen die Gläubigen nicht nur aus Ruanda, sondern aus ganz Afrika und von noch weiter her – sogar aus Europa und Amerika. Inzwischen hat sich definitiv herumgesprochen, dass in Kibeho etwas im wahrsten Sinne des Wortes *Wunderbares* geschieht.

Endlich können die, die nach Gott verlangen, die Früchte dieser Erscheinungen kosten. Es hat mehr als eine Generation gedauert, bis diese Ernte herangereift ist, und 2001 ist es schließlich wahr geworden. Nach zwanzig langen Jahren der Untersuchungen hat die Kirche offiziell erklärt, dass die Beweise, die man über die Erscheinungen gesammelt habe, zu stichhaltig seien, als dass man sie ignorieren könnte: Maria ist in Kibeho erschienen, das Wunder ist real, ihre Botschaften sind wahr, und die Welt darf auf ihre Worte hören und die Liebe spüren, an der die Himmelskönigin uns teilhaben lassen wollte.

Bischof Augustin Misago trug die Verlautbarung vor und erklärte die Erscheinungen der drei ursprünglichen Seherinnen von der *Kibeho High School* – Alphonsine, Anathalie und Marie-Claire – für echt. Die Botschaften (und die Jesus-Erscheinungen), die die anderen Seher erhalten hatten, würden in Zukunft noch genauer untersucht und womöglich ebenfalls anerkannt werden, doch mit dem Bau der Kapelle, die Unsere Liebe Frau der Seherin Anathalie beschrieben hatte, sollte unverzüglich begonnen werden.

Drei Tage nach der Erklärung des Bischofs nahm der Vatikan Kibeho auf die sehr kurze, sehr elitäre Liste der anerkannten Marienerscheinungsorte auf, zu denen auch Fatima und Lourdes gehören. Kibeho ist sogar noch exklusiver, denn es ist der einzige anerkannte Marienwallfahrtsort auf dem afrikanischen Kontinent.

Nach so vielen Jahren der schmerzvollen und bitteren Spaltung haben sich die Ruander nun Maria zuliebe wieder zusammengetan. Wieder vereinigen sich ihre Stimmen zu einem Chor, um die Lieder zu singen, die die Muttergottes ihnen zu diesem Zweck selbst aus dem Himmel mitgebracht hat.

Sechs Monate nach der Erklärung des Bischofs nahmen mindestens fünfzigtausend meiner Landsleute im strömenden

Regen an einer besonders festlichen Dankmesse teil. Voller Freude feierten sie den 25. Jahrestag der ersten Erscheinung der »Mutter des Wortes«, die Alphonsine in der Highschool gehabt hatte.

»Unsere Liebe Frau von Kibeho ist ein Leuchtfeuer der Hoffnung, ein Licht für ganz Afrika und für die Welt!«, rief Bischof Misago den Tausenden, die zu der Feier herbeigeströmt waren, ergriffen zu.

Seither ist das kleine Dorf erfüllt von einem starken spirituellen Leben, ganz zu schweigen von den umfangreichen Bauvorhaben, die nötig geworden sind, um die immer größere Zahl der Pilger unterzubringen – und diese Zahl steigt steil an mit jedem Bericht über Wunderheilungen und Zeichen von Jesus und Maria, die am Himmel erscheinen, den die, die es selbst gesehen oder erlebt haben, in die ganze Welt hinaustragen.

An dem Ort, an dem die Seherinnen ihre Erscheinungen hatten, erhebt sich heute die Wallfahrtskirche »Unsere Liebe Frau der Schmerzen«. Und wenn man dort steht, wo sich einst das Podium befand, findet man sich zu Füßen einer Marienstatue wieder. Sie steht auf einem Sockel etwa drei Meter über dem Boden, und wer zu ihr emporblickt, sieht sie so, wie die Seherinnen sie einst gesehen haben.

Gegenüber der Schule befindet sich die »Kirche der Sieben Schmerzen«. Sie ist nach dem besonderen Rosenkranz benannt, den Marie-Claire von der seligen Jungfrau Maria gelernt hat, damit die Welt ihn wiederum von Marie-Claire lernen konnte. In der Kirche befindet sich eine weitere Statue der seligen Jungfrau Maria, die in Weiß und Blau gekleidet ist: so, wie Anathalie sie während der Erscheinungen gesehen hat.

Doch Maria ist nicht allein; ihr Sohn wacht über sie. Kaum zwei Kilometer vom Heiligtum entfernt steht, »Unserer Lieben Frau der Schmerzen« zugewandt, die prächtige Bronzestatue des »Barmherzigen Jesu«. Mit einem Gewicht von zwei Tonnen und einer Höhe von 6 Metern ist sie eine der größten Statuen ihrer Art. Ihre Botschaft ist einfach: Gott liebt uns, und seine Barmherzigkeit ist größer als unsere Sünden. Also sollen wir voller Vertrauen zu ihm rufen, uns mit seinem Erbarmen beschenken und es durch uns hindurchfließen lassen, damit es auch unseren Mitmenschen zugutekommt.

Die Statue schmückt den Eingang zu dem von Pater Leszek Czelusniak geleiteten Zentrum CANA. Der Pater gehört dem Orden der Marianer an und ist mir ein wunderbarer Freund. Er ist vor einigen Jahren nach Kibeho gekommen, um den Wallfahrtsort zu besuchen, und wie so viele andere, die diesen geheiligten Boden betreten, hat er gespürt, wie die selige Jungfrau Maria sein Herz berührte und ihm ins Ohr flüsterte, dass er nach Kibeho gehörte und dort gebraucht würde.

Mit seinem Gottvertrauen hat Pater Leszek wahre Wunder vollbracht. Mit dem oft pfennigweise gesammelten Geld baute er Schulen für die Kinder und die Waisen vor Ort, Kapellen und Unterkünfte für die Pilger, die von weit her nach Kibeho kommen. Die Einwohner von Kibeho haben sich Leszek zu Hunderten angeschlossen und schichten Ziegelstein auf Ziegelstein, um den Wunsch Unserer Lieben Frau zu erfüllen, dass Kibeho eines Tages das »Neue Jerusalem« genannt werden soll.

Der Himmel hat seine Königin nach Kibeho gesandt, um uns Botschaften der Wahrheit zu bringen und uns die Macht der Liebe und des Glaubens zu zeigen. Diese Macht erstrahlt noch immer am Himmel und auf der Erde – und in den Herzen all derer, die zu diesem Heiligtum pilgern. Ich hoffe, dass meine Worte einige von Ihnen davon überzeugen können, diese besondere Pilgerreise zu unternehmen. Wenn Sie es tun, wird vielleicht schon genug Geld zusammengekommen sein, um die Basilika zu bauen, die sich Unsere Liebe Frau gewünscht hat, und sie wird Sie vom Hügel aus begrüßen – wie die Burg Gottes, von der ich als kleines Mädchen geträumt habe.

Die Muttergottes hat versprochen, dass Millionen Menschen aus aller Welt nach Kibeho kommen werden und dass die, die ihren Trost und ihre Liebe suchen, in ihrer Glaubenskraft gestärkt werden.

Sie ist jetzt da und wartet und ruft alle, damit sie zu ihr kommen und unvorstellbaren Segen erfahren. Wer kann ihrem Rufen widerstehen? Sie ist Unsere Liebe Frau von Kibeho – aber sie ist auch die selige Jungfrau Maria der ganzen Welt.

Gebetsanleitung
Der Rosenkranz der Sieben Schmerzen Mariens

Der Rosenkranz der Sieben Schmerzen Mariens besteht aus 7 mal 7 Perlen, zusätzlichen 5 Perlen und 8 Medaillen:

Der Rosenkranz wird begonnen wie der normale Rosenkranz, statt zehn »Gegrüßest seist du, Maria« werden je Gesätz sieben »Gegrüßet seist du, Maria« gebetet, dafür jedoch insgesamt sieben Gesätze statt fünf Gesätze.

1. Bei der großen Medaille unten am Rosenkranz
   a. machen Sie das Kreuzzeichen,
   b. sprechen Sie das Eröffnungsgebet,
   c. beten Sie den Akt der Reue.

2. Beten Sie bei jeder der nächsten drei Perlen ein »Gegrüßet seist du, Maria«.

3. Bei der ersten kleinen Medaille
   a. sprechen Sie das Gebet: »Gütigste Mutter, erinnere uns stets an die Schmerzen Deines Sohnes Jesus«,
   b. betrachten Sie den ersten der Sieben Schmerzen,
   c. beten Sie das Vaterunser.

4. Beten Sie bei jeder der nächsten sieben Perlen ein »Gegrüßet seist du, Maria«.

5. Bei der zweiten kleinen Medaille
   a. sprechen Sie das Gebet: »Gütigste Mutter …«,
   b. betrachten Sie den zweiten der Sieben Schmerzen,
   c. beten Sie das Vaterunser.

6. Beten Sie bei jeder der nächsten sieben Perlen ein
   »Gegrüßet seist du, Maria«.

7. Bei der dritten kleinen Medaille
   a. sprechen Sie das Gebet: »Gütigste Mutter …«,
   b. betrachten Sie den dritten der Sieben Schmerzen,
   c. beten Sie das Vaterunser.

8. Beten Sie bei jeder der nächsten sieben Perlen ein
   »Gegrüßet seist du, Maria«.

9. Bei der vierten kleinen Medaille
   a. sprechen Sie das Gebet: »Gütigste Mutter …«,
   b. betrachten Sie den vierten der Sieben Schmerzen,
   c. beten Sie das Vaterunser.

10. Beten Sie bei jeder der nächsten sieben Perlen ein
    »Gegrüßet seist du, Maria«.

11. Bei der fünften kleinen Medaille
    a. sprechen Sie das Gebet: »Gütigste Mutter …«,
    b. betrachten Sie den fünften der Sieben Schmerzen,
    c. beten Sie das Vaterunser.

12. Beten Sie bei jeder der nächsten sieben Perlen ein
    »Gegrüßet seist du, Maria«.

13. Bei der sechsten kleinen Medaille
   a. sprechen Sie das Gebet: »Gütigste Mutter …«,
   b. betrachten Sie den sechsten der Sieben Schmerzen,
   c. beten Sie das Vaterunser.

14. Beten Sie bei jeder der nächsten sieben Perlen ein »Gegrüßet seist du, Maria«.

15. Bei der siebten kleinen Medaille
   a. sprechen Sie das Gebet: »Gütigste Mutter …«,
   b. betrachten Sie den siebten der Sieben Schmerzen,
   c. beten Sie das Vaterunser.

16. Beten Sie bei jeder der nächsten sieben Perlen ein »Gegrüßet seist du, Maria«.

17. Wenn Sie wieder bei der großen Medaille unten am Rosenkranz angekommen sind,
   a. sprechen Sie das Gebet: »Gütigste Mutter …«,
   b. sprechen Sie das Schlussgebet,
   c. sagen Sie dreimal: »Maria, die Du ohne Sünde empfangen wurdest und für uns gelitten hast, bitte für uns.«

Machen Sie das Kreuzzeichen; Ihre Gebete werden erhört werden!

Der Rosenkranz der Sieben Schmerzen Mariens

Dieser Rosenkranz erinnert an die sieben größten Schmerzen, die die Jungfrau Maria – wenngleich voller Liebe und Mitgefühl – zu Lebzeiten ihres Sohnes Jesus Christus, bei seiner Verurteilung und während seines qualvollen Sterbens durchlitten hat. Er ist für die Muttergottes und ihr Unbeflecktes Herz besonders wertvoll und sie wünscht, dass wir alle ihn so häufig wie möglich beten.

Der Rosenkranz der Sieben Schmerzen stammt eigentlich aus dem Mittelalter, hat jedoch im Gefolge der Marienerscheinungen in Kibeho, die von der katholischen Kirche anerkannt wurden, neue Popularität erlangt. Während der Erscheinungen hat Maria der jungen Seherin Marie-Claire Mukangango den Auftrag gegeben, diesen besonderen Rosenkranz wieder in der Welt bekannt zu machen. Marie-Claire hat diesen Wunsch bis zu ihrem vorzeitigen Tod erfüllt. Sie ist weit gereist und hat Tausende Menschen dieses Gebet gelehrt, die es ihrerseits wiederum an Tausende andere Menschen weitergegeben haben.

Während ihrer Erscheinungen in Kibeho hat die Muttergottes geoffenbart, dass dieser Rosenkranz eine enorme spirituelle Kraft besitzt, wenn man ihn andächtig betet. Sie hat versprochen, dass er, wenn er mit einem offenen und reuevollen Herzen gebetet wird, die Vergebung unserer Sünden bewirkt und von Schuld und Schuldgefühlen befreit. Und sie hat versprochen, dass der Rosenkranz demjenigen, der ihn betet, mit der Zeit helfen wird, genauer zu verstehen, *warum* er sündigt. Diese Einsicht wird Weisheit und Stärke bewirken, um all die inneren Mängel, Charakterschwächen oder persönlichen Fehler zu korrigieren oder zu beseitigen, die uns unglücklich machen und uns daran hindern, das freudvolle Leben zu genießen, das Gott für uns vorgesehen hat.

Der Rosenkranz der Sieben Schmerzen enthält all die Kraft, die wir brauchen, um unser Herz zum Besseren hin zu verändern, Frieden und Freude zu erlangen, unser wahres Potenzial zu entfalten, all unsere Träume wahr werden zu lassen und dem Licht Gottes näherzukommen. Bei einer ihrer zahlreichen Erscheinungen hat die selige Jungfrau Marie-Claire empfohlen, ihn sooft wie nur möglich, aber vor allem dienstags und freitags zu beten: dienstags, weil die Muttergottes Marie-Claire an diesem Wochentag zum ersten Mal erschienen ist, und freitags, weil Christus an diesem Wochentag gekreuzigt worden ist. Die Muttergottes hat außerdem betont, dass der Rosenkranz der Sieben Schmerzen als Ergänzung – *und keinesfalls als Ersatz* – für den herkömmlichen Rosenkranz gedacht ist. Beten Sie beide Rosenkränze regelmäßig und Sie werden doppelt gesegnet sein!

Was nun folgt, ist die Beschreibung dieses wunderbaren Rosenkranzes, wie Marie-Claire ihn in Kibeho von der seligen Jungfrau Maria selbst gelernt hat. Sie können ihn allein oder gemeinsam mit anderen laut beten oder still betrachten; entscheidend ist, dass die Gebete, Gedanken und Betrachtungen immer aus der Tiefe Ihres Herzens kommen.

Ich spreche aus Erfahrung, wenn ich Ihnen verspreche, dass Sie es niemals bereuen werden, diesen besonderen Rosenkranz gelernt zu haben, und dass Sie die Segnungen, die er in Ihr Leben bringt, schon bald nicht mehr werden zählen können. Ich hoffe inständig, dass mehr Menschen als je zuvor die Erfahrung machen dürfen, wie wunderbar dieser Rosenkranz ist.

Beachten Sie bitte, dass Sie nicht unbedingt eine besondere Perlenschnur brauchen, um diesen Rosenkranz zu beten; halten Sie sich einfach an die Abbildung und die auf den vorigen Seiten beschriebene Anleitung. (Wichtig ist allerdings, dass Sie sich zu Beginn jedes Gesätzes einen Augenblick Zeit nehmen, um die Größe und Tiefe der Schmerzen Mariens – und die Kraft ihrer Liebe – zu betrachten.)

Eröffnungsgebet: *Mein Gott, ich bringe Dir diesen Rosenkranz dar, um Dich zu verherrlichen und Deine heiligste Mutter, die selige Jungfrau Maria, zu ehren, ihre Leiden zu betrachten und daran Anteil zu nehmen. Demütig bitte ich Dich, dass Du mir wahre Reue über all meine Sünden verleihst. Gewähre mir Weisheit und Demut, damit ich alle Ablässe empfange, die in diesem Gebet enthalten sind.*

Reueakt: *Mein Gott, aus ganzem Herzen bereue ich alle meine Sünden, nicht nur wegen der gerechten Strafen, die ich* *dafür verdient habe, sondern vor allem, weil ich Dich beleidigt habe, das höchste Gut, das würdig ist, über alles geliebt zu werden. Darum nehme ich mir fest vor, mithilfe Deiner Gnade nicht mehr zu sündigen und die Gelegenheiten zur Sünde zu meiden. Amen.*

Beten Sie vor jedem Gesätz: *Gütigste Mutter, erinnere uns stets an die Schmerzen Deines Sohnes Jesus.*

1. Der erste Schmerz Mariens:
Die Weissagung des greisen Simeon (vgl. Lk 2,22–35)

Die selige Jungfrau Maria brachte Jesus in den Tempel, weil jede männliche Erstgeburt Gott im Tempel geweiht werden sollte; dies entsprach der Tradition. Im Tempel nahm der greise Priester Simeon das Jesuskind in seine Arme und sein Geist wurde vom Heiligen Geist erfüllt. Simeon erkannte in Jesus den verheißenen Erlöser, hielt das Kind zum Himmel empor und dankte Gott, dass ihm sein Wunsch erfüllt worden war, lange genug zu leben, um dem Messias noch zu begegnen.

Nun lässt Du, Herr, Deinen Knecht, wie Du gesagt hast, in Frieden scheiden, sagte er. Dann sah er Maria an und erklärte: *Dir selbst aber wird ein Schwert durch die Seele dringen wegen all der Leiden, die Deinem Kind widerfahren werden.*

Die selige Jungfrau Maria wusste, dass sie den Erlöser der Menschheit geboren hatte. Sie verstand Simeons Weissagung sofort und glaubte seinen Worten. Die Gnade, das Jesuskind zur Welt bringen zu dürfen, hatte sie zutiefst berührt, und doch war ihr das Herz schwer vor Sorge, weil sie wusste, was über den qualvollen Tod des Erlösers geschrieben stand. Immer, wenn sie ihren Sohn ansah, wurde sie an das Leiden erinnert, das er auf sich nehmen sollte, und dieses Leiden wurde zu ihrem eigenen.

Gebet: *Geliebte Mutter Maria, unseretwegen hat Dein Herz unerträglich gelitten. Lehre uns, mit Dir und aus Liebe zu leiden und alles Leid zu ertragen, das Gott uns zu senden für notwendig hält. Wir wollen leiden und gib, dass unser Leid genau wie das Deine und wie das Leiden Jesu Gott allein bekannt ist. Lass nicht zu, dass wir der Welt unseren Schmerz und unser Leiden zeigen, damit es mehr bewirken und als Sühne für die Sünden der Welt dienen kann. Dir, Mutter, die Du mit dem Erlöser der Welt gelitten hast, bringen wir unser Leiden und das Leiden der ganzen Welt dar, weil wir Deine Kinder sind. Vereinige dieses Leiden mit Deinem eigenen und mit dem Leiden unseres Herrn Jesus Christus und bringe es Gott, dem Vater, dar. Du bist die beste aller Mütter.*

2. Der zweite Schmerz:
Die Flucht nach Ägypten (vgl. Mt 2,13–15)

Maria brach das Herz, und ihre Seele war voller Angst, als Josef ihr erzählte, was der Engel zu ihm gesagt hatte: dass sie rasch aufstehen und nach Ägypten fliehen sollten, weil Herodes Jesus töten wollte. Die selige Jungfrau Maria hatte kaum Zeit zu entscheiden, was sie mitnehmen oder zurücklassen sollte. Sie nahm das Kind, ließ alles andere liegen und lief noch vor Josef zur Tür hinaus, weil Gott wollte, dass sie sich beeilten. Dann sagte sie: »Obwohl Gott allmächtig ist, will er, dass wir mit Jesus, seinem Sohn, fliehen. Gott wird uns den Weg zeigen, und wir werden unser Ziel erreichen, ohne dass der Feind uns einholt.«

Weil die selige Jungfrau die Mutter Jesu war, liebte sie ihn über alles. Ihr Herz war zutiefst betrübt, als sie sehen musste, welchen Strapazen der Säugling ausgesetzt war, und sie litt sehr, weil er fror und vor Kälte zitterte. Obwohl auch sie selbst und ihr Mann während der langen Reise erschöpft, müde und hungrig waren, dachte Maria immer nur an die Sicherheit und das Wohlergehen ihres Kindes. Sie hatte Angst, dass die Soldaten sie einholen würden, die den Befehl hatten, Jesus zu töten, denn ihr war bewusst, dass der Feind noch immer in Bethlehem war. Während der Flucht war ihr Herz beständig in Sorge. Außerdem wusste sie, dass sie zu einem Ort unterwegs waren, wo man sie nicht freundlich willkommen heißen würde.

Gebet: *Geliebte Mutter, Du hast so viel gelitten. Gib uns Dein mutiges Herz. Gib uns Kraft, damit wir so tapfer sein können wie Du und das Leid, das Gott uns schickt, aus Liebe annehmen. Hilf uns, auch all das Leid anzunehmen, das wir uns selbst zufügen und das andere uns zufügen. Himmlische Mutter, Du allein läuterst unser Leiden, sodass wir Gott die Ehre geben können und unsere Seelen retten.*

3. Der dritte Schmerz:
Jesus geht im Tempel verloren (vgl. Lk 2,41–52)

Jesus war Gottes eingeborener Sohn, aber er war auch Marias Kind. Die selige Jungfrau Maria liebte Jesus mehr als sich selbst, weil er Gott war. Verglichen mit anderen Kindern war er einzigartig, denn er war schon jetzt wahrer Gott. Als die Jungfrau Maria Jesus auf dem Rückweg von Jerusalem nicht finden konnte, wurde der Kummer so groß und sie fühlte sich so einsam, dass sie glaubte, sie könnte ohne ihn nicht weiterleben. (Sie fühlte denselben Schmerz, den ihr Sohn später fühlen sollte, als seine Apostel ihn während seines Leidens im Stich ließen.)

Als die Muttergottes voller Angst nach ihrem geliebten Kind suchte, stieg eine bittere Qual in ihrem Herzen auf. Sie machte sich Vorwürfe, weil sie nicht besser auf ihn achtgegeben hatte. Doch es war nicht ihre Schuld; Jesus brauchte ihren Schutz nicht mehr. Was Maria eigentlich wehtat, war, dass ihr Sohn zurückgeblieben war, ohne um Erlaubnis zu fragen. Bisher hatte Jesus ihr in allem immer nur Freude gemacht: Nie würde er seinen Eltern Ärger bereiten. Doch sie wusste, dass er immer tat, was notwendig war, und so kam es ihr gar nicht in den Sinn, dass er aus Ungehorsam gehandelt haben könnte.

Gebet: *Geliebte Mutter, lehre uns, unserer Sünden wegen und als Sühne für die Sünden der ganzen Welt all unsere Leiden anzunehmen.*

4. Der vierte Schmerz:
Maria begegnet Jesus auf dem Weg nach Golgatha
(vgl. Lk 23,27–31)

Maria sah, wie Jesus allein das schwere Kreuz tragen musste – das Kreuz, an dem er gekreuzigt werden sollte. Das war keine Überraschung für die selige Jungfrau Maria, denn sie wusste schon, dass unser Herr sterben musste. Sie sah, wie sehr die vielen und brutalen Geißelhiebe der Soldaten ihren Sohn bereits geschwächt hatten, und seine Qualen bereiteten ihr unsäglichen Kummer.

Die Soldaten trieben ihn voran, obwohl er am Ende seiner Kräfte war. Erschöpft stürzte er zu Boden und konnte nicht mehr selbst aufstehen. In diesem Moment begegnete Marias zärtlicher, liebevoller und mitfühlender Blick den gequälten, blutunterlaufenen Augen ihres Sohnes. Ihre Herzen schienen die Last zu teilen; jede einzelne seiner Qualen fühlte sie mit ihm. Sie wussten, dass sie nichts tun konnten, außer an Gott zu glauben und ihm zu vertrauen und ihm ihr Leiden aufzuopfern. Sie konnten nur alles in Gottes Hände legen.

Gebet: *Geliebte Mutter, Du von Gram Gebeugte, hilf uns, unser eigenes Leid mit Mut und Liebe zu ertragen, damit wir Deinem kummervollen Herzen und dem Herzen Jesu Erleichterung verschaffen können. Mögen wir dies zur Ehre Gottes tun, der der Menschheit Dich und Jesus geschenkt hat. Lehre uns, still und geduldig zu leiden, wie Du es getan hast. Erwirke uns die Gnade, Gott in allem zu lieben. Oh Mutter der Schmerzen, Betrübteste aller Mütter, erbarme Dich der Sünder der ganzen Welt.*

5. Der fünfte Schmerz:
Maria steht unter dem Kreuz (vgl. Joh 19,25–27)

Die selige Jungfrau Maria folgte ihrem Sohn nach Golgatha. Sie war von Qual und Kummer gebeugt, doch sie litt schweigend. Sie sah ihn noch einige Male taumeln und unter der Last des Kreuzes zu Boden stürzen, und sie sah, wie die Soldaten ihren Sohn schlugen und an den Haaren zogen, damit er wieder aufstand.

Obwohl er unschuldig war, wurde Jesus, als er auf dem Kalvarienberg angekommen war, den versammelten Menschen vorgeführt, damit sie über ihn lachen konnten. Maria fühlte die Qual und die Demütigung ihres Sohnes von ganzem Herzen mit – vor allem, als seine Peiniger ihn zwangen, das, was von seinen Kleidern noch übrig geblieben war, auszuziehen. Die selige Jungfrau Maria litt entsetzlich, als sie mitansehen musste, wie diese grausamen Menschen ihren Sohn nackt ans Kreuz schlugen und ihn beschämten, nur um die geifernde Menge zu belustigen. (Jesus und Maria empfanden diese Schmach tiefer als andere Menschen, weil sie heilig und ohne Sünde waren.)

Die selige Jungfrau Maria fühlte unsäglichen Schmerz, als Jesus mit ausgestreckten Armen auf das Kreuz gelegt wurde. Seine Henker summten vergnügt vor sich hin, als sie mit Hämmern und Nägeln zu ihm hintraten. Sie setzten sich mit ihrem ganzen Gewicht auf ihn, sodass er sich nicht rühren konnte, während sie ihn ans Kreuz schlugen. Als sie die Nägel durch seine Hände und Füße trieben, fühlte Maria die Hammerschläge in ihrem Herzen; die Nägel drangen ihr ins eigene Fleisch, während sie die Gliedmaßen ihres Sohnes durchbohrten. Sie war nahe daran, ohnmächtig zu werden.

Als die Soldaten das Kreuz anhoben, um es in das Loch zu stellen, das sie gegraben hatten, gaben sie ihm einen absichtlichen Ruck, sodass das Fleisch an Jesu Händen unter dem Gewicht seines Körpers zerriss und die Knochen freilegte. Der Schmerz schoss durch seinen Körper wie flüssiges Feuer. Drei qualvolle Stunden hing er ausgestreckt am Kreuz, doch die physische Qual war nichts gegen den seelischen Schmerz, den er erdulden musste, weil er seine Mutter zu Füßen des Kreuzes leiden sah. Als der Tod endlich eintrat, war es eine Erlösung.

Gebet: *Geliebte Mutter, Königin der Märtyrer, gib uns den Mut, mit dem Du selbst all Deine Leiden ertragen hast, damit wir unser Leid mit dem Deinen vereinen und Gott die Ehre geben. Hilf uns, seine Gebote und die der Kirche zu halten, damit das Opfer unseres Herrn nicht vergeblich gewesen ist und alle Sünder auf der Welt gerettet werden.*

6. Der sechste Schmerz:
Jesu Leichnam wird in den Schoß seiner Mutter gelegt
(vgl. Joh 19,38–40)

Jesu Freunde Josef und Nikodemus nahmen seinen Leichnam vom Kreuz ab und legten ihn in die ausgestreckten Arme der seligen Jungfrau Maria. Dann wusch Maria seinen Leib und sie tat dies mit tiefstem Respekt und voller Liebe, weil sie seine Mutter war: Sie wusste besser als alle anderen, dass er der Mensch gewordene Gott war, der einen menschlichen Leib angenommen hatte, um der Erlöser aller Menschen zu werden.

Maria sah die entsetzlichen Wunden der Geißelhiebe, die Jesus bei Pilatus erhalten hatte. Sein Fleisch war zerfetzt und die Haut war in Streifen von seinem Rücken abgeplatzt. Sein ganzer Leib war so geschunden, dass er von Kopf bis Fuß mit klaffenden Wunden übersät war. Maria sah, dass die Wunden der Nägel weniger schlimm waren als die, die ihm durch die Geißelung und die Last des Kreuzes zugefügt worden waren. Ihr schauderte bei dem Gedanken, dass ihr Sohn das schwere, raue Holzkreuz den ganzen Weg bis hinauf nach Golgatha getragen hatte. Sie sah den Kranz der blutigen Wunden, die die Dornenkrone auf seiner Stirn hinterlassen hatte, und musste zu ihrem Entsetzen feststellen, dass viele der spitzen Dornen sogar tief in seinen Kopf eingedrungen waren.

Als sie ihren toten Sohn anschaute, wusste sie, dass sein qualvolles Sterben sehr viel schlimmer gewesen war als jede Folter, mit der die niederträchtigsten Verbrecher bestraft wurden. Während sie seinen gemarterten Leib wusch, erschienen vor ihrem inneren Auge die verschiedenen Stationen seines kurzen Lebens: Sie erinnerte sich an ihren ersten Blick auf sein schönes Gesichtchen, als er gerade geboren war und in der Krippe lag, und an jeden weiteren Tag bis hin zu diesem herzzerreißenden Augenblick, als sie sanft seinen leblosen Körper wusch. Unter unbarmherzigen Qualen bereitete sie ihren Sohn und Herrn auf das Begräbnis vor, doch sie blieb tapfer und stark und wurde so die wahre Königin der Märtyrer. Während sie ihren Sohn wusch, betete sie, dass es allen Menschen vergönnt sein möge, die Himmelstore zu durchschreiten und in das Reich Gottes zu gelangen. Sie betete, dass jede Seele in der Welt sich der Liebe Gottes öffnen möge, damit der grausame Tod ihres Sohnes nicht vergeblich war, sondern der ganzen Menschheit zum Segen gereichte. Maria betete für die Welt; sie betete für jeden von uns.

Gebet: *Wir danken Dir, geliebte Mutter, für Deinen Mut, mit dem Du unter dem Kreuz gestanden hast, um Dein sterbendes Kind zu trösten. Als unser Erlöser seinen letzten Atemzug tat, wurdest Du unser aller wunderbare Mutter: Du wurdest die heiligste Mutter der ganzen Welt. Wir wissen, dass Du uns mehr liebst als unsere eigenen Eltern. Wir flehen Dich an, beim Thron der Barmherzigkeit und Gnade für uns Fürsprache zu halten, damit wir wirklich Deine Kinder werden können. Wir danken Dir für Jesus, unseren Heiland und Erlöser, und wir danken Jesus, dass er Dich uns gegeben hat. Bitte für uns, Mutter.*

7. Der siebte Schmerz:
Jesus wird ins Grab gelegt (vgl. Joh 19,41–42)

Das Leben der seligen Jungfrau Maria war so eng mit dem Leben Jesu verbunden, dass sie nicht mehr wusste, wozu sie noch weiterleben sollte. Ihr einziger Trost war, dass sein Tod seinem unaussprechlichen Leiden ein Ende gesetzt hatte. So legte unsere schmerzensreiche Mutter mit der Hilfe des Johannes und der anderen Frauen den Leichnam Jesu ehrerbietig in das Grab und sie ließ ihn dort zurück, wie es dem Brauch entsprach. Von großer Trauer und entsetzlichem Kummer erfüllt, ging sie nach Hause; zum ersten Mal war er nicht mehr unter den Lebenden und ihre Einsamkeit war eine neue, bittere Quelle des Leidens. Ihr Herz lag im Sterben, seit das Herz ihres Sohnes aufgehört hatte zu schlagen, doch sie war sicher, dass unser Erlöser bald auferstehen würde.

Gebet: *Geliebte Mutter, die Du schöner bist als alle Mütter, Mutter der Barmherzigkeit, Mutter Jesu und unser aller Mutter, wir sind Deine Kinder und wir vertrauen auf Dich. Lehre uns, Gott in allen Dingen und allen Situationen und selbst im Leiden zu sehen. Hilf uns, die Bedeutung unseres Leidens zu verstehen und auch den Sinn zu erkennen, den Gott unserem Leiden geben will.*

Du selbst wurdest ohne Sünde empfangen und geboren und bist vor aller Sünde bewahrt geblieben, und doch hast Du mehr gelitten als irgendjemand sonst. Du hast das Leid und die Qual voller Liebe und mit unvergleichlichem Mut ertragen. Du hast Deinem Sohn vom Zeitpunkt seiner Verhaftung bis zum Augenblick seines Todes beigestanden. Du hast mit ihm gelitten und all seine Qualen und Schmerzen mit ihm gefühlt. Du hast den Willen Gottes, des Vaters, erfüllt; und seinem Willen gemäß bist Du mit Jesus unsere Miterlöserin geworden. Mutter, wir flehen zu Dir: Lehre uns, dem nachzustreben, wie Jesus uns gezeigt hat zu leben. Lehre uns, unser Kreuz mutig anzunehmen. Wir vertrauen Dir, gütigste Mutter, dass Du uns lehrst, für alle Sünder der Welt Opfer zu bringen. Hilf uns, dass wir in die Nachfolge Christi eintreten und sogar bereit sein werden, für andere unser Leben hinzugeben.

Schlussgebet: *Königin der Märtyrer, Dein Herz hat so viel gelitten. Ich bitte Dich um der Tränen willen, die Du in diesen furchtbaren und schmerzensreichen Zeiten vergossen hast, mir und allen Sündern der Welt die Gnade der vollkommenen und aufrichtigen Reue zu erwirken. Amen.*

Beten Sie dreimal: *Maria, die Du ohne Sünde empfangen wurdest und für uns gelitten hast, bitte für uns.*

Herzlichen Glückwunsch, Sie haben den Rosenkranz der Sieben Schmerzen der Jungfrau Maria beendet! Machen Sie jetzt das Kreuzzeichen, um die Tränen fortzuwischen, die Maria während des Leidens Jesu vergossen hat, und seien Sie gewiss: Ihre Gebete werden erhört werden!

Danksagungen

Dir, dem Allmächtigen Gott, danke ich, dass Du die Jungfrau Maria und Deinen Sohn in unser Land gesandt hast, das Dich damals so dringend gebraucht hat und das Dich auch heute noch so dringend braucht. Danke, dass Du uns durch die reinste aller Seelen, durch die selige Jungfrau Maria, Deine zärtliche Liebe geoffenbart hast. Ich liebe Dich von ganzem Herzen, lieber Vater, doch ich bitte Dich wie jeden Tag, dass Du mir die Fähigkeit verleihst, Dich noch mehr zu lieben. Dir, der Du die ganze Welt in Deinen Händen hältst, empfehle ich mich mit jedem Atemzug an.

Dich, meine liebste himmlische Mutter, die selige Jungfrau Maria, Unsere Liebe Frau von Kibeho, bitte ich, dieses Geschenk Deiner Dich verehrenden Tochter anzunehmen, diesen Liebesbrief, den eine Deiner vielen kleinen Blumen Dir geschrieben hat. Das ist mein schlichter Dank für all die Liebe und Güte, mit der Du mich mein Leben lang gesegnet hast, und meine Wertschätzung der unermesslichen Liebe, die Du so verschwenderisch über uns allen ausgegossen hast, als Du in unser bescheidenes Land kamst und es uns zugetraut hast, Deinen Auftrag zu erfüllen und der Welt Deine Botschaften zu verkünden.

Dieses Buch ist für Dich, liebe Mutter. Danke für Deine Erlaubnis, Dir als demütige Botin dienen zu dürfen, und bitte vergib mir, wenn es mir nicht in vollem Umfang gelungen ist, die Tiefe der Liebe und Barmherzigkeit auszudrücken, die Du und Jesus für Eure Kinder empfindet. Mutter, Du weißt, dass mein Herz Dich grenzenlos liebt, aber es leidet unter der Beschränkung, Deine Dir eigene himmlische Liebe in den schwachen Worten zu beschreiben, mit denen wir uns hier auf Erden behelfen müssen. Ich bitte Dich demütig um Deine Fürsprache, damit alle, die diese Seiten lesen, von der Gnade Gottes berührt werden. Hilf ihnen, die großartige Wahrheit Deiner liebevollen Botschaften zu entdecken.

Bitte, liebe Mutter, fülle alles, was ich ausgelassen habe, mit Deiner zärtlichen Liebe, damit andere Menschen wahrhaftig die Wärme und Sicherheit Deiner Nähe erfahren. Wenn nur ein einziger Mensch diese Worte liest und die Reinheit Deiner Liebe spürt und erkennt, dass er sich fortan nie wieder einsam oder traurig fühlen muss, weil Du immer bei ihm bist, ihn bei der Hand nimmst und sein Herz berührst … – wenn das geschieht, liebe Muttergottes, dann habe ich dieses Buch nicht vergeblich geschrieben.

Reid Tracy danke ich von ganzem Herzen, dass er das Unmögliche möglich gemacht und mir geholfen hat, das Fest »Unsere Liebe Frau von Kibeho« mit diesem Buch zu feiern und das Versprechen zu halten, das ich unserer himmlischen Mutter gegeben habe, ihre Botschaft mit so vielen Menschen wie nur möglich zu teilen. Möge Gott dich tausendfach und abertausendfach dafür belohnen, dass du auf seine Stimme gehört und alle Hindernisse überwunden hast, die dir von außen in den Weg gelegt worden sind. Reid, du weißt besser als viele andere, dass mit Gott alles möglich ist.

Der wunderbaren Jill Kramer danke ich für ihre unermüdlichen Bemühungen, meinen Traum wahr werden zu lassen.

Ein riesiges Dankeschön geht an all die engagierten Mitarbeiter des Verlages *Hay House*, die so hart dafür gearbeitet haben, damit das Buch erscheinen konnte – möge die Jungfrau Maria euch in ihre liebevollen Arme schließen und euch für all euren Einsatz mit Glück beschenken. Ein besonderer Dank gilt Charles McStravick für den wunderbaren Einband, den er entworfen hat; dank deines Talents kann Unsere Liebe Frau alle, die in der Buchhandlung an dem Buch vorübergehen, auf sich aufmerksam machen und sie für ihre Geschichte interessieren.

Wayne Dyer danke ich für die grenzenlose Energie und Leidenschaft, die du immer dann aufbringst, wenn es darum geht, der Menschheit zu dienen: Deine Arbeit und Begeisterung helfen unzähligen Menschen, Frieden, Sicherheit und Glück zu finden. Du hast eine echte Gabe, ein Lächeln auf die Gesichter zu zaubern, und dein Dasein macht die Welt zu einem besseren Ort. Ich kann dir gar nicht genug für deine Freundlichkeit und Großzügigkeit mir gegenüber danken. Du hast mir Gehör verschafft und meine Geschichte bekannt gemacht – das werde ich dir nie vergessen. Nichts macht mir mehr Freude, als wenn in einem Gespräch dein Name fällt und ich voller Stolz sagen kann, dass du mein lieber, lieber Freund bist.

Danke, liebe Maya, du bist eine seltene und kostbare Perle; ich schätze dein großmütiges Herz und segne dich dafür, dass du immer mein Schutzengel bleibst.

Zu Steve Erwin sage ich: Wir haben es wieder geschafft! Ich konnte es kaum erwarten, dieses Buch mit dir zu schreiben, und jetzt haben wir es geschafft – was für ein wunderbarer Erfolg. Für mich war dieses Projekt vor allem deshalb so aufregend, weil ich dir meine liebevolle Mutter vorstellen durfte: Unsere Liebe Frau von Kibeho. Dass wir dieses Buch gemeinsam geschrieben haben, war für dich hoffentlich ein ebenso großes Geschenk wie für mich. Danke, dass du immer für mich da warst: dass du in *Left to Tell* (dt. Titel »Aschenblüte«, Anm. d. V.) den Kummer meines Herzens mit mir geteilt hast; dass du mich in *Led by Faith* auf der Reise zu meiner Heilung begleitet hast; und dass du jetzt auf einer noch aufregenderen Reise mein Weggefährte gewesen bist, auf dem Weg zurück an die Quelle meiner Kraft und meines geheimen Glücks, um die zu besuchen, die mich in all meinem Tun geführt hat: Unsere Liebe Frau von Kibeho. Wir sind nun wahrhaft Bruder und Schwester, Steve, denn wir haben dieselbe wunderbare Mutter! Und natürlich ist auch deine reizende Frau Natasha wie eine Schwester für mich.

Meiner lieben Freundin Amy danke ich dafür, dass sie die Schwester für mich ist, die ich nie gehabt habe. Danke, dass du Ja zu Unserer Lieben Frau von Kibeho gesagt hast. Ich liebe dich.

Tim, mein Freund, dir danke ich für deine beständige Unterstützung und Liebe, ebenso für deine Treue. Du wirst belohnt werden für den selbstlosen Einsatz und die Begeisterung, mit der du für die Sache Unserer Lieben Frau von Kibeho eintrittst. Ich liebe dich und deine wunderbare Familie für euer großartiges Engagement.

Bill und Carol, auch euch gilt mein Dank für all eure Liebe und für eure Liebe zu Kibeho. Ich bin dankbar dafür, dass ihr ein Teil meines Lebens seid.

Ed Wards, dir danke ich für all deine Hilfe und Freundlichkeit und für die aufrichtige Begeisterung, mit der du an meiner Geschichte Anteil genommen hast. Ich werde dir auf ewig dankbar sein.

Lionel Fundira, dir danke ich dafür, dass du dir die Zeit genommen hast, meinen Text durchzusehen, und für all die guten Ratschläge.

Meine liebe Freundin Phuong Tran, wo wäre ich ohne dich? Danke, dass du mich auf Kurs hältst, alles organisierst und (sooft es eben geht) dafür sorgst, dass ich pünktlich bin!

Mein lieber Bruder Aimable, ich hoffe, dass du dieses Buch mit einem Lächeln auf den Lippen liest, ohne dass die schmerzlichen Erinnerungen unserer Familiengeschichte dich allzu sehr quälen. Danke, dass du stolz auf mich bist und dass du immer der liebevolle und fürsorgliche Bruder für mich geblieben bist, der du vom Tag meiner Geburt an warst. Du bist mein Ein und Alles und ich danke Gott, dass er dich durch all das, was unserer Familie widerfahren ist, am Leben erhalten hat. Gott segne dich, Bruder, und er segne deine wunderbare Frau Sauda, die nicht nur meine Schwägerin, sondern meine Herzensschwester ist.

Meine lieben Engelchen Nikki und B. J., meine Kleinen, ich liebe euch immer – ihr seid der Sonnenschein und die Liebe meines Lebens. In jedem Augenblick des Tages bringt ihr mein Herz zum Lachen und eure Liebe hält mich am Leben.

Mein kleiner Neffe Ryan, du bist mein Glücksbringer und mein lieber Junge. Und du, süße kleine Loanna, du bist der jüngste Familienzuwachs, der kleinste und hellste Stern in unserem expandierenden Universum, und du wirst unserer Familie auf ihrem Weg in die Zukunft leuchten. Deine Tante hat dich sehr, sehr lieb, und sobald du sprechen kannst, werde ich dir jede Menge Geschichten über deinen Papa erzählen, die ihn in Verlegenheit bringen werden! Wir werden allerbeste Freundinnen sein, mein Schatz!

Cousine Pauline, ich liebe dich und kann es immer noch nicht fassen, dass du inzwischen eine erwachsene Frau bist und bald heiraten wirst. Wie kam es dazu? Wann bist du so klug, schön, sanft und freundlich geworden? Ich bin so stolz auf dich! Und du, Stephane – was für eine Freude ist es, euch zusammen zu sehen. Danke, dass du unsere Familie vergrößerst: Ich könnte mir keinen besseren angeheirateten Cousin und für meine Cousine keinen besseren Ehemann wünschen. Ich bin glücklich, dass ich euch habe. Möge Gott euer gemeinsames Leben segnen!

Dir, Oscar, danke ich, dass du Kibeho mit dieser wirklich wunderbaren Statue des Barmherzigen Jesu ein so großartiges Geschenk gemacht hast. Du wirst nie erfahren, wie tief mein Land von deiner Großzügigkeit berührt worden ist: Hunderte Heilungen sind schon jetzt unter dieser herrlichen Christusstatue geschehen, und in den nächsten Jahren werden sich an diesem außerordentlichen Ort sicher weitere Wunder ereignen. Die Statue ist ein Gottesgeschenk, und ich danke dir für deine Güte und für deine aufrichtige Freundschaft.

Lieber, lieber Pater Leszek, ich habe keine Worte, um Ihnen für das zu danken, was Sie für Kibeho getan haben und noch immer tun. Sie verrichten an diesem gesegneten Ort wahrhaftig die Arbeit des Herrn, und ich bete dafür, dass unsere geliebte Muttergottes, die Sie nach Kibeho geführt hat, Sie und Ihre Arbeit auch weiterhin segnen und leiten möge. Ihre unermüdlichen Anstrengungen, Ruandas Landessprache zu lernen, beweisen mir, dass Sie zu uns gesandt worden sind, um uns wahrhaft zu helfen. Mein Dank gilt auch allen anderen Missionaren, die beim Aufbau von Kibeho mithelfen, insbesondere Pater Paul und den Pallottinerpatres.

Schwester Raphael, Sie sind großartig: Danke für alles, was Sie für die Blinden in Ruanda tun!

Dem Bischof von Gikongoro, S. E. Augustin Misago, danke ich von ganzem Herzen für all seine Bemühungen, die Untersuchungen der Erscheinungen und der Seher von Kibeho zu beschleunigen. Ich danke Ihnen für all Ihren Einsatz, um dafür zu sorgen, dass dieser Ort ein Marienheiligtum geworden ist (und immer bleiben wird). Danke für Ihre Zeit und Ihr unschätzbares Wissen, das so sehr zur Entstehung dieses Buches beigetragen hat. Gott hat zweifellos eine kluge Wahl getroffen, als er Sie dazu ausersehen hat, an diesem besonderen Ort der Hirte seiner Herde zu sein.

Und bitte, Exzellenz, hören Sie meine demütigste Bitte, die ich im Namen all der Tausenden Pilger ausspreche, die in den vergangenen Jahren nach Kibeho gekommen sind und die Botschaften der Seher gehört haben, die nicht zum Kreis der bislang von der Kirche anerkannten gehören: So viele von uns glauben, dass die Jungfrau Maria mindestens fünf weiteren Seherinnen und Sehern echte Botschaften aufgetragen hat, die an die Menschen weitergegeben werden müssen. Und wie Sie wissen, glauben Zehntausende, dass auch Jesus in Kibeho erschienen ist mit Botschaften, die für unsere Zeit von entscheidender Bedeutung sind. Sie haben die Aufrichtigkeit keines der Seher in Abrede gestellt und ich bete, dass Sie sich ein offenes Herz und einen offenen Geist bewahren und dass Sie in naher Zukunft beschließen, die Untersuchungen betreffend der anderen Personen wieder aufzunehmen, die der Welt lebenswichtige Botschaften überbracht haben. Wir, die Freunde von Kibeho, bitten Sie inständig, die anderen Seher erneut zu überprüfen und dafür zu sorgen, dass die Botschaften, die sie von der Muttergottes und von unserem

251

Herrn Jesus erhalten haben, veröffentlicht und dann von jenen gehört werden, für die sie bestimmt sind. Ich weiß, dass Unsere Liebe Frau Sie bei dieser Arbeit unterstützen wird, wie sie es immer tut.

Ein ganz besonderes Dankeswort möchte ich an einen außergewöhnlichen Menschen richten, der zu bescheiden ist, um seinen Namen öffentlich zu machen: den anonymen und überaus freigiebigen Spender, der mit einer so großzügigen Summe den Bau der schönen Kirche in Kibeho ermöglicht hat. Gott segne Sie für dieses bleibende Geschenk und Ihre große Bescheidenheit.

Euch, den Seherinnen und Sehern von Kibeho, danke ich dafür, dass ihr euch Unserer Lieben Frau als Werkzeuge zur Verfügung gestellt und zu Anfang so viele Qualen und Demütigungen auf euch genommen habt – Qualen, die viele von euch bis auf den heutigen Tag verfolgen. Danke für alles, was ihr den Menschen zuliebe erlitten habt; euer Lohn im Himmel wird ganz gewiss groß sein.

Und mögen Gott, Jesus und die selige Jungfrau Maria, mögen alle Engel und Heiligen im Himmel über die Seher wachen, die während des Genozids ihr Leben verloren haben, wie auch über die, die durch eine Krankheit ihrer himmlischen Belohnung entgegengeführt worden sind. Die Welt dankt euch dafür, dass ihr die Wahrheit gesagt habt; Ruanda dankt euch für eure Frömmigkeit und Stärke; und ich danke euch dafür, dass ihr das Herz eines Kindes mit der Liebe zu Unserer Lieben Frau erfüllt und mich auf den Weg zu Gott geführt habt.

Den unzähligen Tausenden Pilgern, die im Laufe der Jahre nach Kibeho gereist sind, will ich ebenfalls danken: Ihr könnt bezeugen, dass jeder Mensch von innen her verändert wird, wenn er diesen heiligen Boden betritt. Unsere Liebe Frau von Kibeho lädt ihre Kinder auf der ganzen Welt ein, sie in diesem Marienheiligtum zu besuchen, und wer ihrem Ruf folgt, ist sein Leben lang gesegnet. Wer einmal nach Kibeho gereist ist, wird diesen Ort nie wieder ganz verlassen, denn wer es einmal gesehen hat, in dessen Herz hinterlässt es einen Eindruck, der für immer bleibt.

Schließlich bete ich für Sie alle, die dieses Buch lesen, dass es Sie inspiriert und dazu beiträgt, Ihren Glauben zu erneuern und Ihnen eine Ahnung von der wahren Freude zu schenken, die nur ein Gebet weit entfernt liegt. Diejenigen, die die Muttergottes durch dieses Buch entdeckt (oder wiederentdeckt) haben, bitte ich, meiner im Gebet zu gedenken, denn dasselbe werde ich auch für Sie tun. Gott segne Sie und Ihre Lieben alle Tage Ihres Lebens.

Ich liebe euch alle.

Immaculée

Meine liebe Immaculée, danke, dass du Licht in mein Leben gebracht und mich mit Maria bekannt gemacht hast. Sie hat mich zutiefst berührt, und ich glaube, dies ist der Beginn einer wunderbaren Freundschaft.

Ich danke Jill Kramer vom Verlag *Hay House* für die Professionalität, Inspiration und unendliche Geduld. Es ist immer wieder eine Freude, mit dir zusammenzuarbeiten. Auch Reid Tracy danke ich von Herzen für seine großartige Arbeit. Und ein großes Dankeschön gilt Shannon Littrell, die eine wunderbare Lektorin und eine echte Perle ist. Danken möchte ich außerdem Christy Salinas, Jami Goddess und dem ganzen fantastischen *Hay-House-Team*.

Wie immer danke ich Faith Farthing von *Final Eyes Communications* in Edmonton – deine Augen sind so scharf wie eh und je, und du triffst mit allem ins Schwarze. Ich kann mich immer darauf verlassen, dass jedes Komma richtig sitzt und jedes Partizip korrekt eingebunden ist. Seit sechzehn Jahren korrigierst und liest du jetzt meine Arbeit und ich freue mich auf sechzehn weitere Jahre!

Meiner wunderschönen und begabten Frau danke ich für zehn großartige Jahre. Natasha Stoynoff, mein Herz gehört dir nach wie vor (und für immer) – es steht immer zu deiner Verfügung.

Steve Erwin

Über die Autoren

Immaculée Ilibagiza wurde 1972 in Ruanda geboren und studierte an der *National University* Elektrotechnik und Maschinenbau. Während des Genozids an den Tutsi verlor sie im Jahr 1994 die meisten ihrer Familienangehörigen. Im Jahr 1999 emigrierte sie in die USA. Heute arbeitet sie bei den Vereinten Nationen in New York. Sie ist auch als Vortragsrednerin tätig. 2007 gründete sie den *Left to Tell Charitable Fund* zur Unterstützung ruandischer Waisenkinder. Sie lebt mit ihrem Mann und ihren Kindern auf Long Island.

Immaculée ist Trägerin der Ehrendoktorwürde der *University of Notre Dame* und der *St. John's University*. 2007 wurde ihr der Internationale Mahatma-Gandhi-Preis für Versöhnung und Frieden verliehen. Gemeinsam mit Steve Erwin hat sie die Bücher *Left to Tell* und *Led by Faith* verfasst.

Wenn Sie dazu beitragen wollen, dass die Vision Unserer Lieben Frau sich erfüllt und Kibeho ein »Neues Jerusalem« wird, wo die Armen, Heimatlosen und spirituell Hungernden dieser Welt in einer schönen Wallfahrtskirche einen Ort des Gebetes, des Trostes und der Heilung finden, dann besuchen Sie bitte die Homepage der Stiftung, die Immaculée zu diesem Zweck gegründet hat: **www.ourladyofkibeho.com**.

Und wenn Sie Näheres über ihre Bestrebungen, die wichtigen Botschaften der Liebe und Hoffnung Unserer Lieben Frau von Kibeho bekannt zu machen, erfahren wollen, dann besuchen Sie bitte ihre eigene Webseite: **www.immaculee.com**.

Steve Erwin, Schriftsteller und Journalist, ist für verschiedene Radio- und Fernsehstationen tätig. Zuletzt arbeitete er als Auslandskorrespondent der *Canadian Broadcasting Corporation* in New York. Er lebt gemeinsam mit seiner Frau, der Journalistin und Schriftstellerin Natasha Stoynoff, in Manhattan.